丛书主编 谷 力

概念主题式综合实践活动课程系列

U0665130

小学游戏课程

主 编 孙 莹
副主编 严善龙

南京大学出版社

图书在版编目(CIP)数据

小学游戏课程 / 孙莹主编. -- 南京：南京大学出版社，2013.12（2017.1重印）

（概念主题式综合实践活动课程系列 / 谷力主编）

ISBN 978－7－305－12630－7

Ⅰ.①小… Ⅱ.①孙… Ⅲ.①游戏课－教学研究－小学 Ⅳ.①G623.82

中国版本图书馆 CIP 数据核字(2013)第 306576 号

出版发行　南京大学出版社

社　　址　南京市汉口路 22 号　　　邮　编　210093

网　　址　http://www.NjupCo.com

出 版 人　金鑫荣

丛 书 名　概念主题式综合实践活动课程系列

丛书主编　谷　力

书　　名　小学游戏课程

主　　编　孙　莹

责任编辑　李鸿敏　　　　编辑热线　025－83593947

照　　排　南京南琳图文制作有限公司

印　　刷　南通印刷总厂有限公司

开　　本　787×1092　1/16　印张 18.5　字数 362 千

版　　次　2013 年 12 月第 1 版　2017 年 1 月第 2 次印刷

ISBN 978－7－305－12630－7

定　　价　48.00 元

发行热线　025－83592169　025－83592317

电子邮箱　Press@NjupCo.com

　　　　　Sales@NjupCo.com(市场部)

小学游戏课程编委会

丛 书 主 编：谷　力

本 册 主 编：孙　莹

本 册 副 主 编：严善龙

本册编委委员：葛丽霞　　郭　静　　邢巧荣　　刘　暄

本册编写人员：丁钱香　　王　溢　　周　静　　周　娟

　　　　　　　高环珊　　殷　静　　魏建芳　　沈志红

　　　　　　　刘明艳　　胡同艳　　王庆花　　程婧婧

　　　　　　　田　甜　　颜雅雯　　姚　娟　　李　华

　　　　　　　李　静　　倪　雷　　傅蓉慧　　孙兴旺

　　　　　　　虞敏文　　刘晓岚　　李林林　　潘　华

　　　　　　　刘　燕　　于靓靓　　杨　阚　　潘红英

　　　　　　　马　敏　　张家贵　　张　明　　阚　薇

　　　　　　　吴争妍　　袁超珠　　卞文洁　　吴庆高

　　　　　　　胡开贵　　董书梅　　宋　瑶　　张　君

　　　　　　　朱国槽　　杨小燕　　吴永林　　赵飞琴

　　　　　　　杨　萍

让游戏融入课堂教学（代序）

刘 莅

鲁迅先生说过："游戏是儿童最正当的行为，玩具是儿童的天使。"儿童自呱呱坠地到牙牙学语、蹒跚学步，便是在游戏中学习并逐步认知外部世界的。他们在游戏中快乐，在游戏中探索，游戏促进他们的身心发展，可以说，儿童与游戏是密不可分的。我认为，就荦荦大者而言，游戏在教育中具有三大功效。

第一，游戏是在一定规则下的生活体验。这一点，对于孩子的成长意义重大。游戏有角色游戏、表演游戏、小组游戏、体育游戏、语言游戏，等等。其中，小组游戏，可以通过游戏促成小组合作、提升小组动力、达成小组目标。不管哪一种游戏，都有自己的游戏规则。各种行之有效的游戏规则，能让儿童愉快地接受、自觉地遵守，从而养成守纪律、守规则的好习惯。虽然游戏有着这样那样的规矩、约束，游戏也有胜负，胜利了当然高兴，输了也会有失落，但为何不论输赢，孩子们依旧痴迷于游戏呢？因为快乐并非就是无拘无束、随心所欲的。游戏的形式让孩子快乐，游戏的内容让孩子快乐，游戏的结果让孩子快乐，游戏的过程更让孩子快乐，因此，孩子们乐意参与游戏、享受游戏。

第二，游戏是益智的。游戏是培养儿童语言和交往能力的重要途径。儿童在游戏中常常需要将视觉信息、听觉信息，以及主观感受、愿望或要求转换成语言（包括肢体语言），与他人交流沟通，或者根据对方的意图作出语言和行动的反应。在游戏中，儿童与成人、儿童彼此之间双向互动过程中的语言和交往的学习体验随处可见。同时，儿童在游戏中兴致勃勃地学习，乐于探索，把抽象复杂的事物具体化，在娱乐中体验参与和成功的乐趣。游戏让孩子们提高了学习素养，玩游戏"可以改变对有用信息的鉴别，提高并行信息的处理能力和速度，精通于探索非线性的信息形式……完全地改变了对学习的期待"，更好地促使儿童学会学习，增长智慧。

第三，游戏可以促进孩子们的社会性成长。游戏能够有效促进儿童社会交往关系的建构。一种是通过模仿、扮演等方式在游戏中形成的角色关系，另一种是在游戏之外形成的现实伙伴关系，这两种关系为儿童体验和学会人际交往提供了参照体系。在角色游戏中，儿童通过担当各种不同的角色，学习掌握必要的社会技能，开展社会交往，为儿童逐步成长为"社会人"创造了条件。

儿童喜欢游戏，也渴望游戏，这是由他们的年龄特点决定的。如今的绝大多数孩子，可以说从襁褓时起，身边就堆满了各种玩具。在幼儿园，孩子们几乎天天与游戏相伴。但是，当他们进入小学以后，教学活动开始远离游戏，所谓"学习"便越来越走向了狭义的范畴，逐渐变得枯燥起来。孩子们玩耍的时间越来越短，甚至有的孩子不得不从幼儿园开始就牺牲了游戏时间，许多家长忙于把孩子的玩耍时间变成上这样那样辅导班的时间，也许孩子们恰恰会因此而付出成长的代价。玩耍是孩子的天性，没有游戏的童年该是多么单调和灰暗！儿童的学习，本质上不应该是一件强制而痛苦的事情，而应该是在游戏中愉快地学习。很庆幸越来越多的人们开始关注儿童的成长规律和身心需求，开始思考"游戏与学习的结合"这些话题。为了使学习与游戏很好地融合起来，南京市小学教师培训中心组织综合实践课教师培训班的学员们，通过两年多的时间研究开发了"小学游戏课程"，将素质教育目的、教育内容和教学活动融入游戏中。相信这一课程会得到广大学生的喜爱和积极参与，并能让孩子们在"学习"中体验到"游戏"的快乐！品读之下，我感觉该课程有这样几大亮点：

首先，大力整合课程与教材资源，积极思考并建构了一个主题鲜明、中心突出、涉及多领域多层面，让孩子们感兴趣、乐参与的课程与教学内容架构，既系统完整，又具有延展性和开放性。

其次，转变了教学理念和方法。为了使"小学游戏课程"的学习形式像游戏那样生动活泼，教师们探索了各种教法和教学技巧，灵活运用各种教学手段和媒体，使用生动鲜明的语言和图像等，以丰富而生动的表现形式，帮助学生享受学习、快乐学习。

第三，真正使学习不仅是一个知识增进、能力提升的过程，也能够成为一个充满快乐的过程。教师们通过不懈努力，力求使课堂成为学生快乐自由的学习天地。只有让学生不断品尝学习的乐趣，学习的过程才会是快乐的、自觉的过程。融入游戏的课程教学促进了孩子们动手能力和逻辑思维能力的发展，同时，也让学生学习的过程像游戏活动那样引人入胜，在学会游戏中学会学习、学会思考、学会创造。

"兴趣是最好的老师。"希望我市广大教师有效借鉴本书的游戏活动及教学策略，深入体会其中所蕴含的促进学生生动活泼学习和成长的教育真谛，将学习活动与游戏完美地结合在一起，为孩子们的健康快乐成长作出新贡献！

本来，我到市教育工委任职后，自我规定是不写序的，但为《小学游戏课程》这本成果汇编的价值及内容所吸引，也为市小教培训中心和全体参与课程研究开发的同志们的倾情投入和不懈努力所感动，几度推却之下，还是打破了自己的定例，也是有感而发，为这一探索创新"鼓与呼"吧。

是为序。

2013 年 10 月

在"课程研发"中引领
青年教师专业成长（代前言）

谷 力

一

综合实践活动课程是新课程改革以来实施的一门崭新的课程，缺少相应的课程与教学理论，实施过程中也缺少相应的教学策略，是一门无大纲、无教材、无教法的新课程。一线教师对此存在着很多理论困惑和实践困难。客观上，他们比其他学科的教师更需要帮助。很多从事这门课教学的教师们很少接受过正式培训，也缺少综合实践活动课程的专业修养。正如学员郭静老师所说，他们一般都是采用小学语文课的教案设计方法来备课，采用小学语文课的教学方法来进行综合实践活动课程教学。这种简单迁移小学语文、数学教学方法，忽视儿童综合学习规律的做法，是难以取得小学综合实践活动课程教学应有的质量和效率的。

自 2009 年春，我们研制的《概念主题式综合实践课程框架》和南京区域推进的《概念主题式综合实践课程的计划和方案》，在全市进行了广泛的宣传与组织。根据南京市中小学生的生活环境、社会经历、知识经验基础，我们选择 100 所学校，每所学校确立一个探究概念，在全市建构了 100 个概念主题式综合实践课程。其中，每一个主题概念研究学校，选择一个概念，根据其概念的外延，选定 9 个板块领域，建构出本概念主题式综合实践活动课程框架，并使之体现多领域、多学科的特点。该课程框架需体现 9 大整体板块：物体概念的概述（本质、结构、外形、历史、种类、品牌等）；使用过程中与活动的关系；与其他物体的关系；与环境的关系；与科技的关系；与经济、生产的关系；与管理的关系；与人类社会生活的关系；与人格及德行培养的关系等等。我们在课程的每一个领域中，再选择确定儿童熟悉的几个概念。这样，一个核心概念延伸 9 大领域，涉及 36 个相关概念的概念课程就形成了。我们设计一节课学习一个相关概念。这样，在 36 节课中，学生认识了 36 个相关概念，学生由此形成了对核心概念的立体认识。

为了进一步引导全市小学做好概念主题式综合实践的校本课程，课题组与相关学校共同深入研究、修改和完善，如《汽车》和《手》等教师用书、学生用书已经正式出版。前期的理论研究和实践探索为小学综合实践活动课程的师资培训奠定了基础。

二

传统的教师培训往往都是讲座式的。专家的讲座可能会让学员们激动一下，但过不了多久，激动消失了，记忆也随之淡忘。讲座式的培训作用往往只是心头一热，却没能促进教师观念的转变和教学能力的提高。而新近的教师培训增加了课堂教学观摩、教学研习的内容和过程，改善了培训的效果，但是由于学员在培训中的亲身参与和体验次数较少，培训的效果也是有限的，尤其是对于一些农村地区学校的骨干教师。我们认为，真正有效的培训应该是一种教师围绕特定概念目标所展开的理论学习与研讨、教学设计与实践尝试、教学案例与论文撰写、修改与完善等持续较长时间的全面教育和训练。"做中学"是小学科学教育的理念，实际上也应该成为教师培训中好的做法。教师培训中的"做中学"就是"做课程"，即以教师亲自动手探究与实验的方式进行相关课程开发。"做课程"或研发课程，涉及课程主题概念、课程理念、课程框架、教学活动设计、教学案例撰写与修改、教学活动实施等诸多方面。参与"做课程"的工作就是接受一项综合性的教育培训。教师在课程研发和实施的过程中将得到全面而系统的收获和发展。

2011年初，南京市小学教师培训中心举办了综合实践活动课程教师培训班，来自全市各区县普通小学的51名教师报名参加了培训班。这些年轻教师大多数在学校担任语文或数学教学任务，同时兼任小学综合实践活动课的教学任务。综合实践活动课程并不是他们最初的教学专业，大多数学员属于"半路出家"，对综合实践活动课程与教学往往表现出认识模糊、理解不清、教学能力不足等状况。因此，这些学员自身也迫切需要接受一种全新、全方位的专业教育培训。

经研究，我们决定将概念主题式综合实践活动课程的学习和研发作为本培训班的主要任务和目标。培训班开始之初，我们就和学员明确了本次培训班的教学任务，即编撰一本概念明确的，学生喜欢、教师教学有用的，高质量的概念主题式活动课程的教材。教师们听完后一阵激动，但同时也心存疑惑。成贤街小学的周静老师说："参加培训之前，我只知道综合实践活动是一门新课程，对于这门课程的认识基本上处于顾名思义的程度，甚至连它与校本课程有什么区别也分不清楚。'这是一门怎样的课程'，'无教材、无教法、无参考怎样进行课堂教学'，'学生怎样开展活动'，一系列的问题我都无法解答，更别说什么叫作'概念主题式综合实践活动'了。"

针对教师们的困惑，我们对传统培训模式进行了改进。

第一步，我们将前期研发的小学综合实践活动课的理论和"汽车"、"手"等课程介绍给学员们，并组织他们观摩相关课程的课堂教学，研讨相关问题，初步认识该课程的理论、结构框架、教学策略、价值目标等，为下一步课程研发奠定基础。

第二步，组织教师集体研讨，形成共同开发的概念课程。在全班学员的共同讨论下,大家认为游戏更能激发孩子的创造力,会使得孩子更优秀。游戏是孩子们熟悉的一项活动,也是他们喜欢的一项活动,通过各种孩子喜爱的游戏活动,引导儿童思考游戏的规则、游戏的特性,认识游戏的概念内涵。基层教师一致认为,游戏的选题很好,孩子们喜欢,教师们乐教,选题有很广泛的应用性,因此大家在众多备选的概念中选择了"游戏"这个概念。

第三步,大家对"游戏"的课程框架进行了多次研讨、多次修改,不断完善课程框架的完整性和逻辑性。在不同的领域中,游戏呈现出不同的特点。如游戏的种类这一领域,就分为儿童游戏、成人游戏、集体游戏、网络游戏、文字游戏、古代游戏等;在游戏与环境这一领域,又分为室内游戏、户外游戏、地上游戏、空中游戏。我们逐渐认识到游戏在这里不仅是玩玩闹闹而已,还是一个全方位的,涉及经济、文化、科学、环境、管理、道德等方面的立体的概念。

第四步,全体学员自觉认领 36 个概念课程的教案设计和教学尝试。在这一阶段,学员学会了如何使教学设计符合儿童认知规律并符合综合学习特点;如何将教案设计得好玩,让孩子们喜欢;如何引发学生多感官参与学习活动;认识了什么是主题事件教学模式,什么是思维导图,课前、课中、课后的教育关系,等等。老师们在这一环节观念改变的最多、收获的最大。白下区的郭静老师说:"在'游戏'综合实践活动课程设计中,我渐渐认识到概念主题式综合实践活动课程的内涵,即尊重学生脑科学和思维科学发展的规律,用一个个主题事件,让学生在这一个个事件活动中,通过多感官的参与和体验,让学生学会生活,学会学习。如在'游戏角色'这一节课中,让学生通过老鹰捉小鸡这种游戏,感受游戏中不同的角色,体会到在不同角色中我们应该遵守的规则,对所获得的感性认识进行思考,并作进一步的归纳、总结、概括、提升,学生认识到我们在不同的社会环境中也在扮演着不同的角色,我们也应该遵守不同角色的规则。在教学过程的设计中也注意到这节课有没有让学生多感官的参与(视觉、听觉、触觉等),有没有多种教学手段的综合使用(文字、视频、网络等),让学生经历一个完整的学习过程:我设问、我感受、我观察、我想象、我思考、我尝试、我反思、我演绎、我总结等。让他们逐步学会将感性经验上升为理性认识,实现抽象思维能力的提高,在这种学习氛围中学会学习。"

溧水区第二实验小学邢巧荣老师说:"我设计的'创作'、'赌博'、'学习'、'网络管理'、'游戏消费'、'空中游戏'这几节课,都给学生上过,他们对于这种全新的课堂教学模式十分喜欢,兴致很高,一节课上完,就追问下次什么时候再上。在课堂中,他们没有沉默,没有冷场,从上课到下课都是那么开心、快乐,每当下课铃响起,他们都不情愿地说:'哎,怎么这么快下课了!'"

第五步,就是教师们在课堂教学中验证自己的教学设计,教师们分小组进行试教、观摩、研讨、切磋。培训班孙老师也经常将一些学员们的好课推荐大家进行观摩,实现了相互促进。

第六步，就是修改完善文本，积极为出版作准备。孙老师在全班选择了几位文笔好、思维细腻、教学能力强的教师组成了编委会。为了保证书籍的高质量，他们几乎每周都要到南京市小学教师培训中心来集中，进行反复研讨和修改。这个环节对这些教师的锻炼也是最有效的，他们的理论修养、思维水平、教学设计水平和文字表达水平都得到了明显的提高。看着他们自己的课程研发和教学设计成果，这些青年教师的心中充满着无限的喜悦和快乐。

通过为期一年的培训，概念主题式综合实践活动课程已经被这些教师所理解和认可。周静老师说："我发现原来综合实践活动课也同样可以上得这样有声有色，让学生如此兴趣盎然。观摩课上，骨干教师的执教风格各有不同，但总能让我叹服他们对概念的多方面的解读，总能让我觅到一些新颖的设计思路，也总能发现许多精心的课堂设计，他们的课堂教学艺术带给我太多的感悟和启发。他们打开的是综合实践活动的一扇窗，却让我看到了一个精彩的世界。"

高环珊老师感慨地说："当老师这几年，上过最开心的课就是'游戏'这节课。一节内容丰富的课，由游戏引导，激发出孩子们对这一概念的兴趣，接着通过各种游戏，让孩子们不仅了解了文化知识，更深入内心，指导孩子们要保持积极的心态，拥有健康的人格。这样的课，让孩子们在玩中学，学中玩，潜移默化中影响着孩子，让孩子培养出好的品质。课堂上充斥着孩子们的笑声，眼里都是孩子们的小脸，让人怎能不觉得愉快？与死气沉沉的主课相比，这样的课更加生动。我认为，一节好课，成长的一定不仅仅是孩子。在收集资料、准备游戏、备课、讨论的过程中，老师也在成长，只有丰富了自己的知识储备才能满足孩子们的知识需求。"

邢巧荣老师激动地说："作为一名普通的小学老师，我们平时很少做研究，更不用说是研发课程了。我们总觉得研究是那些学问高深的硕士、博士、院士的事，和我们没有关系。这次我们参与了课程学习和研发活动，谷主任从头到尾一直参与讨论，参与指导，使我们对做研究有了不一样的认识。我们认识到原来只要肯学，愿意参与研究，我们普通教师也可以的。一次次的讨论、修改、教学实践，甚至语法、标点的修改都使我们感受到做研究一定要严谨，要有耐心、细心，要有决心、有信心、有恒心，要反复实践、反复修改，才能取得成功。作为一名教师，我在研发过程中学到了很多。而我的学生在我研发设计的过程中给予了我很大的帮助和灵感，同时他们也从中得到了成长。"

三

课程的研发过程使得我们对教师的教育问题有了很多新的认识。

首先，我们认识到，课程研发活动就是一种新型教师培训，也是教师培训中心一项新的职能。教师培训中心不应该仅仅从事教师培训课程与教学活动的组织工作，而且还应该致力于新的教师培训课程资源的研究、开发、出版、宣传和推广工作。教师培训中心应不断地开发出助教助学的新手段和新的课程教学资源，并通过不断的宣传，来逐步推广课程资源与成果。

第二，我们认为，普通教师专业成长的过程，应该是一种先模仿，再模仿创新，最后实现教学创新的过程。针对面广量大的一线普通教师，我们不是强调教师们首先去设计优秀的教案，课堂教学出彩创新，而是应该要求他们首先向优秀教师学习，参考优秀教师的教案，模仿优秀教师的教学，领悟优秀教师的理念，在模仿学习教学中提高自己的课堂教学水平。教师的专业发展需要借鉴和模仿学习大量的优秀课程教学资源，而实际可供参考的优秀课程教学资源还是缺乏的。因此，开发优秀课程教学资源还是非常紧迫的。

第三，我们认为，青年教师是教育发展的生力军，也应该是教育培训的重点。他们有充沛的精力，有不断学习的欲望，他们有向上之心。农村青年教师较城市教师可能科研能力弱一些，但他们内心求发展的愿望比城市教师更强烈。一旦选定目标，他们就会更加努力地追求，研究更有韧劲，更能够坚持并获得成功。

第四，制约普通学校青年教师和农村青年教师发展的重要原因在于他们缺少专业发展的项目引领和专业人士引领。如果市和各区教师研训部门能创建更多的项目平台，教学专家们能给予他们更多手把手的辅导、帮助，这些青年教师在专业发展的道路上应该进步得更快。

目　　录

让游戏融入课堂教学(代序)……………………………………………… 1
在"课程研发"中引领青年教师专业成长(代前言)…………………… 1

第一单元　游戏综述……………………………………………………… 1
　第一课　游戏角色……………………………………………………… 3
　第二课　玩……………………………………………………………… 9
　第三课　游戏器械……………………………………………………… 14
第二单元　游戏种类……………………………………………………… 23
　第一课　儿童游戏……………………………………………………… 25
　第二课　大人游戏……………………………………………………… 33
　第三课　集体游戏……………………………………………………… 40
　第四课　网络游戏……………………………………………………… 48
　第五课　文字游戏……………………………………………………… 56
　第六课　古代游戏……………………………………………………… 64
　第七课　节日游戏……………………………………………………… 71
　第八课　外国游戏……………………………………………………… 80
　第九课　民族游戏……………………………………………………… 87
第三单元　游戏活动……………………………………………………… 93
　第一课　学习…………………………………………………………… 95
　第二课　思维活动……………………………………………………… 103
　第三课　创作…………………………………………………………… 110
　第四课　工作…………………………………………………………… 116
　第五课　运动…………………………………………………………… 122
　第六课　魔术…………………………………………………………… 130
　第七课　狂欢…………………………………………………………… 138
　第八课　赌博…………………………………………………………… 144

第四单元　游戏与环境·······························151

第一课　室内游戏·······························153

第二课　户外游戏·······························160

第三课　地上游戏·······························166

第四课　空中游戏·······························173

第五单元　游戏与经济·······························179

第一课　游戏消费·······························181

第二课　游戏室成本·······························189

第三课　马场经营·······························196

第六单元　游戏管理·······························201

第一课　校园游戏安全·······························203

第二课　网络游戏安全·······························209

第七单元　游戏生活·······························217

第一课　棋中人生·······························219

第二课　牌中休闲·······························227

第三课　垂钓乐趣·······························232

第八单元　游戏与人·······························239

第一课　普通人游戏·······························241

第二课　名人游戏·······························247

第九单元　育人游戏·······························255

第一课　创意游戏·······························257

第二课　协作游戏·······························263

第十单元　游戏概念的整理与总结·······························269

第一课　游戏概念的综合·······························271

后记·······························278

第一单元　游戏综述

课程单元活动名称：游戏综述

课程单元说明

　　"游戏综述"包含"游戏角色"、"玩"和"游戏器械"三个方面的内容，这三个方面的内容又为整个"小学游戏课程"提供了学习基础。因为本课程所有的活动都是借助于游戏展开的，通过"游戏综述"的学习，学生知道在游戏中"扮演的角色，怎样玩，玩什么"，从而为后面的游戏学习做好准备。我们常说孩子们在玩的过程中，体验的世界是"整体的世界"，因此综合实践活动主题的选择应该从"整体"上去考虑。在"小学游戏"这门课程中，我们的概念学习包含了学生本人、社会生活和自然世界，所有主题的探究都体现了个人、社会、自然的内在融合，体现了科学、艺术、道德的内在整合。

　　在教学过程中，游戏的活动空间是开放的，部分活动是在学校"教室"里完成的，部分活动是在大自然"教室"里进行的，部分活动进入互联网"教室"，在虚拟的空间自由穿梭。学生的生活由个人、社会、自然等基本要素构成，这是一个复杂关系的整体，学生通过对这些复杂关系的处理，提升自身素质。我们面向每一个学生的个性发展，并且尊重每一个学生的特殊需要。就过程而言，我们培养学生团结协作、善于思考、勤于动手、乐于交流的良好习惯，学生能够就自己的活动体验向别人阐述自己的见解，从而促进学生与学生之间的知识交流，并为行动做好指导，最终知行合一！

　　这些游戏活动的对象不仅仅是学生，还需要更多的社会人参与，如家长、教师、社会工作人员等等。既然是综合实践活动课程，就需要综合所有的学科课程，综合各种研究方法，只有这样，学生才能够真正地做到综合运用知识，并且学以致用。

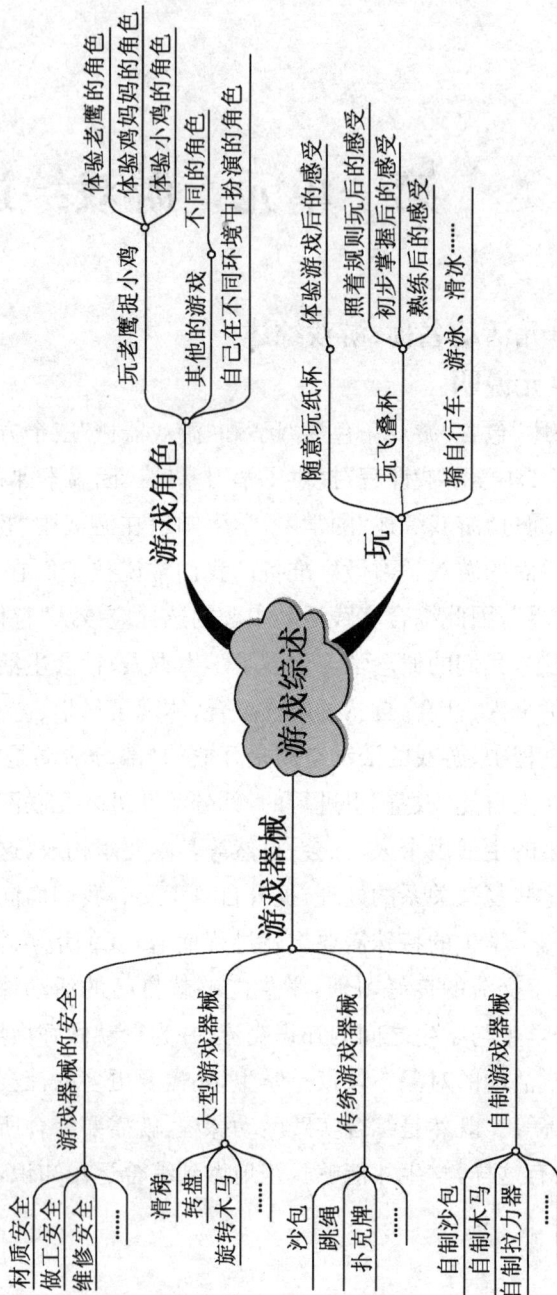

课程生长树

游戏综述

游戏角色

玩老鹰捉小鸡
- 体验老鹰的角色
- 体验鸡妈妈的角色
- 体验小鸡的角色

其他的游戏
- 不同的角色

自己在不同环境中扮演的角色

玩
- 随意玩纸杯
- 玩飞叠杯
  - 体验游戏后的感受
  - 照着规则玩后的感受
  - 初步掌握玩的感受
  - 熟练后的感受
- 骑自行车、游泳、滑冰……

游戏器械

游戏器械的安全
- 材质安全
- 做工安全
- 维修安全
- ……

大型游戏器械
- 滑梯
- 转盘
- 旋转木马
- ……

传统游戏器械
- 沙包
- 跳绳
- 扑克牌
- ……

自制游戏器械
- 自制沙包
- 自制木马
- 自制拉力器
- ……

第一课　游戏角色

领　　域:游戏综述
相关概念:游戏角色
主题事件:我和同学一起玩"老鹰捉小鸡"游戏

一、教学背景

本节课是"游戏综述"中的第一个环节,通过我和同学一起玩"老鹰捉小鸡"的游戏,让学生了解在不同游戏中每个人担任的角色的不同,遵守的规则也不一样,从而了解在游戏中不同角色需要遵守不一样的规则,以便于学生正确体会游戏与角色的关系,为后面的学习打下基础。

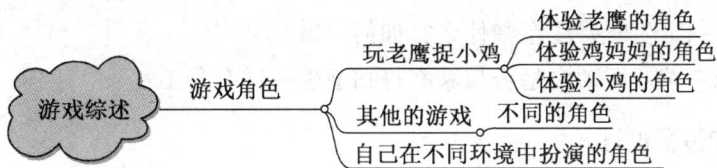

角色:通俗地说就是"身份"的意思。角色渗透于生活的各行各业,每个人在不同的环境中都扮演着不同的角色,如"路路"在父母面前是女儿,在爷爷奶奶面前是孙女,在老师面前是学生……

二、学生学习力达成度

我想:课前学生愿意参加老鹰捉小鸡的游戏,对游戏角色产生浓厚的兴趣。在游戏中,有哪些角色呢? 不同的角色应该遵守的规则一样吗? 担任不同的角色有什么不同的感受呢? 课后学生想去了解除了游戏里的,我们还担当了哪些角色。

我会:学生学会扮演不同的角色来进行老鹰捉小鸡的游戏,学会流利地向他人介绍不同角色应该遵守的规则,学会观察不同角色间应该如何合作,学会思考自己在不同环境中还扮演着什么角色。

我知:每种游戏中,不同的角色有不同的分工,需要遵守不同的规则,但是角色之间又是相互合作的。

三、教师教学重点与难点

1. 教师引导学生通过游戏"老鹰捉小鸡"体验不同的角色,明白不同角色应该遵守不同的规则。

2. 教师教育并引导孩子迅速适应角色要求,扮演好指令的角色,通过游戏的设计,让学生了解不同角色既需要遵守不同规则,又需要相互合作。

四、教学方法

视频展示、体验思考、讨论交流、自主探究。

五、教学课时

一课时。

六、教师课前准备

老鹰捉小鸡游戏的相关图片、表格资料;课前把全班分为 6 人一小组,选好组长。

七、学生课前准备

我感受:和父母一起进行一次家庭大扫除的活动。

我了解:了解我、爸爸、妈妈在大扫除中分工的情况。

我思考:

1. 为什么大扫除中要进行分工?

2. 我打扫卫生时要注意些什么? 如何去做?

3. 我思考游戏活动中是否与家庭打扫卫生一样有分工?

八、教学过程设计

【教学过程设计总体思路】

全班通过一起玩老鹰捉小鸡游戏,在小组中扮演不同的角色,而且体会每个角色的规则和要求,然后交流、总结自己所经历的游戏中的感受,并能体会到其他相似游戏中的不同角色。

【教学空间与布置】

教学地点安排在教室里。6 人一小组的座位。张贴一些同学们经常玩的游戏的名称卡片,以便后面开展活动时小组选取卡片用。

(一)热身阶段

我发现

歌曲导入《丢手绢》(http://play. baidu. com/? __m=mboxCtrl. playSong&__a=10493870&__o=/song/10493870_playBtn&fr=new_mp3||www. duba. com#loaded)。

同学们,听过这首歌吗? 让你们想起了什么?

我思考

作为一名小学生,我们每天的生活丰富多彩,其中游戏是我们生活的重要组成部分,你们玩过什么游戏呢?

我观察

有一种游戏很好玩,让我们跟随图片一起去看看吧!(图片展示)

(二)游戏活动阶段

我了解

图中"路路"玩的游戏是什么?你们会玩吗?能给大家简单介绍一下规则吗?(指名说)

分配角色:学生在小组中以划拳的方式,通过"石头、剪刀、布"选出"老鹰"、"鸡妈妈"、"小鸡仔"的扮演者。

游戏规则:母鸡和小鸡站成一排,母鸡在前,母鸡身后是若干小鸡,母鸡保护小鸡不被老鹰捉住。游戏规则要求老鹰不能抓鸡妈妈,只能突破鸡妈妈的防线,抓住最后面的小鸡后,老鹰为胜。

我体验

全班开展"老鹰捉小鸡"的游戏。

按课前全班分好的小组(每组6人左右),每组同学分别扮演老鹰、鸡妈妈、小鸡仔。开展游戏,每3分钟或老鹰获胜后轮换角色。时间一共为20分钟。在室外操场进行。

老　鹰:同学1	老　鹰:同学2	老　鹰:同学3
鸡妈妈:同学2	鸡妈妈:同学3	鸡妈妈:同学4
小鸡仔:同学3	小鸡仔:同学4	小鸡仔:同学5
同学4	同学5	同学6
同学5	同学6	同学1
同学6	同学1	同学2

老　鹰:同学6	老　鹰:同学5	老　鹰:同学4
鸡妈妈:同学1	鸡妈妈:同学6	鸡妈妈:同学5
小鸡仔:同学2	小鸡仔:同学1	小鸡仔:同学6
同学3	同学2	同学1
同学4	同学3	同学2
同学5	同学4	同学3

我思考

1. 你在刚才的游戏中,扮演了哪些角色?

2. 你最想扮演哪种角色? 为什么?

3. 如果我们几个人都想当老鹰怎么办啊?

4. 当你做老鹰时非常高兴,当你转变成小鸡时都做了哪些改变?

我交流

1. 你在刚才的游戏中,扮演了哪些角色?(老师板书:不同角色。)

2. 你最想扮演哪种角色? 为什么?(老师板书:相应的不同规则。)

3. 如果我们几个人都想当老鹰怎么办啊?(老师板书:大家互相谦让。)

4. 当你做老鹰时非常高兴,当你转变成小鸡时都做了哪些改变?(老师板书:适应角色的要求,互相配合。)

老鹰	鸡妈妈	小鸡
只能抓住最后面的小鸡	保护小鸡不被老鹰抓住	紧跟鸡妈妈身后,躲避老鹰

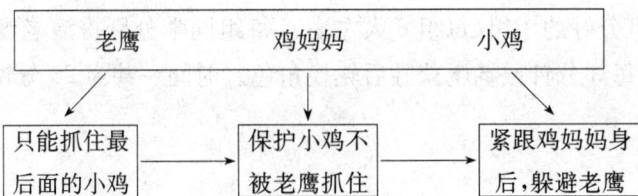

(三)认识提升阶段

我思考

回想自己的学校生活和家庭生活,如做饭菜、洗衣服、打扫卫生等,哪种最令你印象深刻? 小组选择一种游戏,个人填写在表格中,并在小组中交流这种游戏中的角色以及角色应该遵守的规则。

游戏的名称	游戏角色	应遵守的规则

我交流

1. 指名一位学生向全班进行角色及相应的规则介绍。

2. 举一种游戏,说说其中不同角色应该遵守的不同规则。

(四)拓展阶段

过渡:看到同学们玩得这么兴高采烈,同学们,你们想过吗,其实你们在日常生活中就扮演了各种各样的角色。

我反思

我们课后想一想,你在什么环境下,都扮演了哪些角色。

环　境	扮演角色	规　则
学校	学生	遵守学校规章制度
过街		
公共汽车		
医院		
……	……	……

(五)总结阶段

教师引导学生总结:游戏的种类是丰富多彩的,游戏中的角色也是各种各样的。不同的游戏角色,遵守的规则就不一样,它们之间相互配合,才能使游戏成功开展。在游戏中,我们可以扮演不同角色,得到不同的体验,还可以锻炼我们和他人合作的能力,这样我们的游戏才会开展得更有意义。

提供研究课题

1. 国外小朋友是怎样扮演自己的角色的?

2. 在扮演角色中,我们还需要遵循哪些规则?

……

引导学生课后拓展的思维导图

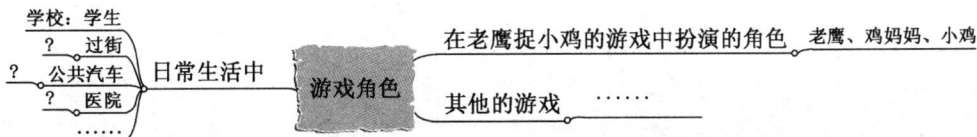

学校:学生
? 过街
? 公共汽车　日常生活中　游戏角色
? 医院
……
在老鹰捉小鸡的游戏中扮演的角色　老鹰、鸡妈妈、小鸡
其他的游戏　……

课堂上,学生通过实践体验,明白在不同的游戏环境中需要扮演不同的角色。在

生活中,我们也需要角色扮演,只有把握好自己的角色,才能够高效地生活。人与人之间的交往,人与社会的和谐,人与自然的亲近,都要用不同的角色去正确认识和面对。要注意从小培养孩子的角色意识,这可以让孩子更好地拓展自己的思维,为今后的学习和生活做好铺垫。课后,孩子们可以在其他环境中体验不同角色的不同经历。

（设计者:丁钱香　郭静）

第二课　玩

领　　域:游戏综述

相关概念:玩

主题事件:课间,我在教室里玩飞叠杯

一、教学背景

本次活动是"游戏综述"的第二个环节。孩子在学习了"游戏角色"后,明白在不同的环境中需要扮演不同的角色。研究表明:在游戏中,孩子会不断克服自身弱点,遵守规则,选择忍受当前的挫折和不安,锻炼自己承受挫折、失败的能力,逐渐形成良好的情绪和意志品质。

玩:通俗地说,就是一种游戏。学习生活中,每个学生都有课余时间,游戏和玩耍占据了我们的大部分课余时间。有的同学让自己在各种游戏中得到休息、放松,让自己的课余生活变得丰富多彩。有的同学只是一味地玩耍,课余的生活显得比较乏味和不安全。游戏和玩耍又有着怎样的区别和联系呢? 让学生明白当游戏有了规则之后,我们的玩有了一定的束缚,玩起来会比较困难,没有那么随心所欲,但是在我们熟练地掌握规则之后,我们会玩得更尽兴。其实,游戏是一种更有意思的玩。

二、学生学习力达成度

我想:课前学生踊跃带纸杯,并想知道玩什么游戏;课上通过玩飞叠杯,观察、比较、想象,产生深入了解、研究游戏的兴趣。

我会:学生会观察怎么玩飞叠杯,会掌握飞叠杯的玩法规则,会通过"随意玩纸杯"和"玩飞叠杯"学会思考游戏与玩的辩证关系。

我知:学生知道规则是游戏顺利进行的保证,是必须遵守的准则。只有遵守规则,团结协作,才能使游戏正常开展下去。只有熟练游戏操作,游戏才能更好玩。学

生知道玩和游戏的异同。

三、教师教学重点与难点

1. 学生能通过玩飞叠杯，了解规则对游戏顺利开展所起到的重要作用。
2. 教师让学生通过熟练玩游戏，初步了解游戏和玩耍的区别与联系。

四、教学方法

自主学习、互动探究、尝试体验、反思改进、多媒体运用。

五、教学课时

一课时。

六、教师课前准备

多媒体展示玩飞叠杯的相关视频，教师准备飞叠杯，学生每人准备6个一次性的纸杯。

七、学生课前准备

我感受：在家玩一玩魔方或魔板，观看关于魔方的竞技比赛，说一说观看后的感受。

我了解：魔方竞技比赛的一些规则。

我思考：

1. 这些选手是怎样练得这么快的？
2. 玩魔方是不是还有什么窍门在里面？

八、教学过程设计

【教学过程设计总体思路】

本课以玩飞叠杯为主线，激发学生兴趣，在反复体验游戏的过程中，明白游戏与玩的关系。首先创设氛围，激趣导入，让学生感受主题。然后通过不断地尝试练习玩飞叠杯，让学生讨论、体验，说出玩和游戏的相同点和不同点。

【教学空间与布置】

教学地点安排在教室里。6人一小组的座位。每人桌上都放有6个一次性的纸杯。

（一）选择主题事件，创设情境

今天我们进行一场玩纸杯的比赛。在宣布比赛规则之前，请同学们随意地玩一玩自己带的纸杯。

情境一：自由地玩一玩

我尝试

每人桌上都放有6个一次性的纸杯，请同学们随意地玩一玩。想怎样玩就怎样玩。（学生玩杯子）

我感受

老师:说一说你们随意玩杯子的感受。

我反思

老师:这样玩纸杯开始还是比较快乐的,随心所欲的,但时间长了,就觉得无聊。

(二) 游戏体验阶段,玩转飞叠杯

情境二:看一看

我感受

观看飞叠杯的有关视频,阅读有关飞叠杯的资料。

> **小贴士**
>
> 飞叠杯(Flyingcup),是一款专门供风靡全球的叠杯游戏使用的竞技运动型玩具,是全球最热门的 15 款玩具之一。美国的 12 岁男孩普罗多纳以 5.93 秒刷出了飞叠杯单人的新世界纪录,又分别以 1.8 秒和 2.19 秒刷新了飞叠杯 3-3-3 和 3-6-3 的世界纪录。

出示飞叠杯视频:http://v.youku.com/v_show/id_XMzc3MzEzNzI4.html。

我思考

老师:请学生试着用自己的话说一说飞叠杯运动。

我讨论

老师:这样玩杯子和我们刚才玩杯子有什么不同之处?

我交流

学生:这样玩杯子,我的心情会有点紧张;有了规则之后,难度增加了,会不停地去尝试,失败的时候还会有些沮丧,不过还是想尝试。

这一板块主要是通过观看视频,了解飞叠杯运动,让学生感受到飞叠杯玩起来有规律,有规则。游戏是有规则的。

情境三:练一练

我观察

出示飞叠杯练习详解的视频。学生观察,尝试练习。

3 个飞叠杯练习详解教程。

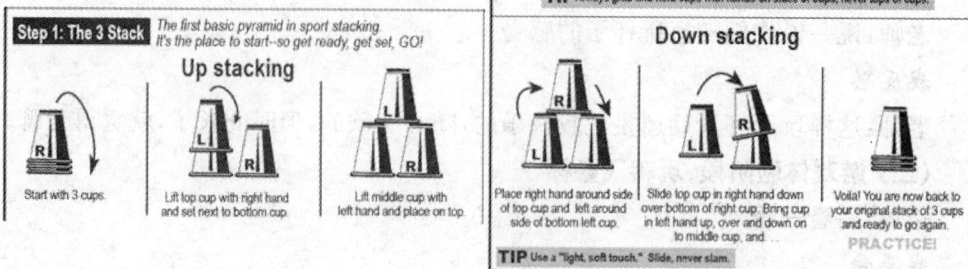

6 个飞叠杯练习详解教程。

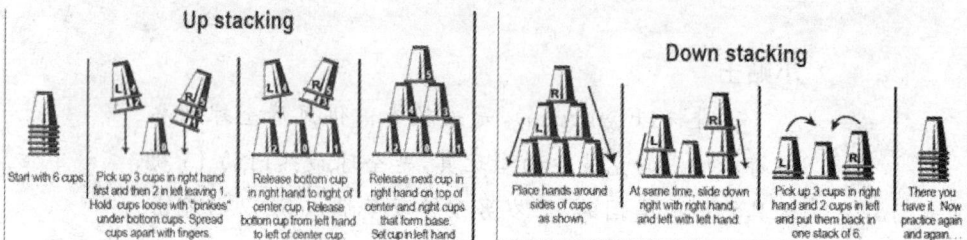

我尝试

增加规则,尝试玩一玩桌上的杯子。

学生开始练习,时间为 2 分钟左右,配上轻快的音乐。

我感受

老师:通过练习你们有什么感受。

学生:这一次玩起来有了难度,不能那么随心所欲,不过更有意思。

教师引导,学生总结:玩是随心所欲的,游戏是有规则的,有了规则的束缚,玩就受到了一定的限制。

我练习

先进行 3 个飞叠杯的练习,从展开到收起。然后是 6 个飞叠杯的练习,最后是 3-6-3 的组合,达到一定的熟练度。

我交流

学生谈练习熟练之后的感受,和上两次玩杯子的感受的差异。

玩得熟练之后,能够掌握一定的规律,玩得尽兴了。

情境四:比一比

我比赛

各小组派出一名选手,比一比谁叠杯子的速度快。(配上动感的音乐,增加比赛气氛。)

我感受

学生交流比赛后的感受。

教师引导,学生总结:当游戏有了规则之后,我们的玩有了一定的束缚,玩起来会比较困难,没有那么随心所欲,但是在我们熟练地掌握规则和规律之后,我们玩得更尽兴了。

(三) 游戏总结提升阶段

我观察

出示视频(飞叠杯、小轮车、滑轮、乒乓球、独轮车等表演),观察表演者的动作、神态。

我交流

学生交流(非常放松地、随心所欲地,开心,享受,自豪……)。

我反思

为什么游戏会给我们带来这样的感受呢?

能够熟练掌握驾驭规律,所以才会玩得非常轻松,享受玩的过程,并且也因为自己娴熟的玩术而感到自豪。

教师引导,学生总结:简单的玩是一种随心所欲的状态,当我们熟练掌握游戏的规律之后,也能达到这种完全放松的状态。

提供研究课题

1. 大人是怎样玩的?

2. 学习也是玩吗?

……

引导学生课后拓展的思维导图

在游戏过程中,孩子主要是通过不同的"玩"来体验感知。本次活动就是专门对玩进行描述。玩是孩子的特性,在玩的过程中孩子可以放松心情,感受快乐。游戏有很明确的规则,这些游戏规则是必须遵守的,而这就会使参与者因想参与游戏而尽自己的力量去控制自己的行为,去遵守规则,这无疑是合作协调的好开端。游戏也能帮助孩子摆脱以自我为中心的看法,向社会合作发展。

(设计者:王溢　郭静)

第三课　游戏器械

领　　域:游戏综述
相关概念:游戏器械
主题事件:我游览游戏器械小王国

一、教学背景

"游戏器械"是"游戏综述"的第三环节的内容。学生对玩有了一定的了解,本课的学习是让学生了解游戏器械。游戏器械在游戏中起着至关重要的作用。本课的学习为后面游戏种类的学习做好了理论准备。

游戏器械是供人们娱乐并进行体育活动的玩具,多设置于户外,一般为幼儿园、公共场所的娱乐设施。许多儿童游戏器械是从民间体育娱乐用具演变而来的。本节课通过游览游戏器械王国不同的游戏器械,让学生了解器械在游戏活动中的作用,进一步开发传统的常用游戏器械的功能,并积极挖掘日常生活中新的游戏器械,使器械游戏的开展避免流于形式的体能训练,使学生充分应用游戏器械,体会到游戏的快乐。

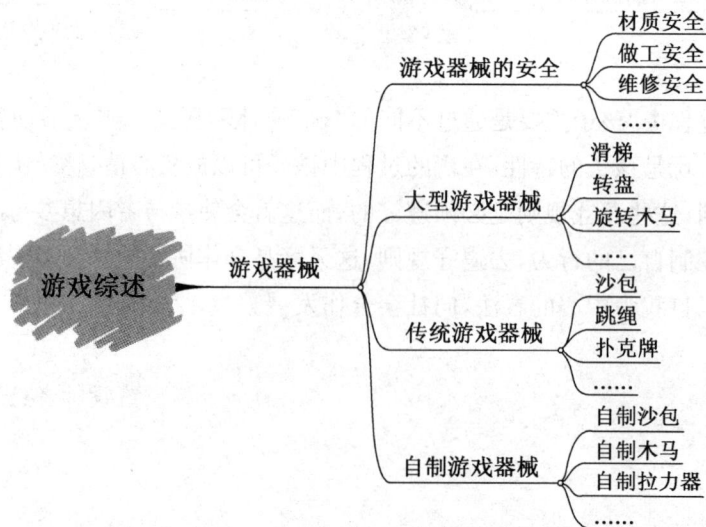

器械:通俗地说就是"工具"、"道具"。我们生活中的游戏器械有很多,有大有小,

有昂贵的也有便宜的。如一捆小小的火柴棒就可以让孩子玩挑棒棒游戏好久,一次迪斯尼摩天轮会让孩子记忆终生……

二、学生学习力达成度

我想:课前我想知道有哪些游戏器械,课中我想知道这些游戏器械的玩法,课后我想自己制作小型游戏器械。

我会:我会观察这些游戏器械的外形,分析游戏器械的玩法,流利地向他人介绍我所了解的游戏器械的价格、名称以及游戏时的注意事项,并思考这些游戏器械该怎么养护。自己可以制作小型游戏器械。

我知:知道如何巧妙利用一些生活用品、日常小工具作为活动器械,也可以创造出一些新颖的玩法。游戏器械在游戏中起着至关重要的作用,没有游戏器械有些游戏就不能进行了。

三、教师教学重点与难点

1. 让学生体会到玩游戏器械一定要有注意安全的意识。

2. 教师引导学生如何变废为宝,主动创造一些新的游戏器械;引导学生就地取材、大胆尝试,创造出一些新颖的玩法。这也是本节课的教学难点所在。

3. 教师要引导学生关注每一个探究结果,充分发挥学生的主观能动性,并激发学生进一步学习的愿望,掌握探究学习的途径和方法。

4. 教师要结合学生的实践、交流结果,引导学生用自己的语言总结、概括出游戏器械的种类和作用。

5. 教师引导学生学会爱护游戏器械,养成良好的游戏习惯。

四、教学方法

图片展示、实践、讨论交流、自主探究。

五、教学课时

一课时。

六、教师课前准备

相关课件、走步车、牛奶箱、独木桥、记分牌、木马、铁圈、彩色塑料瓶、小塑料圈、沙包、绳圈。

七、学生课前准备

穿运动鞋,着运动服,做好运动前的关节活动。

我感受:看一看游乐场内的游戏器械,再找一找家里的小型游戏器械,感受游戏器械的种类及作用。

我了解:查找资料,了解游戏器械的种类。

我思考：

1. 游戏器械起什么作用？
2. 游戏器械的制作材料有哪些？
3. 如何保证游戏器械的安全性？

八、教学过程设计

【教学过程设计总体思路】

教学中，带领同学们到游戏器械王国游玩，同学们会发现很多好玩的东西。他们拿起地上放着的各种游戏器械，和小伙伴们玩了起来。地上放了一排小绳子，原来这是连环跳跃的游戏器械。地上还摆放着做了装饰的空牛奶箱，还有涂色并装了沙的塑料瓶、塑料套圈等游戏器械。同学们尝试了这些游戏，体验了游戏器械的好玩之处。同学们会发现原来游戏器械可以自己做，小型游戏器械可以买，但是大型的游戏器械只能到游乐场去玩了。

同学们通过观察、研究、尝试各种游戏器械的玩法，了解游戏器械在游戏中的重要作用，为学生对游戏的后续研究和学习做好准备工作。

【教学空间与布置】

1. 活动教室应选择室内体育活动室，教室内的地面要防滑。
2. 座椅摆在教室四周，同学坐在教室四周。
3. 教室中间摆放好游戏器械。

（一）选择主题事件，创设情境——器械王国体验篇

1. 教师：同学们，今天老师要带领同学们去游览游戏器械王国，那里一定有许多好玩的东西。我们一起去看看、玩玩、研究研究？你们准备好了吗？（准备好了!）好，我们出发了！

2. 教师播放声音课件：欢迎同学们来到游戏器械王国，祝你们此行愉快。

3. 板书：游戏器械。

这个版块主要是通过背景的创设，让学生知道这节课主要是为了解游戏器械的知识，通过游览活动激发学生进一步学习游戏器械相关知识的学习兴趣。

（二）学生的探索与体验

情境一：游览大型游乐器械区域

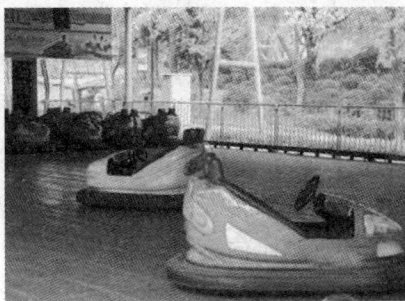

1. 教师播放课件,出示以上图片。

2. 教师:同学们,你们见过这些东西吗? 在哪里见过?(同学回答)你们谁玩过这里面的游乐项目。谈谈自己的感受好吗?(同学谈感受)

教师:这些游戏很好玩,你们说说什么是必不可少的?(学生答:碰碰车等。)这些都叫什么?(学生答:游戏器械。)

3. 教师出示课件中的图片。

4. 这些游戏很刺激吧,这些游戏适合小学生玩吗?(同学自由发言)

这个版块主要是通过观看大型游戏器械,让学生感受在游戏过程中游戏器械起到的至关重要的作用。小学生到游乐场玩,要有选择地玩游乐项目,要有安全意识。教师引导学生说出很刺激的游戏不适合小学生玩。

情境二:游览传统游戏器械区域

教师课前在教室的中间依次摆放好铁圈、塑料栏杆、塑料小桥和手扶脚踏车,如上图。

1. 教师：同学们快看，地面上有一个铁圈、一个塑料栏杆、一个塑料小桥，还有一辆手扶脚踏车。同学们，你们知道这些都是什么吗？这些东西有什么用吗？

同学们观察研究这些东西有什么用、怎么用。同学自主汇报小组的研究结果。

2. 学生：这些是低年级同学玩游戏障碍赛跑时用的游戏器械，图中出现的游戏器械就是设置的障碍。铁圈要钻过去，塑料栏杆要跨过去，要从塑料小桥上跑过去，再踩着手扶脚踏车回来。

3. 男女生小组赛。当同学们知道了这是障碍赛跑的游戏器械之后，男生、女生各选出 5 个人进行接力障碍赛跑。

4. 教师出示课件，显示游戏规则：第一个同学从铁圈钻过去，再从横杆跳过去，接着从小桥跑过去，最后踩着手扶脚踏车回到原地。第一个同学回来后拍第二个同学的手，第二个同学再出发。依此类推，第五个同学回来的时候计时结束，用时少的组获胜。

5. 这个游戏很好玩吧？请同学们说说，在游戏中什么是必不可少的？（同学只要说出有关游戏器械的作用即可。）

引导学生交流总结：这些小器械使游戏更有趣味，是游戏必不可少的器械。刚才我们玩的游戏要有游戏器械才可以正常进行，没有游戏器械，游戏就不能进行了。游戏器械是游戏的必需品。

6. 教师播放声音课件：同学们，游戏器械王国好玩吗？（好玩！）哈哈，欢迎你们继续游览游戏器械王国。

这个版块主要是通过情境的创设，让学生通过玩游戏"障碍赛跑"，体会在游戏过程中游戏器械起着至关重要的作用。

资料阅读

许多儿童游戏器械是从民间体育娱乐用具演变而来。秋千是一种古老的游戏器械，在世界各地都盛行。据《事物纪原》记载，春秋时期，妇女"以彩绳悬树立架，谓之秋千"。唐代，秋千传入宫廷。木马也是很古老的游戏器械。在西方，古希腊哲人苏格拉底的著作中曾提到他和儿子在木马上游戏。古罗马诗人霍拉斯也记载过木马的游戏。20 世纪以来，随着科学技术的发展，儿童游戏器械品种日渐增多，如荡船、滑梯等。有些儿童游戏器械还以电力发动，成为现代游乐设备，如载人电动车、电动船、回转木马等。

游戏器械的品类主要有滑梯、秋千、木马、压板、攀登架等，各种童车也可作为儿童游戏器械。① 滑梯：由扶梯和滑行道组成，多为木结构。儿童从扶梯登上后由滑行道滑下。有的滑梯外形做成各种动物形状，滑行道一般为直线形,也有做成螺旋形的。滑梯高度根据儿童年龄有所区别,但最高不得超过3米。② 秋千:由框架和摆座组成,多为铁木结构。框架上装有铁链或绳索与摆座相连。儿童坐在摆座上由别人推动,或站在摆座上用力蹬而来回摆动。③ 木马:用木料制成的马或其他动物形象,背部有鞍座,底部为圆弧形。儿童骑上后身体前倾或后仰,木马便前后摆动。现代有以电力推动回转并摆动的,称为回转木马。④ 压板:又称跷跷板,由板和座架组成,多为木结构,压板中心架于座架上。两名儿童各坐压板一端,轮流用脚蹬地,压板即上下摆动。⑤ 攀登架:形状为一直立扶梯,固定于地面。儿童可攀援而上,翻越过架,再缘梯而下。攀登架也可做成其他复杂的架状结构,儿童可在架间穿越攀登。

情境三:游览自制游戏器械区域

1. 教师播放声音课件:"同学们看看这是什么?(在教室地面上放自制的小游戏器械。)你们如果知道它们怎么玩就会得到一个器械作奖励哦!"

这个环节要同学们自己观察、尝试并发现各种自制游戏器械的玩法,为了激励学生的积极性,可以把自制的小游戏器械发给学生作奖励。

饮料瓶做的拉力器

自己缝制的笑脸沙包

灌满沙子的塑料瓶和塑料圈套

牛奶箱子做成的大鞋子

2. 男女生大比拼。

教室地面摆放好 10 件玩具器械。男女生各选 5 人。每个人自选一件，演示一下玩法。演示对的同学，可以拿走这件小玩具。

3. 教师：你们看到了吗？这些很好玩的东西是买来的吗？（同学回答：不是。）

教师：同学们答对了，这些小器械都是游戏器械王国的老师和小朋友们一起用废旧物品做的，这些小器械很轻便也很好用。看来我们也可以利用身边的废旧物品做一些小游戏器械。

4. 同学们，你们谁自己做过小型游戏器械。（同学自由发言）

5. 教师小结：其实只要我们肯动脑思考、动手制作，我们会制作出很好玩的小游戏器械，希望同学们多动手制作实用的游戏器械。

但无论是买的还是自己做的游戏器械，都应该注意器械的安全性。

这个版块主要是通过情境的创设，学生玩自制的游戏器械，让学生体会在游戏过程中我们可以自己制作实用又简单的游戏器械。

（三）学生的课后延伸

1. 同学们的游戏王国之旅很愉快吧？我们看了游乐场的大型游戏器械，还有传统的游戏器械，和我们自制的小游戏器械，还玩了好玩的游戏。看过玩过之后，你们知道游戏器械的重要性了吧？（同学自由答）

2. 我们回忆一下自己印象很深的游戏器械有哪些？

3. 说说各自创新的游戏器械的名称、使用注意事项。

这个版块主要是通过学生的总结，让学生进一步了解游戏器械的重要作用，激发学生的探究积极性，让他们在接下来的活动中能开动脑筋，自己动手设计实用的游戏器械。

提供研究课题

1. 我们的学习用品可以变成游戏器械吗？

2. 怎样根据不同场合制作适合的器械？

……

引导学生课后拓展的思维导图

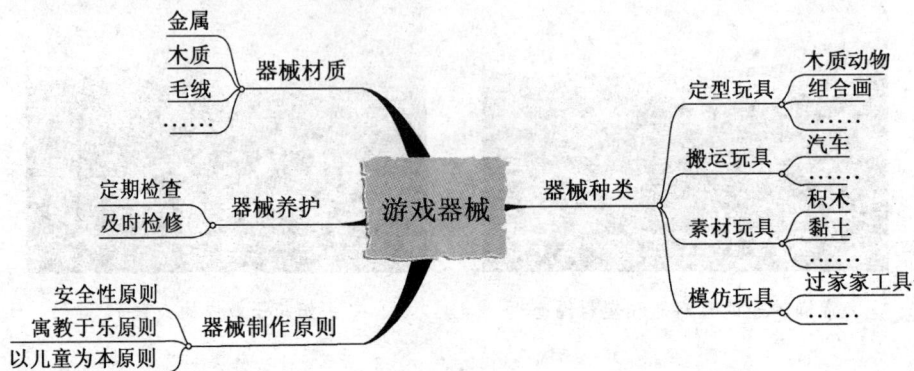

通过实践，我们深深体会到，要使器械游戏开展得更灵活，首先，教师要做个敢于思考、敢于尝试、敢于创新的人，要不断地利用不同的器械，开发器械的多种功能，想出更多有利于学生身心健康发展的玩法，使学生得到身体的锻炼、情绪的体验、智能的开发。其次，教师要善于观察，捕捉孩子们独特的、创造的思维火花，肯定并鼓励孩子积极开发值得推广的玩法，让全体学生得到发展。第三，重视家长资源的利用。家长也可以是废旧材料的收集者、自制游戏器械的创造者、良好玩法的建议者。我们教师要利用家长资源，使家长成为学校开展器械游戏的辅助者和合作者，以促进器械游戏的展开，使器械游戏发挥其最大的效应，满足学生学习和活动的需求，给学生带来快乐。

（设计者：葛丽霞）

第二单元　游戏种类

课程单元活动名称:游戏种类

课程单元说明

　　"游戏种类"是一个知识类教学模块,但是我们不会用传统的讲授法告诉学生所要了解的知识。在学生了解了游戏与角色,游戏与玩,游戏与器械的基础上,本单元尝试用亲身实践来体验不同游戏带给我们的快乐和感受,并通过讨论、研究等方法,自己探索总结出不同种类游戏的不同特点。

　　本课程模块的教学内容涉及学生感兴趣的不同种类的游戏,如集体游戏、儿童游戏、网络游戏、文字游戏等九个种类。游戏是娱乐活动,如猜灯谜、捉迷藏等,也是健身、娱乐的休闲体育,如康乐球、钓鱼等。

　　该版块的内容不适合用讲授法教学。教师要让学生在亲自体验的过程中进行知识的建构、能力的开发、道德的熏陶,力求让学生在快乐中体验、锻炼、成长。在教学中,教师要充分调动学生的积极性,利用学生已有的生活经验,让学生在课堂上以主人的身份参加到课堂活动中。教师要注意设疑、引疑,采用"问题—探索—交流—整理—应用"的教学模式,时时处处引导学生积极探究问题,直面学习中的疑问,进而思考、分析、实践。每节课的学习结束之后,教师要引导学生在课堂学习的基础上,还有兴趣在课后继续研究相关的问题,使学习活动在课后有所延伸。

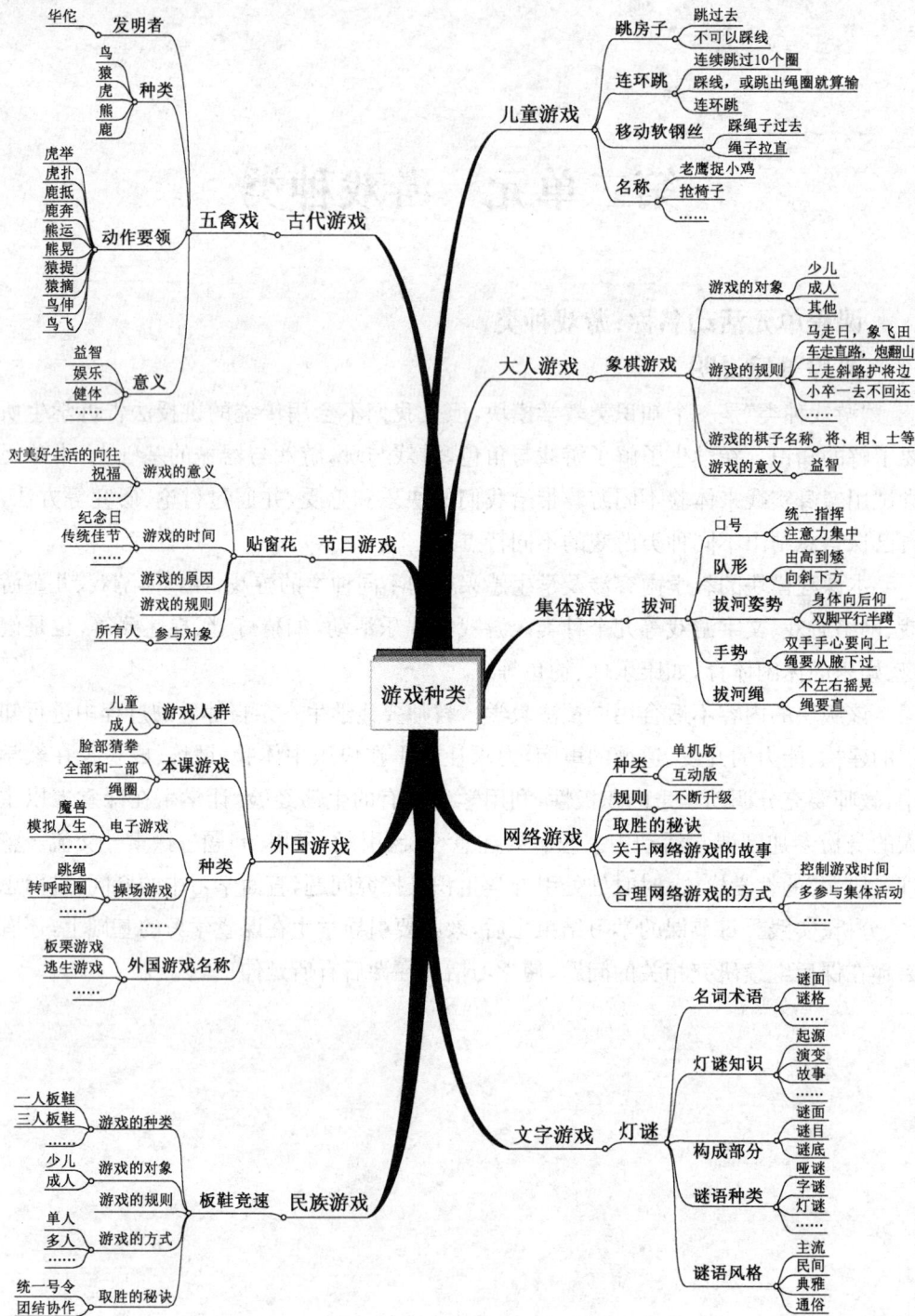

课程生长树

中心：**游戏种类**

古代游戏 — 五禽戏
- 发明者：华佗
- 种类：鸟、猿、虎、熊、鹿
- 动作要领：虎举、虎扑、鹿抵、鹿奔、熊运、熊晃、猿提、猿摘、鸟伸、鸟飞
- 意义：益智、娱乐、健体、……

儿童游戏
- 跳房子：跳过去；不可以踩线
- 连环跳：连续跳过10个圈；踩线，或跳出绳圈就算输；连环跳
- 移动软钢丝：踩绳子过去；绳子拉直
- 名称：老鹰捉小鸡；抢椅子；……

大人游戏 — 象棋游戏
- 游戏的对象：少儿、成人、其他
- 游戏的规则：马走日，象飞田；车走直路，炮翻山；士走斜路护将边；小卒一去不回还
- 游戏的棋子名称：将、相、士等
- 游戏的意义：益智

节日游戏 — 贴窗花
- 游戏的意义：对美好生活的向往、祝福、……
- 游戏的时间：纪念日、传统佳节
- 游戏的原因
- 游戏的规则
- 参与对象：所有人

集体游戏 — 拔河
- 口号：统一指挥、注意力集中
- 队形：由高到矮、向斜下方
- 拔河姿势：身体向后仰、双脚平行半蹲
- 手势：双手手心要向上、绳要从腋下过
- 拔河绳：不左右摇晃、绳要直

外国游戏
- 游戏人群：儿童、成人
- 本课游戏：脸部猜拳、全部和一部、绳圈
- 种类
  - 电子游戏：魔兽、模拟人生、……
  - 操场游戏：跳绳、转呼啦圈、……
- 外国游戏名称：板栗游戏、逃生游戏、……

网络游戏
- 种类：单机版、互动版
- 规则：不断升级
- 取胜的秘诀
- 关于网络游戏的故事
- 合理网络游戏的方式：控制游戏时间、多参与集体活动、……

民族游戏 — 板鞋竞速
- 游戏的种类：一人板鞋、三人板鞋
- 游戏的对象：少儿、成人
- 游戏的规则：单人、多人、……
- 游戏的方式
- 取胜的秘诀：统一号令、团结协作

文字游戏 — 灯谜
- 名词术语：谜面、谜格
- 灯谜知识：起源、演变、故事、……
- 构成部分：谜面、谜目、谜底
- 谜语种类：哑谜、字谜、灯谜
- 谜语风格：主流、民间、典雅、通俗

第一课 儿童游戏

领　　域:游戏种类
相关概念:儿童游戏
主题事件:我帮喜羊羊智斗灰太狼

一、教学背景

"儿童游戏"是第二单元"游戏种类"中的内容。"儿童游戏"是一种符合儿童身心发展要求的快乐而自主的活动。玩游戏可以巩固和丰富儿童的知识,促进其智力、语言等各种能力的发展。与此同时,儿童游戏又是小学生普遍喜爱的活动,也是最适合小学生特点的活动形式。小学教育中游戏是应用最广泛而又最重要的教育方式,它不仅接近儿童生活,带给儿童快乐,而且还能使其人格得到应有的尊重,使其各种心理需要得到满足,从而有效地促进儿童健康发展。本节课选了三种儿童游戏,跳房子、连环跳、移动软钢丝,通过玩这三个游戏,既锻炼了学生身体的灵活性、协调性,同学之间的相互配合、团结协作,也让学生对健康安全的游戏产生兴趣。

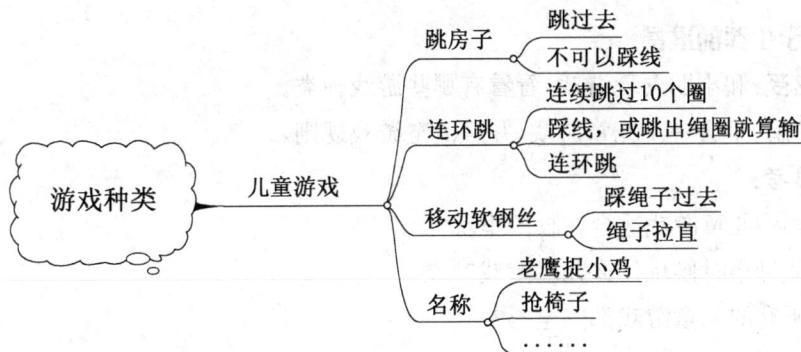

```
                         跳房子 ┬ 跳过去
                                └ 不可以踩线
                                ┌ 连续跳过10个圈
                         连环跳 ┼ 踩线,或跳出绳圈就算输
游戏种类 ── 儿童游戏 ┤        └ 连环跳
                                ┌ 踩绳子过去
                     移动软钢丝 ┴ 绳子拉直
                                ┌ 老鹰捉小鸡
                         名称 ┼ 抢椅子
                                └ ……
```

二、学生学习力达成度

我想:课前我愿意通过观察和交流,了解一些适合小学生玩的儿童游戏,并对儿童游戏产生一定的兴趣;课后我愿意参加自己感兴趣的游戏,愿意主动参与游戏、与他人合作,并且尝试不同的儿童游戏。

我会:我学会通过合作学习、讨论交流,得出三个游戏的游戏方法;学会在合作、交流的过程中发现问题、提出问题,并通过学习讨论,寻求有效的解决途径。

我知:我能够了解本课呈现的三个儿童游戏的游戏规则;能够知道儿童游戏会锻炼学生的身心,使之健康成长。

三、教师教学重点与难点

1. 教师要求学生在课前思考自己喜欢玩什么游戏,思考自己喜欢玩的游戏适合小学生玩吗?

2. 教师通过三个游戏,跳房子、连环跳、移动软钢丝,使学生体会游戏带来的快乐。

3. 教师引导学生通过实践和感悟,学会总结和反思,学会总结儿童游戏的规则,并且牢记玩游戏时一定要遵守游戏规则,在游戏时懂得相互配合。这也是本节课的教学难点。

4. 教师引导学生学会信任,关爱他人,以养成良好的行为习惯和品质。

5. 教师激发学生进一步探究儿童游戏的愿望。

四、教学方法

课堂体验、图片呈现、讨论交流、实践练习。

五、教学课时

一课时。

六、教师课前准备

相关图片、绳圈、多媒体课件、沙包、格子、小羊头饰。

七、学生课前准备

我感受:和小朋友玩游戏,看看有哪些游戏种类。

我了解:学会一个儿童游戏,并且清楚游戏规则。

我思考:

1. 哪些儿童游戏适合在校园里玩?

2. 父母小时候玩什么儿童游戏?

3. 所有的儿童游戏都安全吗?

八、教学过程设计

【教学过程设计总体思路】

安排学生们体验具体情境:灰太狼抓住了美羊羊,并且设计了陷阱来抓前来营救的喜羊羊和其他小羊们。同学们跟随喜羊羊去救美羊羊,并且要帮助喜羊羊闯过灰太狼设下的三个陷阱。三个陷阱就是要同学们玩三个游戏,跳房子、连环跳、移动软钢丝。如果玩法正确就算过关了,就可以救回美羊羊。同学们要根据提示完成游戏,并且掌握游戏的规则,课后能够在校园里玩这些游戏。

【教学空间与布置】

教室,学生的座位安排在教室四周,形成一个方形的空地。在教室中间画好格子,准备 10 个绳圈。由于做游戏的时候需要跳跃,所以最好不要选择铺地板砖的教室,学生要穿运动鞋。

第一关 跳房子时用的格子

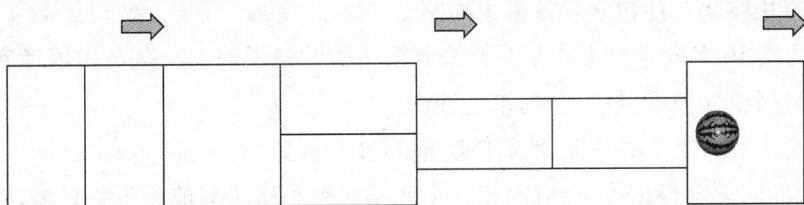

第二关 跳圈时用的圈

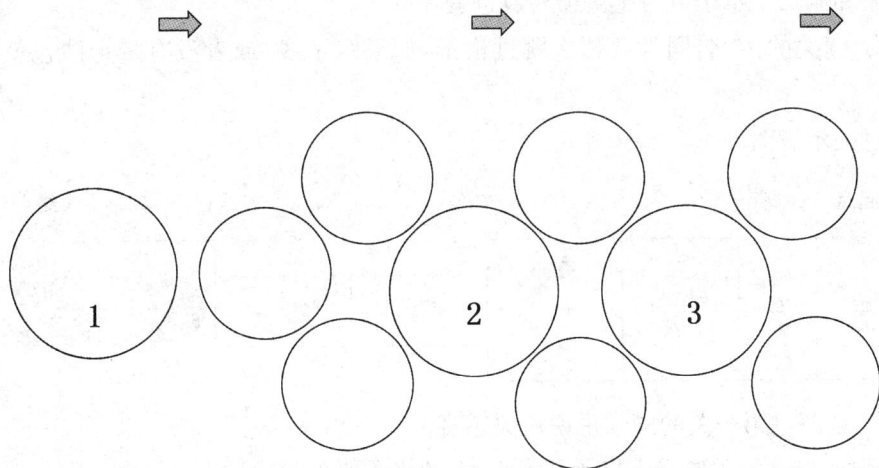

(一)主题事件,创设情境

播放声音课件:"喜羊羊,快来救我呀!灰太狼把我关在狼堡里了。"

老师提问:同学们,可爱的美羊羊被灰太狼抓走了。如果你是喜羊羊,你会去狼堡救她吗?(同学回答)可是灰太狼设计了三个陷阱,只有闯过这三个陷阱才可以救出美羊羊。你们想试试能不能闯过陷阱吗?(同学回答)

设计意图:小学生都非常善良,对动画片中的美羊羊非常喜欢,他们都想去帮助她。想让学生更加投入地上课,就要让他们具有一定的使命感。他们的角色是聪明的喜羊羊的朋友,这会使学生更加自信,对上课的内容更感兴趣,也就激发了学生学习的兴趣。

(二)学生的探索与体验

教师播放声音课件:"想救美羊羊,没那么容易。只有闯过三个陷阱才能救走美羊羊。嘿嘿!小羊们,你们有胆量吗?"

情境一：第一个陷阱"跳房子"

1. 教师出示课件：过关说明。

第一关要10个人参加，地上的格子是用电线围成的，过关时要注意地上的电线，如果踩在电线上就会触电。这个陷阱绕不过去，每个空格的地方都必须踩到，不然也会被电到。每个人要带走一个放在空格里的沙包，不然也会触电，而且不可以用手拿，不可以用脚踢。沙包必须被带出绳圈。

2. 选出10名同学带上小羊头饰来到第一关的格子前面。队员实地考察格子的画法，并且讨论如何跳过去，如何带走沙包。

3. 找一个同学先试一下，然后听听他的过关感受。

实验的同学会得出以下结论：第一个和第二个小格子只能放下一只脚，就算一只脚跳过去也会踩到后面的线。如果学生想不出过关的方法就要老师引导学生，第一个格子和第二个格子可以把脚横着放进去。

4. 闯关的10名同学要依次跳过格子，如果踩了线，或者没有带走沙包就被淘汰了。

过关示意图：

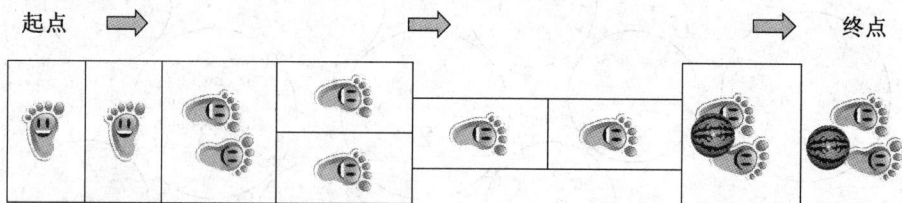

5. 请闯过第一关的同学说说过关感言。

例如：过这一关要看清格子的大小，有的格子要单脚跳过去。

要想过关要清楚过关要求，一定要把沙包带走。

……

6. 同学们说的不错，玩游戏要动脑分析游戏的玩法，而且要牢记游戏规则，犯规就输了。就像第一关的游戏规则是不能踩到线，而且要带走沙包。如果你做到了你就赢了，你就可以继续参加营救美羊羊的行动了。希望参加第二关的同学有好运气。

这个版块，教师要引导同学们弄清楚第一个游戏跳房子的游戏规则，并且指导学生讨论总结出过关方法，最后安全过关，并且能够引导学生总结游戏规则和游戏注意事项。

情境二：第二个陷阱"连环跳"

1. 播放声音课件：

"小羊们，算你们厉害，没有被我的格子电网电死。哼！接下来的陷阱看你们能不能过去。这一次，你们10个人要连续跳过10个绳圈，每次跳一个绳圈，一个接一个跳过绳圈链。如果跳出了绳圈,就要掉下悬崖。1、2、3 号三个大绳圈要同时跳进两个同学。如果谁一个人跳进了 1、2、3 号绳圈,就要掉下悬崖了,哈哈哈……

2. 选出 10 个人带上小羊头饰。分析游戏的规则,主要解决两个人怎样同时跳进大绳圈。

3. 过关示意图:

起点➡️　　　　　　　➡️　　　　　　　➡️ 终点

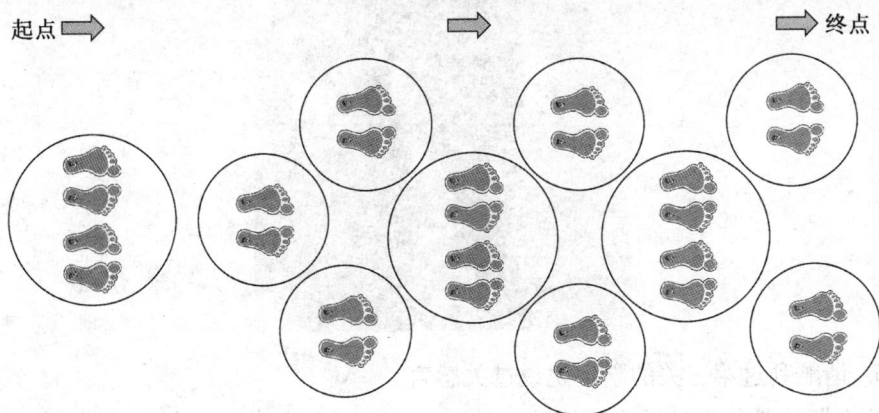

4. 10 个同学按要求应该每两人一组,分成 5 小组。每小组的两个同学同时起跳,连续跳过 10 个绳圈。

5. 成功过关的小组,谈谈自己的过关感受。

例如:学生会说出过关需要同伴的相互配合,一定要记住过关要求。

6. 同学们说的真好,过这一关,一定要遵守游戏规则,而且要和伙伴很好地配合,只有学会合作才能顺利过这一关。

这个版块,教师引导学生进行过关尝试,让学生经历、分析、讨论、实践,最后总结出过关注意事项及游戏的玩法。

情境三:第三个陷阱"移动软钢丝"

1. 教师播放声音课件:

"可恶的小羊们,前面的陷阱看你们怎么过。前面是沼泽区,只有踩在绳子上,才能过去,而且绳子一定要绷紧才行。嘿嘿! 还是回去吧,小笨羊们!"

2. 教师引导学生讨论过关方法,看游戏示意图,小组同学讨论玩法。推选一名同学,进行试验,然后请他谈谈过关遇到的问题。

例如:手脚配合不好,行走就会很困难;绳子一定要拉直,不然很难行走。

3. 参加第三关的同学练习手脚配合走绳圈。

教师指导学生在走绳圈时要把绳子拉直,侧着向前走,手脚要协调配合。

4. 过关姿势示意图：

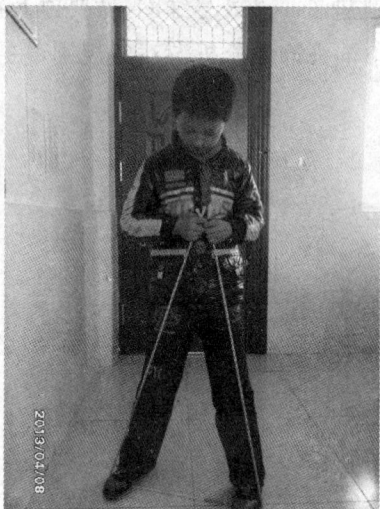

5. 请顺利过第三关的学生说说过关感言。

这个版块教师引导学生进行过关尝试,让学生经历、分析、讨论、实践,最后总结出过关要注意的规则,并及时总结过关的技巧。

6. 教师播放声音课件:同学们,今天你们充分发挥了自己的聪明才智,成功地完成了营救任务,闯过了灰太狼设置的三个陷阱,救出了美洋洋。相信你们也学会了这三个好玩的儿童游戏,希望你们在课间的时候,休息的时候可以玩这些好玩的儿童游戏。像这样好玩的儿童游戏有很多,希望你们课后能收集更多好玩的儿童游戏。

设计意图:这节课设计了三个儿童游戏,这三个游戏都可以在校园里玩。这三个游戏可以锻炼学生的身体协调性,小组成员的合作意识。

(三) 学生的总结延伸

1. 感谢热心的小羊们,你们用自己的聪明才智、同伴们间的默契配合,成功地闯过了三关,完成了营救美洋洋的任务。其实啊,除了这三个儿童游戏,在课余时间你们一定还玩过很多好玩的儿童游戏。

2. 放《儿童游戏》短片。

现在请同学们看看这些小朋友玩的游戏,你们会玩吗?

这一板块主要是回顾总结儿童游戏的玩法,让学生产生继续探究的欲望,引发进一步的思考,为后续的自我学习做好引导与铺垫。

提供研究课题

1. 我们生活中还有哪些有趣的儿童游戏?

2. 大人们玩过哪些儿童游戏?

······

引导学生课后拓展的思维导图

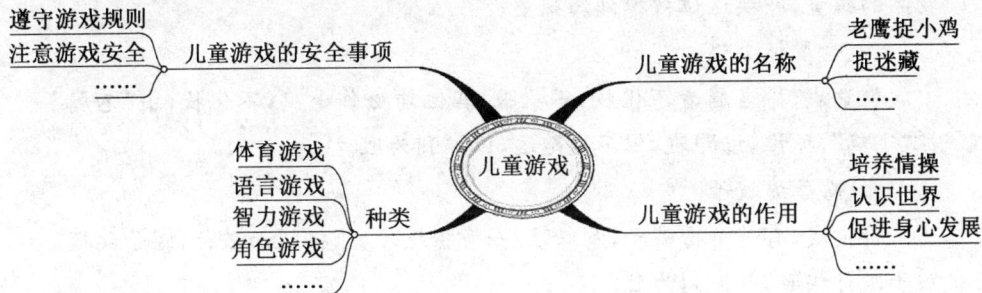

遵守游戏规则
注意游戏安全 ——— 儿童游戏的安全事项
……

老鹰捉小鸡
捉迷藏 ——— 儿童游戏的名称
……

体育游戏
语言游戏
智力游戏 ——— 种类
角色游戏
……

儿童游戏

培养情操
认识世界 ——— 儿童游戏的作用
促进身心发展
……

教师参考资料

传统儿童游戏

一、踢毽子

是儿童特别是女孩的主要游戏项目。毽子用鸡毛装饰上部,小圆铁板或铜钱做"底垫",用布包扎而成。玩耍时,由一名或数名儿童,以脚尖、脚后跟相踢,数多不失误者为优胜。

二、跳坊(房)

在地上划若干线条,分成片块,两行,每行四至六块,两孩童以单腿跳,或脚夹瓦片跳,跳时数数字,不掉瓦片,以多为胜。

三、打陀螺

陀螺俗名"猴"。以寸木削尖一头,形似圆锥形,卷上鞭子甩地而打,边打圆锥边转,以时间长、陀螺不倒者为优胜,可单独进行,也可成群相赛。

四、抓子

以石子、瓦蛋、泥蛋等为子(码),一手抓完,甩至空中,约近尺高,然后用手全接,或翻手以手背相接,以不掉为胜。抓子时可留子,在扔空时,迅速抓住遗子并接住空子(空中甩上的子),以不掉为胜。一般抓子,多为女孩相耍。

五、翻交交

两儿童,甲童以两手绷紧线圈,在双股线中间,乙童用双手无名指相勾,翻倒在自己双手中,然后甲童又翻交到自己手中,反复多次,翻成"剪子交"、"牛槽交"、"拉锯交"、"四股线交"等交子花,以此游戏赛智能。

六、丢手帕

群童围成圈,头向内,不外看,由一童拿手帕在群童身后转圈,丢到谁后面而未发现,即起而换位。依次为戏。

七、捉迷藏

群童围圈,一童蒙眼,双手摸人,摸住即胜。被摸中者再蒙眼摸人。或有一物件,由某童掌握,一人摸捉,摸到人,说"不是",即另摸,直到摸获掌握物品的孩童,即换这位被摸到的孩童。

八、老鹰抓小鸡

群童戏,扮老鹰者不化妆,不蒙眼,其他均扮作小鸡,不化妆,由"老鹰"抓"小鸡",抓谁,谁即避,但不能跑远,以抓到为胜。

九、瞎子逮跛子

群童戏,有一童扮瞎子,蒙双眼,一童扮跛子,手捉腿而跛行,瞎子乱摸,跛子跛行相避,以捉到为胜。

十、丢方

群童戏,把地上画成两行各四至六个大方块,用瓦片向里丢,逐一前进,前进时不准步行,以单脚跳入,单脚立,然后退出,再从头开始,以不出方块、不分岔为胜。

十一、双拍手

两童互相以手心对手心,交叉拍,并念口歌,如:"我拍一,你拍一,一个鸡娃吃米米……"余类推,由一到十,各地有各地儿歌,以不乱为胜。

十二、打嘎

民间儿童的一种体育活动,青少年也耍。有两人对打,也有四人、六人集体打。所打的嘎,是约二寸长的短小棍,不同于各地所打的"猴"(一头尖)和"茶"(两头尖)。打嘎是用略长于一尺和嘎同样粗细的短棍儿,叫"嘎桄子"的去打嘎。打时挖一个与"嘎"等长的浅坑叫"嘎窝",将"嘎"放入,下压一个二寸长、半寸宽的小木片,叫"嘎别儿"。打法:用嘎桄子打嘎别儿,挑起嘎来,再迅速用嘎桄子打嘎,打得越远越好。嘎打出后,由对方"丢嘎",可跨步缩短"丢嘎"距离,然后将嘎投向嘎窝上横放的嘎桄子。投掷技术好的,投出的嘎正好打在嘎桄子上,将打嘎者淘汰,或没打中嘎桄子,但嘎停的离嘎窝极近,用嘎桄子量,如不过一棒(一尺),也算把打嘎者淘汰了。

资料来源:http://www.chinadmd.com/file/zau6uo3eu3asa3vxszcarvcw_1.html。

本课通过情境体验,让学生知道儿童游戏的趣味性。生活中,有很多儿童游戏已经消失或者正在消失,经过本课的学习,学生学会寻找那些有趣的儿童游戏,并在游戏中体验创造的快乐。

(设计者:葛丽霞)

第二课　大人游戏

领　　域:游戏种类
相关概念:大人游戏
主题事件:我去揭秘街头象棋骗局

一、教学背景

"大人游戏"是相对于"儿童游戏"的,学生经历了儿童游戏的趣味性之后,逐渐把目光转向较为成熟理性的大人游戏上来了。兴趣应该是我们教学设计的一个重点。中国象棋是一项全国盛行的集竞技、娱乐、益智于一体的游戏,男女老少都喜欢中国象棋所带来的生活乐趣。在综合实践课上开展游戏活动是符合学生年龄特点的,丰富多彩的游戏活动更有利于培养学生对综合实践活动的兴趣,更有利于调动他们的积极性。趣味中国象棋游戏,让学生在轻松愉快的游戏氛围中获得各种体验,从体验中探索出游戏里蕴含的社会规则,有助于学生文明素养的提升,促进学生思维与能力的发展,最终提升中国象棋的魅力。

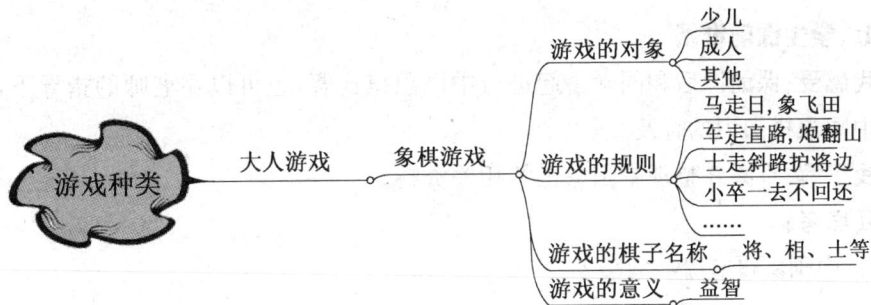

二、学生学习力达成度

我想:课前学生都乐意进行中国象棋游戏,有的学生还是此项游戏高手,参加过一些专业比赛或业余比赛;在游戏体验中想一想中国象棋是一种什么游戏,我们该怎么去玩这个游戏,这个游戏有什么规则,有什么样的历史;课后想一想怎样普及中国象棋知识,让人们正确认识中国象棋。

我会:学生能够学会团结协作,扮演中国象棋的"棋子",体验游戏的快乐;能够在比较观察中知道中国象棋取胜的口诀,能够在游戏中熟练地使用这些诀窍,并且能够破解简单的中国象棋残局的骗局;会利用课后时间组织一些关于中国象棋的比赛和关于中国象棋知识的宣传。

我知:学生知道中国象棋的特点,知道它是一种有益身心的益智游戏,棋盘上的棋子由"车、马、炮、将、士、相、卒"组成,楚河汉界两阵相对。学生还知道中国象棋行子的规则和棋谱知识,中国象棋知识奥秘无穷。

三、教师教学重点与难点

1. 学生在具体的观察和体验中知道什么是中国象棋,知道中国象棋的组成、行子规则,以及取胜的秘诀。

2. 学生通过活动体验知道中国象棋是益智性、趣味性的统一,知道中国象棋是一种斗智斗勇的游戏,让学生乐于中国象棋游戏,培养勤于思考的良好学习品质。

3. 学生能够了解并且熟悉行子规则,能够理解一些关于中国象棋的术语。

四、教学方法

实践与操作,体验与思考,讨论与反思,互动与体会。

五、教学课时

一课时。

六、教师课前准备

若干副中国象棋,操场上画好中国象棋棋谱,准备好街头骗局的相关资料和象棋残局。

七、学生课前准备

我感受:课前课后和同学一起进行中国象棋比赛,也可以在老师的指导下,全班进行中国象棋知识的普及。

我了解:查阅并整理中国象棋的相关资料。

我思考:

1. 中国象棋有哪些故事?

2. 中国象棋由哪些棋子组成?

3. 中国象棋的行棋规则有哪些?

4. 中国象棋有哪些经典的棋局?

5. 了解在中国象棋游戏中如何取胜?

八、教学过程设计

【教学过程设计总体思路】

话题源自叔叔在街头遇到一个摊点,该摊主宣称谁在象棋残局中取胜就可以得到一百元奖励。叔叔怎么走棋都不赢,从而激发我的求胜欲望。通过学生合作、讨论、体验,我有所感悟。该教学通过事件的预设,为学生提供思维的情境,按照"独立思考—小组交流—全班交流—练习"的流程进行操作,培养学生的创新能力和合作实践能力。

【场景选择】

操场,教师提前画好游戏棋谱,将操场一半作为中国象棋棋局,一半作为课堂,作为课堂的一部分需要把课桌椅子按室内顺序摆放。

(一)选择主题事件,游戏引入阶段

情境一:体验火车站旁的地摊残局

教师出示街头、火车站、汽车站等地的地摊中国象棋棋局。棋盘上有几个闲子,摊主说只要能够胜过庄家就可以赢一百元。叔叔看见了,就去尝试。

教师出示街头象棋残局的画面:

图片导入,激发孩子学习的兴趣,让学生产生第一印象,这种游戏很好玩。

教师:叔叔经过自己的努力,结果和庄家形成下面的结局,怎么也赢不了庄家,尝试了好几次,结果都失败了。你们愿意试一试吗?

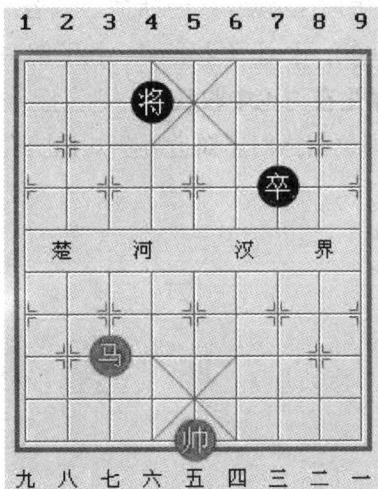

我尝试

同学之间试一试,分别执红子和黑子进行对弈。教师相机指导。

我交流

同学们经过多次对弈,结果谁也赢不了谁。这是什么原因呢?

我反馈

这可能是庄家故意找来的残局,骗人的把戏。

教师:同学们说对了,这就是骗人的把戏。在中国象棋的故事中,有很多这样的残局。同学们,你们看。

教师出示两张残局图:

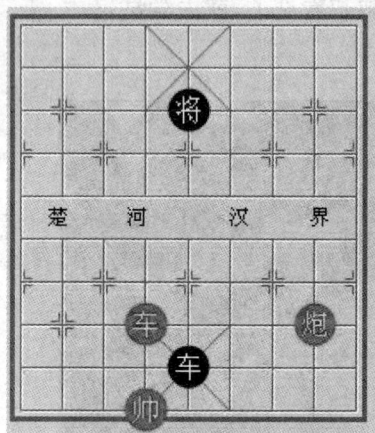

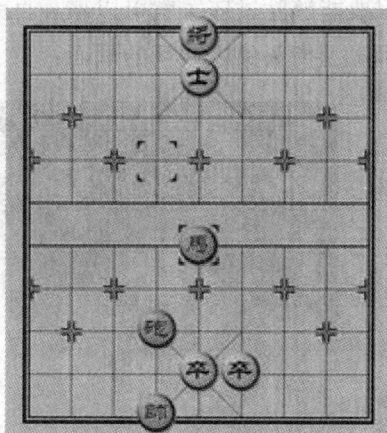

教师引导学生明白七星聚会、千里独行、蚯蚓降龙、野马操田等名局,这类名局被很多人拿来误导那些中国象棋爱好者。中国象棋是一种游戏,更是一门高雅的艺术,这纯粹是一种精神上的享受,倘若为了赚钱,必然玷污了中国象棋的形象。我们要理性看待用中国象棋来赌博的现象,自觉抵制这种行为。

此环节中,师生共同明确理性游戏,杜绝赌博。倘若时间充足,教师可以把这些残局图出示给学生,并且简单介绍,让学生能够大致了解这类残局。

(二)游戏实施阶段,学生在讨论中收获

教师:同学们,关于中国象棋你们还知道哪些知识?

教师出示完整棋局图:

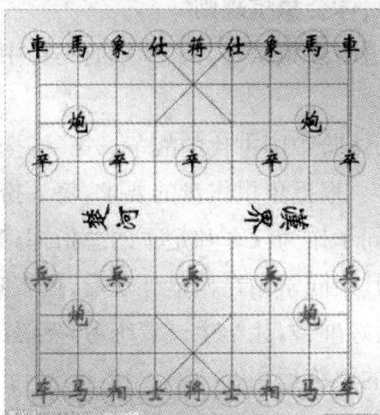

教师指名学生说,学生互相交流。教师引导学生归纳中国象棋行子规则。

小贴士

马走日,象飞田。车走直路,炮翻山。士走斜路护将边。小卒一去不回还。

车实力最强,炮马相当。开始下棋的时候,兵(卒)的实力可以忽视。当后期双方的兵力损耗得差不多时,兵(卒)的实力仅次于车之下。

为了方便学生理解,教师出示相关图形进行演示。教师介绍游戏方法,学生拿出自己的中国象棋试一试。指名学生演示,一边下中国象棋,一边讲解示范,并说出游戏中应该注意的事项。

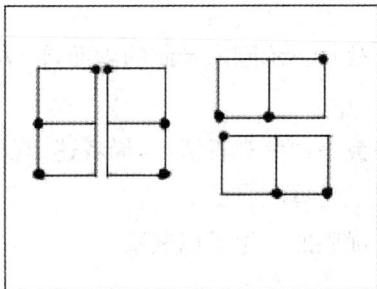

此环节中,教师可以出示简单行子图,如日子格,田字格等,用于加深学生对行子的理解。注意速度,最好在课前进行关于中国象棋知识的普及。

情境二:模拟古代战争,体会象棋规则

教师:同学们,你们知道中国象棋是怎么产生的吗?中国象棋源自中国古代的行军打仗。

下面,我们全班同学来体验中国古代的战争。第一,全班同学选出 32 人,分别组成楚军和汉军(每军各 16 人,根据象棋棋盘的要求,每人扮演一名角色,如将、士、炮、车、卒等);第二,选择两名同学作为汉军和楚军的总指挥;第三,楚军和汉军按照中国象棋规则展开对弈;第四,其余同学站在棋盘外观看,摇旗呐喊!

此游戏,教师要课前做好准备,让学生试着练习,熟练游戏的规则,要强调学生对游戏的领悟和对行子规则的熟练运用。

学生下棋时,教师做必要的游戏辅助,强调游戏规则,被吃掉的"棋子"做旁观者,直至游戏结束。

在游戏中,教师要注意游戏纪律,保持相对安静,尤其要强调下棋时的注意事项,做到观棋不语,落子无悔。

情境三:学生真实对弈

我实践

教师:同学们,你们想玩中国象棋吗?下面开始分组,八分钟为限,四人一组,二人下棋,二人观棋。(注意游戏纪律的培养和游戏速度的控制。)

学生开始游戏,教师巡视指导。教师用相机记录学生下棋的画面。

统计结果,没有完成的停下。

我交流

教师:同学们,你们说说在下棋的时候,遇到了哪些问题,哪些让你们很是心烦和不满?

学生回答:有的同学总会悔棋;有的旁观者乱插嘴,旁观者很容易看出落子成败,而下棋需要全盘考虑,一着不慎满盘皆输……

我总结

教师引导,学生归纳。教师出示刚才录制的画面,让学生体会在下棋时该注意些什么。

教师指名学生说说,并板书:"旁观者清,当局者迷;观棋不语真君子;落子无悔。"让学生从中明白,尊重他人就是尊重自己。

教师鼓励评价,教师对优胜的一组予以奖励。

(三)游戏总结阶段

1. 教师:在中国象棋游戏中,同学们知道了这么多的道理,那么在生活和学习中,请你们想想还有哪些地方要用到这些道理。(学生回顾板书内容,加以体会。)

教师指名学生说说,同学之间互相补充。

教师引导学生归纳。

此环节中,他人在表述自己意见时,学生要学会倾听。我们要尊重别人的劳动成果,就是对别人的一种尊重。

2. 教师引导学生理解生活中的相关例子:若别人处于危险境地或学习困境时,我们是不是也观棋不语? 那么你们又是怎么想的?

教师引导学生明确:应当伸出援助之手,团结互助。

教师:同学们,请你们谈谈对这次活动的体会。

教师指名学生说说,学生互相补充。

3. 通过大家齐心协力,我们班级的中国象棋游戏进行得非常成功,大家在活动中能开动脑筋,仔细观察,积极探究,摸索窍门,用心体验,默契配合,有所收获。

教师:在人生中,我们应当设计好自己的每一步,有计划地实施人生目标。在一个团队中,每一个人都像棋盘中的棋子,要发挥自己的长处,配合队员,去取得自己团队的胜利。你们有什么好的方法去取得胜利吗?

提供研究课题

1. 在一个团队中,怎样有效组合,争取最终的胜利?

2. 象棋其他规则中,还有哪些值得学习的游戏道理?

……

引导学生课后拓展的思维导图

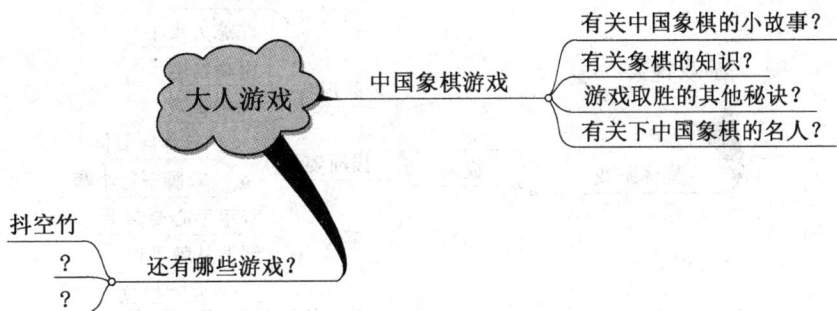

本课主要通过中国象棋游戏,让学生在参加的过程中,积极探究,仔细观察,争取有所收获,在活动中培养学生团结合作的意识,使学生获得新的体验,同时也培养学生的思维能力。

(设计者:严善龙)

第三课　集体游戏

领　　域: 游戏种类
相关概念: 集体游戏
主题事件: 我参加"健之队"队员的选拔

一、教学背景

"集体游戏"是第二单元"游戏种类"中的内容。集体游戏指需要团体协作来共同完成任务,以促进团队成员相互之间的沟通,增进团队成员之间的默契,增强团队成员之间的信任为目的而举行的一些集体游戏活动。本节课的主题是集体游戏——拔河。每年的冬季多数学校都会举行拔河比赛,拔河比赛一直是学生和老师都喜欢的比赛项目。拔河可以锻炼学生的身体协调性、同学之间的相互配合和集体荣誉感。可是有些同学很有力量,就是在拔河时不知道怎么用力,不知道什么站姿最好,队员间的配合更是不清楚,所以集体游戏以"拔河"为内容。

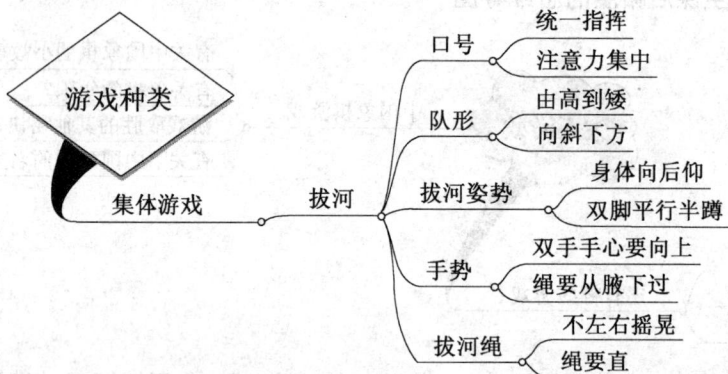

集体:与个人相对应,是由多个个人组成的。集体游戏,就是需要多个人在一起进行的游戏,如多人拔河、篮球比赛等等。

二、学生学习力达成度

我想: 课前学生愿意参加拔河游戏;课中知道在拔河的时候需要注意什么,怎样才能取胜;课后,学生除了拔河比赛还想知道如何玩其他的集体游戏。

我会: 在课上能够分析哪种拔河姿势正确,能说出拔河比赛的规则,能以正确的姿势拔河,会思考集体游戏的注意事项。

我知:学生知道拔河比赛的技巧,了解拔河比赛的游戏规则,知道集体游戏要相互配合才能取胜。

三、教师教学重点与难点

1. 学生知道拔河比赛前的准备工作。

2. 教师引导学生掌握拔河的技巧,如站姿、手势及队员的默契配合,充分发挥学生的自主实践与探究能力,在几次比赛中总结出拔河比赛的技巧,这也是本节课的教学难点所在。

3. 教师要引导学生关注每一个探究结果,充分发挥学生的主观能动性,并激发学生进一步学习的愿望,掌握探究学习的途径和方法。

4. 教师要结合学生的实践、交流结果,引导学生用自己的语言总结、概括出拔河比赛的规则。

5. 教师引导学生学会团结,相互配合,并养成良好的行为习惯和品质。

四、教学方法

讨论法、谈话法、演示法、实践法。

五、教学课时

一课时。

六、教师课前准备

相关课件、国际拔河比赛的视频、拔河用绳、红绸布、记分牌、徽章、布置好的教室。

七、学生课前准备

物品准备:穿运动鞋、运动服,做好运动前的关节活动。

我感受:我来试试拔河比赛,拔河时候有技巧吗?

我了解:了解拔河的方法和游戏规则。

我思考:拔河时队员之间该如何配合呢?

八、教学过程设计

【教学过程设计总体思路】

因为拔河是集体游戏,拔河技巧、拔河规则,如站姿、如何握住绳子等都需要学生掌握,所以,我把拔河的注意事项分为三个步骤教给学生。为了使他们更加投入地学习,我设计了教学情境。为了激起同学们的学习兴趣,我设计了对抗赛的学习形式,课上表现好的队员还会获得运动卡一张。综合队和实践队通过三个环节的比赛,就掌握了拔河的规则和技巧。

【教学空间与布置】

1. 活动教室应选择室内体育活动室,教室内地面要防滑。

2. 座椅摆在教室左右两侧,同学分两队坐在左右两侧。

3. 教室中间画好拔河分界线,把拔河绳放在教室中间。

■■■■■■■■■■■■■■■　　综合队队员

··········|·↓·|··········　　拔河绳

●●●●●●●●●●●●●●●　　实践队队员

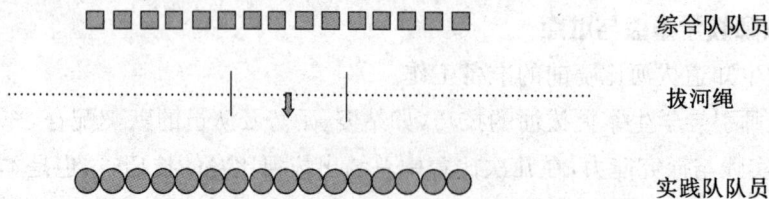

(一)主题事件,创设情境

1. (教师出示课件:健之队宣传板报)同学们,我们学校将要组建一个"健之队"。"健之队"选拔队员的要求是身体健康、有团队精神,"健之队"的队员会定期举办体育或游戏活动。这节课我们来选择我们班的"健之队"的队员。

2. 请全体同学起立,摆出你认为最健美的姿势,让老师一睹你们的风采。(同学们在原地,摆出自己设计的姿势。)

3. 请和老师一起活动身体关节,看谁的动作到位又优美。(教师带领学生做课前的准备活动,活动身体各处关节。)

今天见到同学们我真相信了,原来教你们的老师说的都是真的,他们说我们班同学个个身体素质都很好。这节课老师就给同学们展示的机会。我们来进行拔河比赛,这可是力量的较量,获胜方每人获得"健之队"徽章一枚。

设计意图:喜欢玩游戏是学生们的共同爱好,而比赛可以激起学生的学习兴趣。让学生摆出姿势,是让他们活动一下身体,避免运动时受伤。

我设计

1. 我们班同学分成两队,第一队叫"综合队",第二队叫"实践队"。请两个队分别选出队长。

2. 队长带领队员设计好小组的运动口号。

3. 队长带领队员高喊自己的运动口号。

设计意图:自己设计的运动口号,让他们更有了自己在参与的强烈感受。

我阅读

教师课件出示"比赛细则",并讲解。

比赛分三个回合,第一回合获胜方得 20 分,第二回合得 20 分,第三回合得 20 分,外加 20 分的答题分和 20 分的纪律分。

(二)探索与体验

情境一:两人拔河

1. 这一轮比赛每个队推荐一名同学参加,各小队推荐队员。这两名队员的拔河姿势是有特殊要求的,如果没有按要求的姿势拔河就算自动认输。(每队推荐一名男生,身高体重在班里属于中等。)

2. 推选出来的两个队员抽签,并阅读分析此轮拔河比赛的规定姿势。

签一:在拔河时要站立,双腿不能弯曲,握绳子的手要手心向下。

签二:在拔河时膝盖弯曲,手心向上。

3. 两个队员分别按抽到的签上的要求进行拔河。比赛的结果应该是抽到第二个签的同学获胜,让两个同学分别谈谈拔河的感受。其中抽到签一的同学会觉得双腿直立、不能弯曲,手心向下这个姿势根本就用不上力,比赛输了很不服气。

4. 还是这两个同学,交换场地,交换手里的签,按照签上的要求再比一次。比赛结束后,应该是按第二个签拔河的同学获胜了。试过两种拔河姿势后,请两队的同学说说自己拔河比赛的收获。同学们一定会总结出正确的拔河姿势是膝盖弯曲,手心向上。

5. 全班同学做一次正确的拔河姿势。

6. 教师小结:刚才同学们亲自实践,总结出了拔河的正确姿势是手心向上,膝盖要弯曲。膝盖弯曲主要是使重心变低,也就是说拔河的时候重心要低,手心要向上,这个姿势既能站得稳稳的,又便于发力。不要怕摔倒,全体人员尽量向后倾斜、半蹲、马步,重心一定要低,集体往后仰,简单一点来说就是将腹或者髋挺向前面,眼睛看天。

教师板书:重心要低　手心向上

教师出示课件:拔河姿势图。

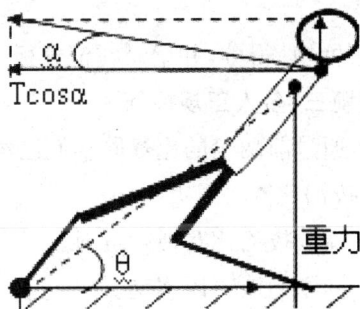

情境二:十人混合拔河

1. 这一轮比赛,每队选出五名队员,两名男同学和三名女同学。这次比赛前各队要抽签,队员要按照签上的要求拔河。

2. 抽签,讨论拔河要求。

签一:拔河的绳子是弯的,拔河过程中最后一名同学要左右摇晃。

签二:拔河的绳子是直的,拔河过程中最后一名同学不可以左右摇晃。

3. 两个队必须按照自己签上要求的动作和方法拔河。如果擅自变换动作,算自动认输。如果能按照要求完成拔河比赛,不论输赢,都会得到一枚运动卡。

4. 同学进行拔河比赛。比赛会出现以下情况:抽到签一的队会输掉比赛,左右摇晃的动作让他们没办法用力,他们会很懊恼。这时候让两个队的同学谈自己拔河的感受,抽到签一的队会总结出拔河的时候不能左右摇摆,左右摇摆根本就用不上力。

5. 教师引导学生小结:同学们说的非常好,拔河的时候不能左右摇晃。左右摇摆,绳子就不直了,比赛一定会输掉。比赛前绳子要拉到最直,一定要!否则后面的人再用力,绳子是弯的,力就中和了。所有人的力都要向正后,否则一部分力会被自己人的另一部分力抵消,事倍功半。刚才抽到签一的同学们按照规定的动作完成了比赛,虽然他们输了比赛,但是他们遵守规则,所以予以表扬,并且奖励给两个队的十名同学每人一枚运动卡。

板书:绳子要直　不左右摇晃

6. 下面请两个队总结拔河技巧,并完成答题卡,每队回答两道题,每题10分。

---

　　1. 拔河比赛时,手心要向(　　　　)。

　　2. 拔河比赛时,重心要(　　　　)。

　　3. 拔河比赛时,后面的同学不能(　　　　)。

　　4. 拔河比赛时,绳子是(　　　　)的。

教师统计得分,并记录在记分板上。

情境三:多人正规拔河

1. 通过前两轮的比赛同学们已经掌握了拔河比赛的方法,下面请同学们看一看正规的拔河比赛。

2. 播放拔河比赛视频资料。

3. 同学们谈一谈感受。

4. 教师引导学生小结:同学们一定会非常羡慕国际拔河比赛上,运动员几乎躺在地上的姿势。视频中队员的姿势虽然正规,但是我们不可以完全采用,因为这种姿势对于我们这些初学者是很危险的。如果以后我们有机会参加正规的拔河比赛,再练习这种姿势。在此老师想强调一点:结束哨声吹响之后,不管是赢的一方还是输的一方,千万不要马上松绳,因为这样非常容易摔着对方。哪一方犯规就算自动认输。(提这个要求的目的是保障运动的安全。)

比赛规则

1. 赛道说明

中心线至两端白色记号线各设定为 2 m。

2. 握绳法以及姿势

(1) 第一位尽量握住靠近两米线外侧的绳子,脚位不能超过两米线。

(2) 选手空手,双手掌向上紧握绳子。

(3) 绳子必须由躯干与上臂之间通过。

(4) 不能使用防止绳子动摇的支撑法,以及其他方法。

(5) 比赛时,必须两脚在膝前伸直,且必须握住绳子。

(6) 队员站位顺序由领队自定。

3. 比赛开始

＊以下( )内的动作为主裁判的手势。

(1) 集合。双方队员按领队安排之顺序依次站好,依主裁判指示,由双方领队互相确认准备完毕。双方领队必须明确回答,否则主裁判不能确认。

(2) 举绳(双手向前做水平伸展动作)。口令响时,队手双手握住绳子,此时第一位尽量握住靠近白色记号区外侧的绳子。

(3) 拉紧(双手掌心向内侧,前上举至头部两侧)。口令响时,绳子充分伸展或绷紧。主裁判指示下一手势之前,队员腿和身体不能乱动,须用力拉着绳子,保持开始的准备姿势。

(4) 调整中心线(向拉着绳子的队伍,用手做请靠近的动作)。此时领队得随着主裁判的动作指示,将自己队伍快速移动,使中心线记号能相符合。

（5）预备（口令响时将保持上举于头上的双手掌心向外）。此时队员静止不动，保持拉着绳索的状态。

（6）开始（举在头上的双手很快放下来，同时吹哨）。

我比赛

1. 两队挑选队员准备比赛。每队挑选 10 名队员，男女各 5 名。（选身体健康，可以运动的学生参加。）

2. 教师鼓舞士气：同学们，你们要有必胜的信心和顽强的斗志，与指挥及本方的拉拉队队员们共同营造压倒对方的气势，在精神力量上同样要占先。这样才能来之能战，战之必胜。综合队请大声喊出你们的口号。（综合队必胜！）实践队请大声喊出你们的口号。（实践队你最棒！）最后，预祝同学们比出好成绩！为小队争光！加油！加油！

3. 开始比赛，教师要做裁判。以哨声开始，以哨声结束。比赛过程中及时纠正队员的拔河姿势。

4. 按照正规的拔河比赛要采取三局两胜制。每一轮比赛结束都要引导同学总结比赛经验，纠正错误姿势，及时发现问题，并解决问题。

5. 为获胜方发纪念徽章。

（三）学生的总结延伸

1. 这一节课我们进行的集体游戏名称是什么？你们有什么收获？

2. 其实适合学生玩的集体游戏还有很多，希望同学们课后能完成这份调查表。

适合小学生玩的集体游戏调查表

游戏名称				
游戏规则				
适合场地				
游戏的益处				

提供研究课题

1. 拔河游戏还有哪些新花样？

2. 在生活中，需要我们团结一致的游戏还有哪些？

……

引导学生课后拓展的思维导图

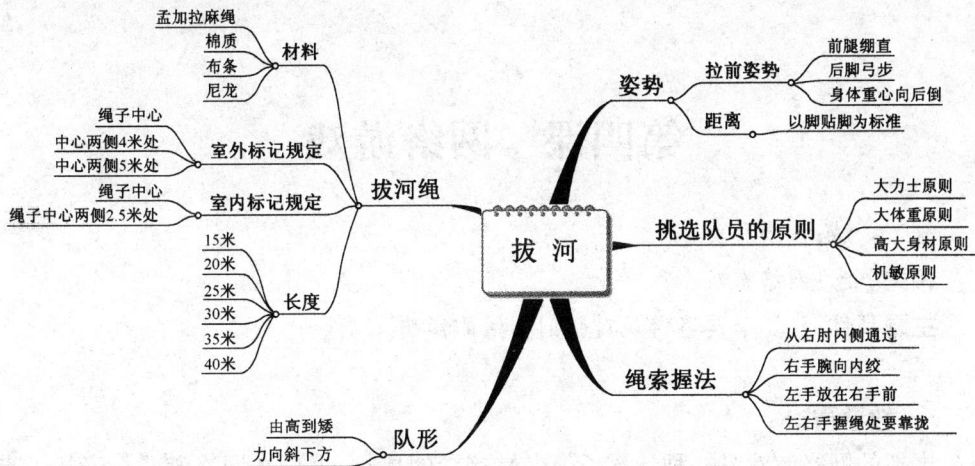

　　本课通过个人拔河和集体拔河的不同体验,让学生在体验中得到游戏的快乐。在课堂上,学生能够积极参与,乐于表达,发现游戏的规则,并且通过比较知道取胜的秘诀。课后,学生还可以寻找其他的集体游戏,在游戏中知晓规则、发现秘诀,培养学生善于思考、勇于实践的良好品质。

（设计者:葛丽霞）

第四课　网络游戏

领　　域:游戏种类
相关概念:网络游戏
主题事件:我了解网络游戏对我们生活的影响

一、教学背景

虚拟的网络游戏是一种让孩子很容易接受的事物,人们在网络游戏上寄托了自己在现实生活中所不能拥有的金钱、名誉、地位等等。随着科技的进步,网络游戏盛行起来,不论老幼,都喜欢玩。在网络游戏中,有的人沉溺其中不能自拔;有的人能够发现人生的真谛;有的人从中发现不足,力求改变它的存在,把它变为更适合人们的网络游戏……

参与网游的还有天真烂漫的孩子,很多孩子沉溺于虚拟的网络游戏中。这些网络游戏不仅影响孩子自己,还影响着孩子的家人和社会,不少孩子因之堕落的事例给社会造成了很大的负面影响。本节课主要是通过对比学习与体验,从各种事例比较中发现网络游戏给人们生活带来的影响,明白过度网络游戏是有害的,合理安排网络游戏时间则有利于身心健康、智力开发。作为小学生更是应该从小树立正确的学习观念,只有控制自己,适当游戏,才能正确享受网络游戏给生活带来的益处。

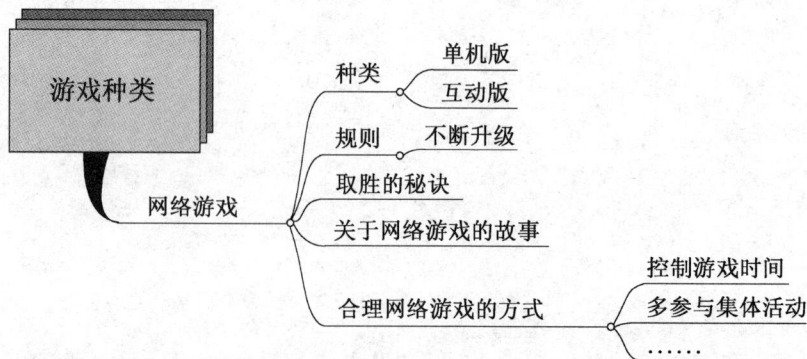

网络游戏:指以互联网为传输媒介,以游戏运营商服务器和用户计算机为处理终端,以游戏客户端软件为信息交互窗口的旨在实现娱乐、休闲、交流和取得虚拟成就的具有可持续性的个体性多人在线游戏。

二、学生学习力达成度

我想：课前我已经对网络游戏有所了解，很多同学也对网络游戏有很大的兴趣。我想从活动中了解网络游戏为什么让那么多人着迷，网络游戏有哪些种类，网络游戏有哪些游戏规则，网络游戏对我们的生活有哪些影响，怎样安排网络游戏时间才是合理的。

我会：我会通过小组合作交流，体验情境中的小女孩（假设的人物）角色的转变，能够用流利、有序、有效的语言去描述沉溺于游戏给小女孩带来的变化。我能够从不同事例中比较分析，从具体的情境活动中明白网络游戏给我们的生活和学习带来的影响。我会思考怎样安排网络游戏的时间才是合理健康的游戏方式。

我知：网络游戏就是一种游戏，目前同学们都喜欢玩 CS、传奇、赛尔号等网络游戏。在网络游戏升级中，我可以体验游戏的快乐。我还知道我身边有不少沉溺于网络游戏的孩子，他们的学习和生活都受了很大的影响。

三、教师教学重点与难点

1. 通过观察游戏，学生了解什么是网游，知道网游的种类，网游的游戏规则，网络游戏对我们生活的影响。

2. 学生从不同情境的比较中懂得网络游戏对我们的生活与学习有着积极的促进作用；倘若过度网络游戏，就会对我们的成长产生负面消极的作用。此活动培养学生的游戏自制能力，知道怎样合理的安排时间玩网络游戏。

3. 让学生体会到合理网络游戏的重要意义，能够自主地把握好网络游戏的时间。

四、教学方法

图片情境、事例感悟、讨论交流、自主探究。

五、教学课时

一课时。

六、教师课前准备

网络游戏的海报；关于沉溺于网络游戏的学生的蜕变过程的图片或者绘画（四幅以上）；相关沉溺于网络游戏的新闻故事。

七、学生课前准备

我感受：适当地玩一些简单的网络游戏，上网搜集有关网络游戏的新闻故事。

我了解：了解相关网络游戏的介绍，同学之间可以利用课余时间提前交流一下对网络游戏的认识。

我思考：

1. 网络游戏有哪些种类？

2. 人们为什么这么喜欢网络游戏？

3. 网络游戏有哪些游戏规则？

4. 怎样在网络游戏中取得胜利？

5. 网络游戏对我们的生活与学习有什么影响？

八、教学过程设计

【教学过程设计总体思路】

通过对"网络游戏知多少?"进行讨论,教师让学生说出喜欢的原因,学生从活动中初步明白网络游戏对我们生活的影响,从而引起学生对网络游戏更多的思考。接着,以一个优秀孩子因为沉溺于网络游戏而发生变化,学生结合身边大量的事例加以体会,最终得出合理网络游戏的重要性。通过视频体验、亲身实践和交流讨论,学生初步理解网络游戏对我们生活的影响,从中明白合理安排网络游戏时间的重要性,最终明白生活需要合理安排时间,才能够做生活的主人。

【场景选择】 教室(多媒体)

(一)选择主题事件,情境引入

教师:同学们,你们喜欢玩游戏吗？ 今天,老师请大家玩游戏,你们愿意吗？

情境一:学生玩《植物大战僵尸》

我实践

教师在多媒体教室的电脑上统一安装《植物大战僵尸》网络版,让学生体验游戏。教师安排 10 分钟的时间进行游戏。

教师:同学们,你们比一比,看谁玩得又快又好。

学生选择自己喜欢的模式进行游戏。

教师进行游戏指导。

我展示

生存模式（地上）

生存模式（水上）

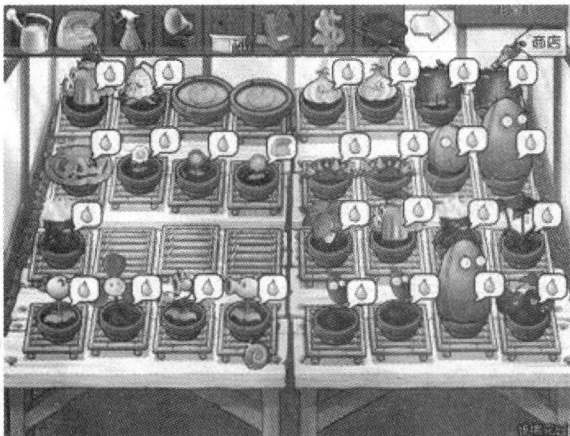

迷你模式（挣金币）

我交流

教师:同学们,你们玩得开心吗? 你们可以说说自己为什么喜欢网游呢?

教师指名学生说说,学生讨论经验和感受。

教师做相应的板书:

① 和大家比拼

② 不断升级,容易成功

③ 刺激、兴奋

……

教师:你们会不会上瘾呢? (教师指名学生说,学生之间互相补充。)

教师:当然会上瘾,在你对一件事物感兴趣的时候,你就会不断地投入精力,一不玩就会难受。那么,上瘾以后会有什么样的后果呢?

情境二:对比沉溺于网游的孩子的蜕变组图

我观察

教师出示一组快乐的小女孩图片。

(课前教师拍摄或者准备美术作品若干幅,用于学生体会这个小女孩健康积极向上的一面:她在家庭中是个孝顺的孩子;在学校中是名品学兼优的学生;在社会中乐于助人,是名热心的孩子;在回家的路上边走边唱……)

教师出示图片,布置学习要求。

学生欣赏相关图片。

我交流

教师指名学生说说看到了什么,小女孩给你留下了什么印象?

学生之间互相补充。

教师引导学生进行归纳,要重点引导学生说出这是一个阳光般的孩子,是老师心目中得意的学生,是大家学习的榜样。这样可以和后面小女孩的蜕变形成鲜明的对比。

我对此

教师设置悬疑:同学们,你们猜猜后来在这位优秀的学生身上发生了什么呢? (学生畅所欲言)

师生可以共同想象,顺利引入下一教学环节。

教师出示有关小女孩的另一组图片:面黄肌瘦,脾气暴躁;成绩下降;偷家里和邻居的财物,警察找上门;父母流泪……

(注:此处图片方法同上一个教学环节一样,小女孩的不同变化组图可以由教师课前绘画,也可以由学生扮演来拍摄。)

教师指名学生说说从图片中了解到了什么。同学互相补充。

教师适时引导学生归纳：这个小孩的表现太差劲了，太不让人省心了，她怎么会变成这个样子……

教师引导学生结合前一组图片，说说在对比中发现了什么？

此环节让学生在鲜明的对比反差中明白了现在这个颓废的孩子就是前面那个优秀的孩子。

我解疑

悬疑：同学们猜猜是什么让这名女孩儿变成这样？（引导学生说说原因，如家庭的变故，骄傲自满，贪玩等等。）

教师出示女孩自述图片——《都是网络游戏害了我》。

（二）讨论阶段，网络游戏初识

教师：同学们，你们知道网络游戏吗？你们可以举些例子吗？

教师指名学生回答，学生之间互相补充。

教师引导学生归纳：像《赛尔号》、《穿越火线》、《植物大战僵尸》等等，这类借助虚拟世界、虚拟场景进行竞技升级的游戏就是网络游戏。

我讨论

教师：你们玩过这些游戏吗？

学生描述：花钱买特权，花钱买装备，花费更多的时间……

教师板书：花钱　花时间

教师：同学们，你们可以告诉老师，钱从哪儿来呢？时间从哪儿来呢？这样做的后果是什么？

此环节让学生从不同的角度阐述，让学生着重说出网络游戏带来的负面影响，从学习和生活两个方面进行较为详细的阐述。

教师追问：同学们，你们愿意成为游戏的俘虏吗？（教师引导学生明白沉溺于网络游戏的危害。）

再一次结合第二组图片理解为什么会出现那种情况。

这个环节是对网络游戏负面影响的认识提升，使学生更深层次地明白了一个沉溺于网络游戏的小孩的蜕变，为后面认识游戏的危害做好铺垫！

情境三：训练网游自制能力的体验活动

我思考

教师：沉溺于网络游戏的危害这么大，如何克服网瘾呢？

学生就怎样克服网瘾进行思考与交流。

小贴士

　　沉溺网络游戏的很大原因就是内心空虚,不喜欢和人面对面的接触。长此以往,这种状态恶性循环,越是不出去,就越是不敢。所以说,我们要多尝试,改变自己的性格,当我们有事情做的时候,对游戏的依赖程度就小了。

教师:同学们,你们有什么好的办法吗?

教师指名学生归纳。

教师:那么,我们就来做一个练习。

出示一枚硬币,进行手背放硬币5分钟的训练。

教师讲解游戏规则:手臂伸直,硬币放在手背上,看谁坚持的时间长久。(学生体验)

当有个别学生坚持不住时,教师播放音乐《英雄交响曲》《星空》等。注意让学生体验坚持不住时,外界因素的重要帮助作用,让学生明白,自己的忍耐极限是可以提升的。

(三)体会总结阶段,深刻认识沉溺于网络游戏的危害

教师:我们看看还有什么人被网络游戏毒害了。出示网络链接或者教师对相关事例的剪接,让学生再一次明白网络游戏对我们生活的负面影响。(通过大量的实例告诉学生沉溺于网络游戏的危害。)

我总结

这样的事例在生活中有很多,我们不反对同学们玩网络游戏,但是要合理、适度地进行,最重要的是在不影响生活和学习的前提下可以短时间地进行网络游戏。

小组合作交流,说说怎么面对网络游戏。教师有选择地参与讨论。

教师:同学们,如果在生活中遇到网络游戏沉溺者,你该怎么做呢?

教师引导学生说出向更多的同学进行劝诫,宣传过度网络游戏的危害,让有切身感受的同学进行交流等等。

教师指名学生说说怎样宣传你的认识? 手抄报、板报……

教师:在生活中,我们会因为这样那样的原因对某一件事情非常地痴迷,从而打乱了正常的生活规律,那么我们该怎么办呢?

教师指名学生说说发生在自己身上的事例,如打牌、购物等等。结合今天的所学,教师让学生明白,只有合理地安排时间,我们才能够做生活的主人。

教师引导,学生总结:同学们,你们现在是花一样的年龄,这是学习的大好时光,你们要把握好青春年华,要抵制网络游戏的诱惑,好好学习,才能成为一个对社会有用的人才。

板书设计

网络游戏

益处:好玩,放松,益智

弊端:花钱,花时间,影响学习与生活

提供研究课题

1. 网络游戏是谁发明的?

2. 网络游戏的设置原理是怎样的?

……

引导学生课后拓展的思维导图

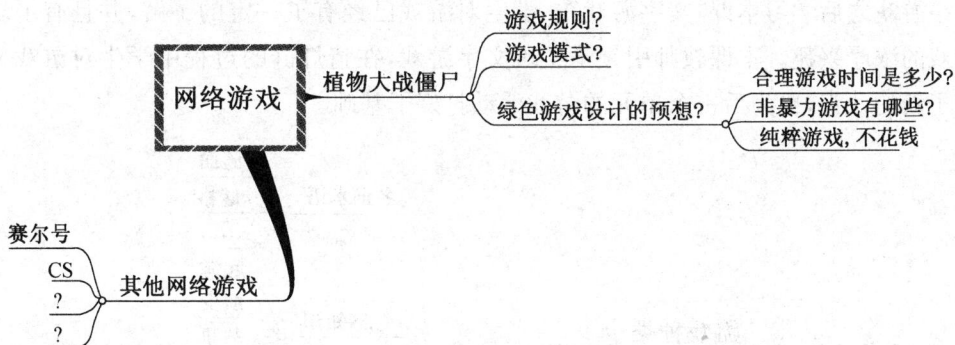

网络游戏是生活中游戏的一种,如何在游戏中克制自己想过度游戏的冲动,是本课的一个重点,只有合理安排时间,才能够做生活的主人。教学的关键是通过情境体验,结合身边的事例,让学生了解过度网络游戏的危害,不光会影响自己,还会影响他人,重则影响社会,并从本课的游戏体验中明白生活中其他的可能令人沉溺的事情,培养学生的自制能力。课后学生能够做一些有关宣传沉溺游戏危害生活的知识宣传,让更多的同学明白合理安排时间的重要性。

(设计者:严善龙)

第五课　文字游戏

领　　域: 游戏种类
相关领域: 文字游戏
主题事件: 我参加羊村元宵节联谊会

一、教学背景

"文字游戏"是第二单元"游戏种类"中的内容。学生学习了儿童游戏、集体游戏、网络游戏之后学习本课"文字游戏"。学生对游戏已经有了一定的了解,并且有了玩游戏的浓厚兴趣。本课教师引领学生玩文字游戏,在猜灯谜的过程中学生对游戏又有了新的认识,也为后一个单元的游戏活动打好了基础。

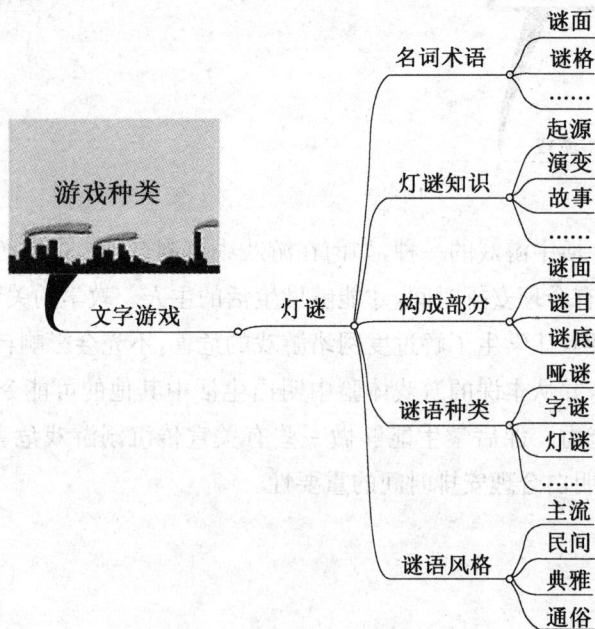

灯谜,即写在彩灯上面的谜语,又叫"灯虎"。猜灯谜又叫"射灯虎"。谜语来源于民间口谜,后经文人加工成为谜,它在中国源远流长,在宋代出现了灯谜。人们将谜条系于五彩花灯上,供人猜射。明清时代,猜灯谜在民间十分流行。学生对灯谜很感兴趣,但对灯谜这个概念认识不够充分。灯谜是由"谜面"、"谜目"和"谜底"三个基本要素组成,缺一不可。"谜面"是告诉猜谜者的条件,也是猜谜者思考的依据,它好比几何学中的"假设"。而"谜目"是限定所猜的是哪类"事物",是答案所属的范围,它就好比几何学中的"求证"。"谜底"就是答案了,它就像几何学中证明的结果。课堂教学中的概念学习是一种主题式的、有意义的学习实践活动,一种多学科交融和相互联系、多感官参与的经验学习活动。因此,概念的获得、学生思维能力的提升是本次教学的主要目的。

二、学生学习力达成度

我想:课前我想知道怎样猜灯谜;课上我想通过猜谜语、读灯谜故事,感受其乐趣和学问,感受中国的传统文化;课后我想收集更多的灯谜。

我会:我会猜简单的灯谜,我会设计简单的灯谜,我会思考猜灯谜的技巧。

我知:我知道猜灯谜的技巧,我知道灯谜的组成和渊源。

三、教师教学重点与难点

1. 学生通过猜谜语、读灯谜故事,感受其乐趣和学问,感受中国的传统文化。
2. 学生知晓猜灯谜的常用方法,能猜简单的灯谜。

四、教学方法

文字感受、观察学习、讨论学习、自主学习、互动探究、尝试操练、反思学习。

五、教学课时

一课时。

六、教师课前准备

文字材料、多媒体展示材料,布置教室。

七、学生课前准备

我感受:试着猜灯谜,感受猜灯谜的乐趣。

我了解:了解猜灯谜的常用方法。

我思考:怎样才能又快又准确地猜出灯谜呢?

八、教学过程设计

【教学过程设计总体思路】

猜灯谜,是元宵节联谊活动中的一个传统项目,出现在宋朝,是我国独有的富有民族特色的一种活动。每逢农历正月十五,各家各户都要挂起彩灯,把谜语写在纸条上,贴在五光十色的彩灯上供人猜。因为谜语能启迪智慧又迎合节日气氛,如今每逢元宵节,各个地方都打出灯谜,希望今年能喜气洋洋的,平平安安的。

【教学空间与布置】

在教室内悬挂灯笼,下面挂灯谜。

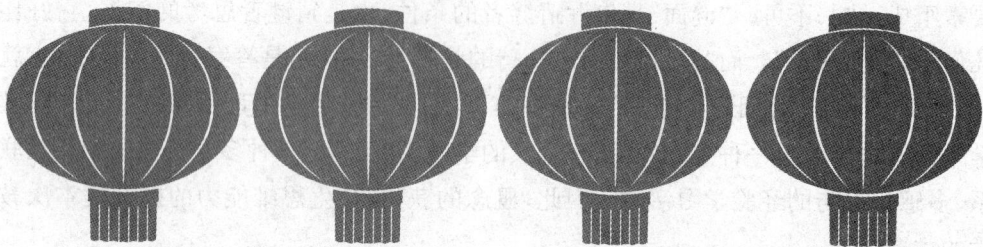

（一）选择主题事件，创设情境

播放《喜洋洋与灰太狼》的主题曲：喜羊羊、美羊羊、懒羊羊、沸羊羊、慢羊羊、软绵绵、红太狼、灰太狼，别看我只是一只羊，绿草因为我变得更香，天空因为我变得更蓝，白云因为我变得柔软……

创设情境：今天，我们羊村啊，要举行元宵节的联谊会。瞧！我们张灯结彩，共度元宵佳节，嗯——我祝各位小羊们元宵节快乐！在联谊会上你们可以唱歌、跳舞、猜谜。当然啦，作为村长，我呢，也给小羊们准备了一些"小食品"。（神秘地拿出一个布袋子。）看！

情境一：猜水果灯谜

1. 屏幕显示：灯悬谜面。

（1）麻房子，红帐子，里面睡个白胖子。（常见食品）

（2）弯弯儿不是镰刀，翘翘儿不是牛角，一旦抓它在手，撕开脸皮就咬。（水果）

（3）看看圆，摸摸麻，包着一肚小月牙。（水果）

（4）身穿绿衣裳，肚里水汪汪，生的子儿多，个个黑脸庞。（水果）

学生猜谜底：花生、香蕉、橘子、西瓜。（每猜完一个，教师就从布包里拿出一些来分给大家，让大家品尝一番。）

2. 教师：让我们放松一下！

教师播放课件，唱谜语：麻房子，红帐子，里面睡个白胖子；上面毛，下面毛，中间一颗黑葡萄；红公鸡，绿尾巴，一头钻在泥底下。

屏幕显示图片:花生、眼睛、萝卜。

(听一遍,猜一猜,跟着唱一唱,随音乐律动。)

情境二:总结猜谜技巧

1. 教师:在猜谜的过程中,大家一定有一些方法,谁来与大家分享一下?(屏幕显示图片)

第一组:麻房子、红帐子、花生仁。

第二组:镰刀、牛角、香蕉。

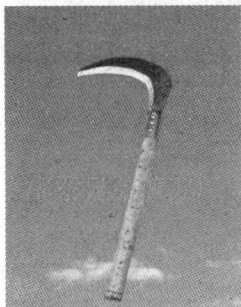

学生:根据谜面形象化的语言,进行联想,将联想到的内容进行综合,谜底便可以在脑中浮现出来,如上面的花生、香蕉、橘子、西瓜等等。

2. 教师:谜面要用形象的方法描绘食物或物品的特征。谜面的语言除了要生动、形象、完整地表达出物品的特征,还有什么要求?读一读,体会体会。

屏幕显示:(1) 麻房子,红帐子,里面睡个白胖子。

(2) 弯弯儿不是镰刀,翘翘儿不是牛角,一旦抓它在手,撕开脸皮就咬。

(3) 看看圆,摸摸麻,包着一肚小月牙。

(4) 身穿绿衣裳,肚里水汪汪,生的子儿多,个个黑脸庞。

(5) 上面毛,下面毛,中间一颗黑葡萄。

(6) 红公鸡、绿尾巴,一头钻在泥底下。

(预设:每一句的字尾押韵,读起来朗朗上口,一般来说4句或6句比较好。)

3. 教师评价:我们给说的好的"小羊"一个奖励,元宵节当然少不了吃元宵,下面

我们在元宵节的歌声中品尝元宵的美妙滋味。(播放儿歌《卖汤圆》)

情境三:创编谜语

1. 教师(戴村长头饰):小羊们,我的布带子里还有一些好东西,我请羊村的孩子们编一编谜面,看谁编得好? 奖品呢? 就是这些可爱的东西喽。

教师拿出三样食品,柚子、大象玩具、公鸡玩具,一一放在讲台显眼的位置。

2. 大家试着编一编谜面。

(1) 屏幕显示 5 幅图片。

教师预设:远看是个瓜,瓜里包棉花,棉花肚里包梳子,梳子里面包豆芽。

(2) 屏幕显示 4 幅图。

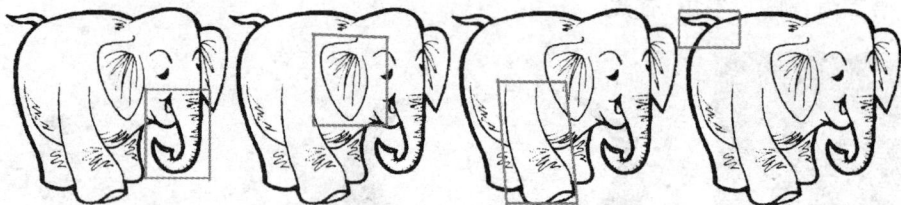

教师预设:脸上长钩子,头角挂扇子,四根粗柱子,一条小辫子。

(3) 屏幕显示 4 幅图。

教师预设:顶上红冠戴,身披五彩衣,能测天亮时,叫得众人醒。

(二) 学生讨论阶段

1. 谜语构成

谜语是由"谜面"、"谜目"和"谜底"三个基本要素组成,缺一不可。"谜面"是告知猜谜者的,是猜谜者猜谜的根据;"谜目"是限定所猜的是哪一类别;"谜底"就是答案了。

麻房子，红帐子，里面睡个白胖子。 （常见食品） 花生
↓ ↓ ↓
谜面　　　谜目　谜底

2. 读故事

智斗财主

相传，很早的时候，有个姓胡的财主，人称"笑面虎"。这笑面虎嫌贫爱富，平日鱼肉乡里。村里有位叫王少的穷秀才，决定要斗斗这个笑面虎。有一年，元宵节将临，各家各户都忙着做花灯，王少也乐呵呵地忙了一天。到了元宵灯节的晚上，王少提着一盏花灯上了街。只见这花灯扎得又大又亮，更为特别的是上面还题着一首诗。王少来到笑面虎门前，把花灯挑得高高的，引得好多人围看，笑面虎也忙挤到花灯前，见灯上题着四句诗：头尖身细白如银，论秤没有半毫分，眼睛长到屁股上，光认衣裳不认人。

笑面虎一看，只气得哇哇乱叫："好小子，胆敢来骂老爷！"喊着，就命家丁来抢花灯。王少忙挑起花灯，笑嘻嘻地说："老爷，咋见得是骂你呢？"笑面虎气呼呼地说："你那灯上是咋写的，这不是骂我是骂谁。"王少仍笑嘻嘻地说："噢，老爷是犯了猜疑。我这四句诗是个谜，谜底就是'针'，你想想是不是？"笑面虎一想：可不哩！只气得干瞪眼，转身狼狈地溜走了。周围的人见了，只乐得哈哈大笑。

3. 猜一猜

(1) 不着地，不腾空，一座房子在水中。（交通工具）

(2) 千条线，万条线，掉到水里看不见。（自然现象）

(3) 千只脚，万只脚，站不住，靠墙角。（打扫用具）

(4) 踢它它跑，打它它跳，踢它打它都不叫。（运动用品）

(5) 心直口快，满嘴铁牙，嗤嘎嗤嘎，替人分家。（木匠工具）

(6) 告诉你高，告诉你长，画条直线，它来帮忙。（学习用品）

(7) 兄弟俩，一般高，走路就打架，打架就动刀。（手工用品）

(8) 生来白头，爱抹黑油，闲时戴帽，忙时摇头。（书写工具）

（谜底：船，雨，扫帚，皮球，锯子，尺子，筷子，毛笔。）

（三）学生总结阶段

小羊们,猜灯谜尽管人人喜爱,但不一定人人会猜,更不能轻而易举猜中谜底。猜灯谜想驾轻就熟,一矢中的,就得要掌握灯谜的基本知识和破谜的巧妙技能。我们可以通过不断的猜谜实践,广阅博记,扩大视野,丰富知识,取得经验,逐步摸索谜面通向谜底的必由之路,由简入繁,由浅入深,一步一步地进入灯谜艺术的美丽宫殿。

提供研究课题

1. 字母可以用来猜谜吗?
2. 怎样向外国小朋友介绍我们的文字游戏?

……

引导学生课后拓展的思维导图

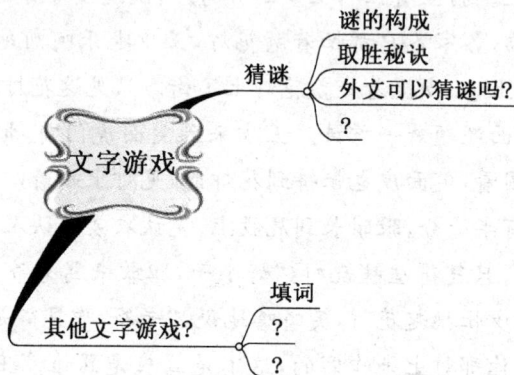

- 猜谜
  - 谜的构成
  - 取胜秘诀
  - 外文可以猜谜吗?
  - ?
- 文字游戏
- 其他文字游戏?
  - 填词
  - ?
  - ?

教师参考资料

民间谜语与灯谜的区别

民间谜语与灯谜不同,灯谜属于文义谜,而民间谜语除了少量字谜外,都是以事物的特征来隐射的,因此,民间谜语属于事物谜。民间谜语主要着眼于事物的形体、性能、动作等特征,运用拟人、夸张、比喻等手法来描绘谜底,从而达到隐射的目的。灯谜主要着眼于猜射对象的名称,主要运用"别解"手法。民间谜语的谜底范围比较窄,除了少量字谜以外,极大多数都是事和物,如动物、植物、器物、人体器官、自然现象、人类行为等。灯谜的谜底范围更广,从字谜、成语、诗词,到事物、事件等皆可入谜。民间谜语的谜面往往是山歌体的民谣,以四句形式出现较多,讲究押韵而有节奏,读之可以朗朗上口,而且形象生动,便于口头传诵。民间谜语由于通俗易懂,故大多数适宜少年儿童猜射。因此,有时也把民间谜语、元宵节灯谜称作儿童谜语。而"灯谜"的规则比较严格,文学特征也比较强,因而猜射难度也比较大,需要一定的学识水平,因而对成年人来说,更有趣味。自古以来,谜语由于其谜体不同,所以在各朝代的名称亦有所变化。谜语在春秋时叫"言隐"、"隐语"、"廋辞";在汉朝时叫"射覆"、"离合"、"字谜";在唐朝时叫"反语"、"歇后";在五代叫"覆射";在宋朝时叫"地谜"、"诗谜"、"戾谜"、"社谜"、"藏头"、"市语";在元朝时叫"独脚虎"、"谜韵";在明朝时叫"反切"、"商谜"、"猜灯"、"弹壁"、"弹壁灯"、"灯谜"、"春灯谜";在清朝时叫"谜子"、"谜谜子"、"切口"、"缩脚韵"、"文虎"、"灯虎"、"春谜"、"灯谜"等。

(设计者:殷静 葛丽霞)

第六课　古代游戏

领　　域:游戏种类
相关概念:古代游戏
主题事件:我跟华佗学五禽戏

一、教学背景

"古代游戏"相对于"现代游戏",学生对这种游戏有很强的求知欲望。游戏伴随着人的一生,每一个国家和地区都会有自己独特的游戏,这是因为每个国家都有自己独特的传统文化积累。通过本次游戏活动,教师让孩子们认识到每个国家都有从古代流传下来的游戏,如中国的"五禽戏",这是中国古代劳动人民智慧的结晶。它结合人类的身体构造,模仿五种动物的运动方式,从而能够达到锻炼身体、消除疾病,集健身和养身于一体。孩子们能从游戏中体会到人类智慧的无穷无尽,人类的创造永不停止的道理,养成动手动脑的良好习惯。

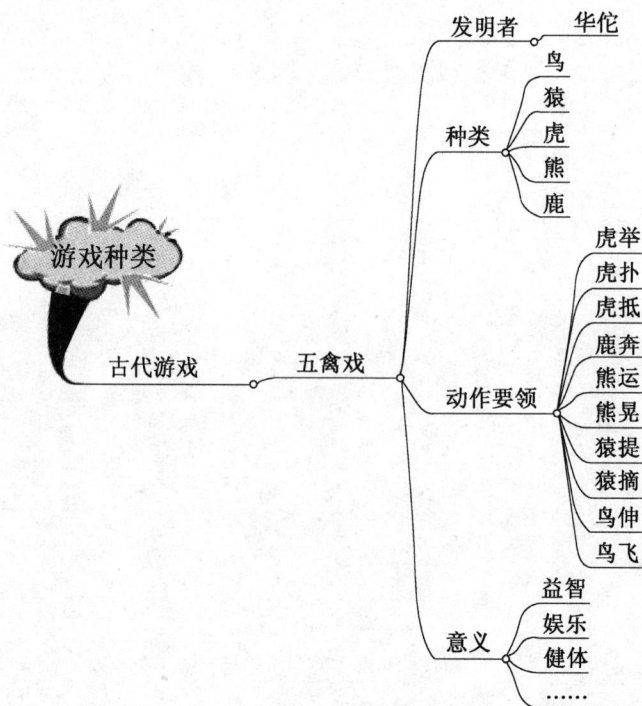

游戏种类

古代游戏 — 五禽戏

发明者 — 华佗

种类 — 鸟 / 猿 / 虎 / 熊 / 鹿

动作要领 — 虎举 / 虎扑 / 虎抵 / 鹿奔 / 熊运 / 熊晃 / 猿提 / 猿摘 / 鸟伸 / 鸟飞

意义 — 益智 / 娱乐 / 健体 / ……

古代:通俗地说就是指距离现代较远的时代(区别于近代和现代),在我国历史上多指 19 世纪中叶以前。

二、学生学习力达成度

我想:课前学生进行五禽戏的游戏练习。在游戏中,学生想了解"五禽戏"中到底有哪几种动物,"五禽"是不是都是"飞禽",学生想模仿五禽戏的动作。课后学生能够熟练五禽戏。

我会:学生会扮演五禽戏中的动物动作,能够用流利有序的语言去表述自己的认识;会仔细观察五禽戏中各种动物具体的动作要求,理解这些动作对人类身体的帮助;能够根据自己的身体健康需要选择适合的动物动作来练习。

我知:五禽戏是熊、鹿、猿、虎、鸟五种动物动作的集合体,是一种结合传统养生和中医治病原理的健身气功法。人们可以利用动物的生活特性,结合自身的生活方式,改善我们的生活!

三、教师教学重点与难点

1. 通过游戏介绍,整体感知,学生知道什么是五禽戏。

2. 通过游戏体验,学生知道五禽戏的动作要领,知道怎样可以做好五禽戏的动作。如何培养孩子勤于思考、善于发现、乐于交流的良好学习品质也是本课重点之一。

3. 学生从五禽戏中明白,为了锻炼身体,还可以利用其他动物的动作进行模仿锻炼。知道人类生活中,有哪些事物是从动物身上得到的启发,并改变了我们的生活。

四、教学方法

体验学习、小组合作、探究学习。

五、教学课时

一课时。

六、教师课前准备

多媒体课件、五禽戏的分解动作图。

七、学生课前准备

我感受:课前和大人或者同学们一起观察飞鸟的动作、猿的动作,并且模仿鸟飞的动作和猿的动作。

我了解:上网搜集五禽戏的相关资料。

我思考:

1. 五禽戏是谁发明的?

2. 它为什么叫五禽戏?

3. 五禽戏有哪些动作要求?

4. 生活中还有哪些方面用到这些动作?

八、教学过程设计

【教学过程设计总体思路】

本次活动的目的是让学生深刻认识五禽戏,知道五禽戏的历史、动作要领,以及它的功能性和价值性。课上采取观摩体验、亲身实践和交流讨论多种方式加深对五禽戏的认识。教师通过五禽戏的动作展示激发学生的学习欲望,让学生亲身体验动作,享受快乐,最终让学生能够根据自身的身体健康需要选择适合自己的锻炼动作!

【教学空间与布置】

教室里挂上五禽戏的动作要领图,让学生能够很快理解动作要求。

(一) 选择主题事件,游戏引入阶段

教师着一身功夫服,伴随着音乐进行五禽戏表演,充分调动学生参与游戏的热情。教师表演2～3分钟五禽戏中有关鸟的动作。

教师:同学们,你们知道老师刚才表演的是什么动作吗? 你们还知道哪些动作? 你们知道五禽戏吗?

教师指名学生说说。

教师追问:你们对五禽戏还知道些什么?(引导学生进行归纳)

教师出示五禽戏图片,明确今天的游戏活动。教师板书:"我跟华佗学五禽戏。"

教师播放五禽戏相关动作的录像。(学生观看)教师出示观看要求:细细体会录像中给你留下最深刻印象的画面是什么?

(二) 游戏实施阶段,学生在体验中收获

教师出示华佗五禽戏的相关动作图解。本次活动着重进行关于鸟和猿的动作的模仿体验学习。

猿 戏

脚跟靠拢成立正姿势,两臂自然下垂,两眼平视前方。

(1) 左式 ① 两腿屈膝,左脚向前轻灵迈出,同时左手沿胸前至口平处向前如取物样探出,将达终点时,手掌撮拢成钩手,手腕自然下垂。② 右脚向前轻灵迈出,左脚随至右脚内踝处,脚掌虚步点地,同时右手沿胸前至口平处时向前如取物样探出,将达终点时,手掌撮拢成钩手,左手同时收至左肋下。③ 左脚向后退步,右脚随之退至左脚内踝处,脚掌虚步点地,同时左手沿胸前至口平处向前如取物样探出,最终成为钩手,右手同时收回至右肋下。

（2）右式　动作与左式相同,唯左右相反。

鸟　戏

两脚平行站立,两臂自然下垂,两眼平视前方。

（1）左式　① 左脚向前迈进一步,右脚随之跟进半步,脚尖虚点地,同时两臂慢慢从身前抬起,掌心向上,与肩平时两臂向左右侧方举起,随之深吸气。② 右脚前进与左脚相并,两臂自侧方下落,掌心向下,同时下蹲,两臂在膝下相交,掌心向上,随之深呼气。

（2）右式　同左式,唯左右相反。

参见视频:http://v.pps.tv/play_37E7OS.html。

教师提问:同学们,你们最喜欢的是哪个动作? 说说你们喜欢的原因。

学生进行有序反馈,教师适时评价。(重点让学生说出各个动物的代表性动作,争取对五种动物都进行描述。)

情境一:教师带领学生模仿鸟戏

我观察

教师:你们可以对自己喜欢的动作进行一次体验吗?(全体选择鸟的动作进行练习。)

教师出示相关动作图:

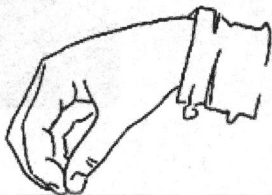

我实践

学生在教师的引导下选择其中一种动作进行体验。

我交流

教师:同学们,你们经过练习,感觉怎样?

教师指名学生说说各自的体验。(难,浑身出汗,等等。)

(在游戏过程中,教师可以简单地对五禽戏中每个动物选择一个经典的动作进行练习,然后将动作连起来练习一次。视班级情况而定。)

教师:你们知道练习"鸟戏"有什么样的好处吗?

小贴士

　　鸟戏主肺,能补肺宽胸,调畅气机。锻炼时鸟戏要求肢体伸展,伸展运动可以加强呼吸的深度,使肺的功能得到充分发挥,胃肠、心脏等内脏器官功能也可以加强,从而改善人体全身的生理机能。鸟戏中的步法变换比较多,能起到锻炼关节、增强肌力的作用。经常练习能调和呼吸,疏通经络,增强肺的呼吸功能,并且能有效缓解鼻塞、流涕、胸闷气短等症状。

教师引导学生小结:同学们,你们发现这种五禽戏比我们平时的锻炼更加有趣,也更加有效吗?你们自己可以试着选择一种动物的姿势来模仿一下。

情境二:教师带领同学们进行"猿戏"的动作练习

我观察

教师出示相关图片,指名学生说说动作要领。

我实践

学生进行游戏体验。

教师为学生做相应的辅助练习。

我交流

教师:同学们,你们感觉猿戏怎么样?你们身体的哪些地方有变化?

教师指名学生说说,学生之间互相补充。

教师提示学生练习猿戏的好处。

小贴士

　　猿戏主心,能养心补脑,开窍益智。久练猿戏可以醒神,增强肢体的灵活性,最终达到体健身轻和延缓衰老的作用。猿戏中的平衡动作能增强人的平衡能力。经常练习猿戏能增进消化,促进睡眠,增强人体脾的功能,可以解不思饮食、腹痛、腹胀、便秘、腹泻等症状。

(三)游戏再体验,认识再提升

情境三:学生集体练习五禽戏中的动作

教师出示相关视频。

教师:同学们,你们刚才的动作模仿得真好,那么老师出示一个动作,你们来猜动物好吗?(如鸟的动作。)

学生根据提示进行抢答。

教师:那么我们一起来练习鸟戏和猿戏好吗?(教师带领学生跟着视频进行模仿练习。)

我展示

1. 分组进行练习,每个组选择一个喜欢的动物进行动作模仿。

2. 教师巡视指导,对相关动作加以帮助。

3. 反馈练习,集体游戏。

我总结

教师指名学生说说经过刚才的练习,各有什么收获?(师生共同评价。)

教师:同学们,经过今天的游戏,你们了解到了什么呢?(学生回答,互相补充。)

教师引导学生并小结:我们知道了五禽戏的一些简单动作,还创编了其他动物的动作,更重要的是我们了解了大量的仿生知识,可见动物真的是人类的好朋友呀。我们要善于发现,乐于思考,一定还可以了解更多的动物奥秘。

教师:我们知道五禽戏对我们的身体有很大的帮助,它可以治疗我们的一些疾病,如腰、肩、背等部位的疾病。你们可以根据自身的一些不足,如肥胖,结合动物的动作学习几个简单的进行练习,要长期坚持。关于虎戏、鹿戏、熊戏,我们将放在课后请同学们练习。

提供研究课题

1. 生活中,还有哪些强身健体的游戏?

2. 怎样让游戏的效果快速显现出来?

……

引导学生课后拓展的思维导图

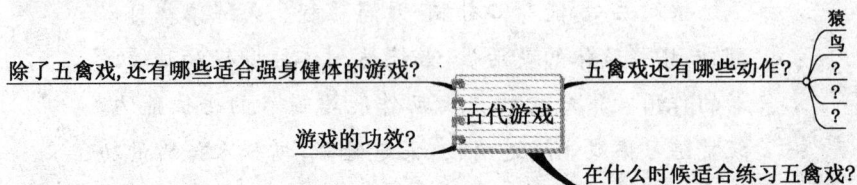

除了五禽戏,还有哪些适合强身健体的游戏?　　　　　　五禽戏还有哪些动作?　　猿鸟 ? ? ?

古代游戏

游戏的功效?

在什么时候适合练习五禽戏?

古代游戏有很多种,有的用于强身健体,有的用于搏击,有的融强身健体和搏击于一体。不管中国还是其他国家,都有流传下来的强身健体的游戏,每一种游戏都是人类结合自身状况创编的智慧结晶。本课的关键在于让学生能够学会一些动作,并且从这些动作中感受到功效,从而激发练习的欲望,最终有继续学习的想法。

（设计者：严善龙）

第七课　节日游戏

领　　域：游戏种类
相关概念：节日游戏
主题事件：我贴窗花迎新年

一、教学背景

　　学生对日常的游戏和节日比较熟悉,但是对节日游戏比较陌生。本节课是在了解了节日风俗以后进行的,让学生对节日风俗有全面而深刻的认识,并通过接触节日中的贴窗花游戏,全面深刻地了解节日中的传统游戏和节日风俗有密不可分的关系。通过本课的学习,了解节日风俗文化,提升对游戏内涵的认识。窗花是贴在窗纸或窗户玻璃上的剪纸,是中国最普及的民间传统艺术之一,有悠久的历史。

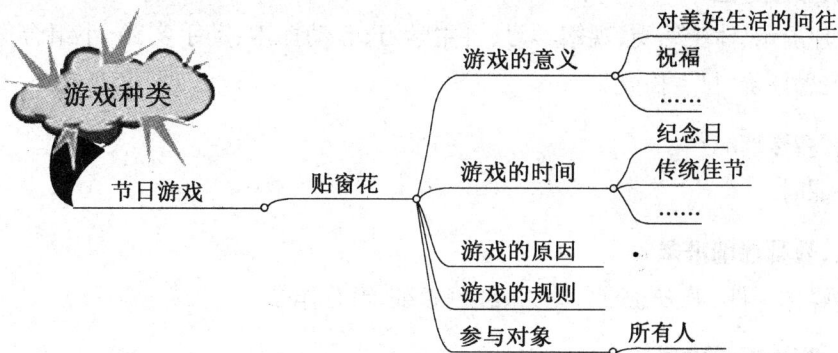

　　节日:就是世界人民为适应生产和生活的需要而创造的一种民俗文化。每个国家都有法定假日或者民俗节日,如中国的元旦、春节,等等。

二、学生学习力达成度

　　我想:课前学生都愿意参加剪纸游戏,有很多学生已经在相关培训班或者兴趣小组中有过此类经历;在游戏中,思考剪纸与剪窗花有什么联系,剪纸需要哪些工具,剪纸有什么特殊的含义,与我们生活有什么关系;课后,学生想一想剪纸还可以在什么场合使用,还有其他什么作用。

　　我会:学生会亲身参与剪纸创作,了解剪纸的游戏规则和游戏种类,学会向他人流利地表述自己对剪纸的认识;学生会在不断的观察中剪一些窗花,大家共同分享自己的劳动成果;学生会思考怎样联合更多的同学举办一次窗花展,让更多的人体会到剪纸游戏的快乐。

我知:知道剪窗花是我国古老的传统艺术之一;知道窗花以其独特的形式烘托春节节日的气氛,蕴含着人们对美好生活的向往和美好祝愿。

三、教师教学重点与难点

1. 教师要让学生在课前熟悉概念,并了解学生的前概念水平。

2. 认识窗花,学会自己动手剪窗花,了解窗花的构图方式、寓意。

3. 教师要引导学生了解窗花的特点和技法,增强对民间艺术的热爱。

4. 教师引导学生掌握窗花的方法和技巧,让学生体会窗花作品的艺术美感。

5. 学生能够大胆尝试,并能利用富有创意的窗花形式创作出各种创意作品,尽情体验窗花创作带来的快乐。

6. 在窗花活动中激发学生的创作欲望,锻炼学生的手脑协调能力,培养其想象力、创造力,激发学生浓厚的学习兴趣。

7. 引导学生通过资料和实践,了解窗花中蕴含的人们的美好祝愿和对生活的美好向往,掌握剪窗花的方法。

四、教学方法

图片展示、体验感受、观察学习、自主学习、互动探索、动手实践、小组合作、讨论交流、反思评价、自主探究。

五、教学课时

一课时。

六、教师课前准备

多媒体课件、剪刀、胶水、刻刀、红色彩纸、窗花作品。

七、学生课前准备

我感受:课前自己在老师或者家长的指导下,进行简单的剪纸。

我了解:通过上网或者其他方式查阅资料了解剪纸的历史。

我思考:

1. 剪纸有什么小故事?

2. 剪纸有什么寓意? 在哪些地区盛行?

3. 剪纸有什么要求?

八、教学过程设计

【教学过程设计总体思路】

为了迎春,我国许多地区特别是北方的人们喜欢在窗户上贴上各种窗花。窗花由于工具材料简单普遍,技法易于掌握,有着其他艺术门类不可替代的特点,其在视觉上给人以镂空的艺术享受。窗花以其特有的概括和夸张手法将节日装点得红火富丽、喜气洋洋。引导学生在观赏、体验、交流和实践中,了解窗花中蕴含的人们美好的祝愿和对生活的美好向往。传统的窗花大家都不陌生,本节课创设了一个有趣的主题事件——喜迎春节,贴窗花。教师带领学生走进奇妙而有趣的剪纸世界,让学生一步步观察、分析、总结,尝试亲自动手剪窗花,通过介绍交流、欣赏认识、实践体会,让学生感悟窗花这一传统艺术的丰富内涵,并且尝试创作出独具个性的创意窗花作品,逐步完成窗花这一概念的建构。

【教学空间与布置】

有实物投影和多媒体投影的教室,使之充满春节气氛。

(一) 选择主题事件,创设情境

情境一:观看视频,了解窗花

我感受

情境引入:播放春节的节日画面。

教师:看到这些,我们大家都想到了什么呀?(出示板书:迎新年。)春节又叫过年,一般指除夕和正月初一,是我们传统节日里最隆重的一个节日,咱们大人小孩年年都盼着过大年。

我回忆

教师问:你们在春节都玩哪些传统游戏呢?(学生自由发言)

教师引导学生归纳:剪纸是我国古老的传统艺术之一,很久以前,人们就把剪纸作为一种乐趣,点缀和美化生活。每到喜庆年节,家家户户窗户上都贴着花花绿绿的窗花,这就是窗花迎春的风俗,寄托着人们对生活的美好愿望。今天我们就来用自己的巧手剪出一朵朵窗花,喜迎春节的到来。(板书:窗花朵朵迎新年。)

我了解

一张五彩的纸,一把小小的剪刀,在心灵手巧的劳动人民手中就能创造出一件件艺术品,寄托着劳动人民对美好生活的热爱和向往。我们一起先来欣赏一下这一张张美丽的窗花吧!请同学们仔细观察画面,并说一说窗花图案的内容有哪些?(欣赏课件)

学生发言总结:窗花图案的内容有飞禽走兽、花草树木、山水风景、田园风光、神话传说、戏剧故事、历史人物、现代生活等。

（二）探索与体验：自己动手剪窗花

情境二：了解窗花的种类

我观察

这么美丽的窗花，我们也来自己动手剪一剪，在剪窗花之前，我们还要读懂"剪纸的语言"呢。你们仔细观察这几张剪纸，他们都有哪些相似形状的纹样？

云纹指云有行云、朵云、团云、云气等。

月牙纹是一种宽窄、刚柔、长短不一的弯曲如月牙形的纹样。

锯齿纹是两条直线相交形成锯齿状纹样，有长短、粗细、疏密、曲直、刚柔之分。

剪纸艺术最常用的就是云纹、月牙纹和锯齿纹，较常用的还有鱼鳞纹、漩涡纹等等，还可以自己创作纹样。丰富有趣的基本纹样是剪纸的神秘语言。

我尝试

其实看上去复杂的作品不外乎是由这几种基本纹样构成的，你能根据所学到的基本纹样将这些图案变成剪纸图案吗？

（此环节中,教师可在黑板上画出两种变形后的"白菜"、"金鱼"的外形,要求学生将基本纹样添上去,使之变成剪纸图案,老师给予肯定或纠正。）

我概括

窗花是一种镂空艺术,用剪刀或者刻刀镂空雕刻,在视觉上给人以透空的感觉和艺术的享受,用不同的纹样和不同的折法能构成不同的图案。

情境三:自己剪窗花

我模仿

折法练习:和老师一起来体验几种简单有趣的剪纸基本折法吧!

1. 对折法

2. 三折法

将一张正方形纸对角折叠,再对折一次,找出中心点后展开,回复到三角形状态。

然后以三角形底边中心点为轴心,将三角形折叠成三等份锐角,每个角 60 度。

绘上适形纹样,折叠剪制而成。

3. 六折法

参见 http://v.youku.com/v_show/id_XNjM0MTU3OTM2.html。

我交流

自己动手折一折,看看谁折得又快又好,谁自创的折法有趣?

教师演示窗花的剪法。

小贴士

剪窗花要按着从上到下,从内到外,先小后大的方法来剪刻图案,线条连贯,剪刻时要小心仔细,剪好后从一角慢慢打开彩纸。看窗花剪好了!

(三)游戏实践,再认识与反思

我交流

各小组展示剪纸作品,能说一说剪纸的创作步骤吗?

学生思考归纳后回答制作过程:折、画、剪、展开。(教师总结,板书剪纸制作过程:折—画—剪。)

我尝试

请同学们运用自己研讨出的方法和学到的知识进行自由创作,试着创作一幅美丽的窗花作品。(学生创作,教师巡视指导。)

教师巡视指导操作困难的学生,强调制作过程中的安全、卫生。

学生按照步骤模仿制作。

(四)游戏认识再提升阶段,展示评价

1. 一次创作

先做完的学生举手上台展示,做完的同学依次上台实物投影展示成果。教师对优秀的作品进行展示,点评作品,同学间一起互相评价,剪得漂亮的写上名字让学生贴在窗户上。

教师引导:为什么有的同学剪得图案漂亮,而有的同学稍有不足呢? 大家能否谈谈自己的看法?

学生总结剪纸要诀:① 对折要整齐;② 画样要美观;③ 用剪要利落。

2. 二次创作

教师过渡提问:还有其他的折法进行剪纸吗?

教师课件出示沿对角线折法。

学生完成作品。

学生展示后谈话:我们还可以怎样折? 还可以折成几折来剪?

教师引导:我们通过学习剪纸,发现了很多方法,但基本上都是每次只剪出一幅图案。想一想,能不能一次剪出多幅图案呢?

课件演示长方形纸剪花边——叠剪图案。

学生按顺序完成。

教师将优秀的作品贴在黑板上展评。

(五)探索与体验,认识窗花

我观察,我寻找

刚刚同学们自己剪了窗花,你们对剪纸有哪些发现呢?(学生自主讨论交流)

教师:(师生欣赏剪纸作品)今天,大家一起看到了这么多的剪纸作品,其实民间艺人对这些窗花作品是有区分的。那么你们能进行分类吗?

小组讨论,学生总结分类。学生可能有很多种分类,只要合理就要予以肯定。比如,分为人物、动物、花草、文字等类别,或以颜色分类。

总结:这些窗花都是在吸收了民间剪纸作品特色的基础上创作出来的。民间剪纸是人们以自己熟悉的人物、动物、景物、民间传说、戏曲人物及日常生活劳动为主要题材创作出的剪纸艺术作品,极富深厚的民族特色。

你最喜欢哪一幅窗花? 学生对喜爱的作品进行谈话交流。

我概括

我们来做个小游戏,下面的几幅窗花,你能读懂它们的寓意吗?(欣赏几幅窗花,说说寓意。)

总结:窗花象征着喜庆、吉祥如意、福寿,寓意人们追求美好的理想,常借谐音寓意,如以"鱼"借谐于"余",有余是福的内涵。

人们都希望健康长寿,多以长青的松柏和长寿的仙鹤来祝颂长寿,再加上蝙蝠,寓意"福(蝠)寿双全"。

窗花不会说话,却用一种无声的语言向人们表达祈福求祥的祝愿。

(六)小结延伸,课后拓展

这节课,同学们学习了窗花的有关知识,并且自己动手剪出了漂亮的窗花,收获还真是不小。你们谈一谈在学习剪窗花的过程中体验到了什么?你们能说说为什么窗花能够成为百姓喜闻乐见的传统游戏?(学生交流)

提供研究课题

1. 国外有哪些地方有剪窗花的风俗? 有什么寓意?

2. 剪窗花在我国有哪些历史故事?

......

引导学生课后拓展的思维导图

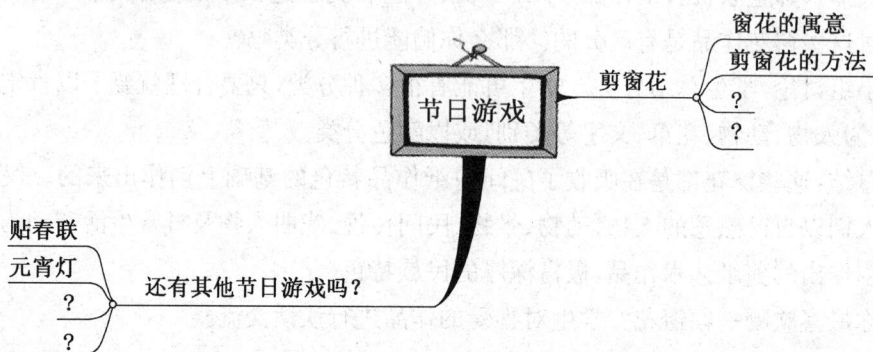

　　节日游戏是"游戏种类"单元中的一课,本课内容丰富,动手实践的成分很多,学生很感兴趣。本课的重点是让学生理解窗花的寓意并学会设计窗花图案,学生能够很有兴趣地去完成相关活动任务,从而激发学生的参与欲望,更好地去创作窗花!

（设计者：周静　严善龙）

第八课 外国游戏

领　　域:游戏种类
相关概念:外国游戏
主题事件:我参加国际游戏节

一、教学背景

"外国游戏"是第二单元"游戏种类"中的第八个内容。学生已经充分了解了七种游戏。本课的学习是使学生知道在不同国家适合学生玩的游戏形式都很生动活泼,富有趣味性,适合儿童心理和年龄特征,能使儿童主动参与。通过对外国游戏的介绍,学生能够了解在各国游戏都是社会生活的反映,周围的现实生活是儿童游戏的基本源泉。游戏是各国儿童的主导活动,能培养儿童高尚的情操,引导儿童认识客观世界,促进儿童身心的发展,是对儿童进行全面教育的有力手段。外国小朋友也玩游戏。本课提到的外国游戏,如"脸部猜拳"、"全部和一部"、"绳圈"等,相信同学们会很感兴趣。所选的三个游戏很好掌握,易于同学们对外国游戏有所了解。

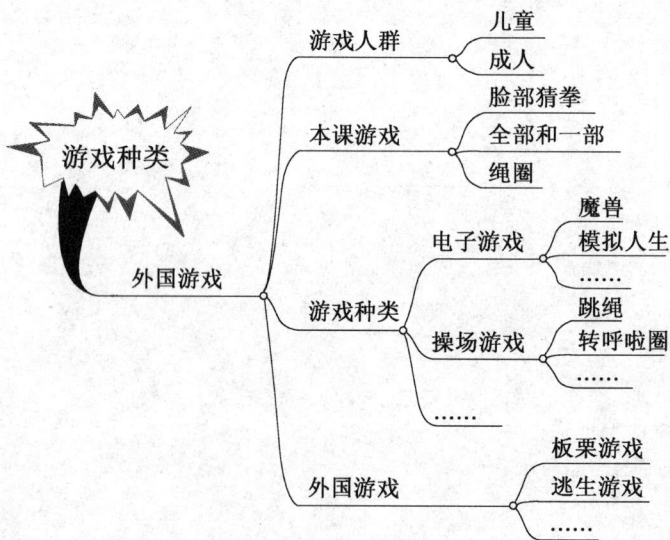

外国:通俗地说就是本国以外的国家。

二、学生学习力达成度

我想：课前，我想对外国游戏进行了解；课上，我会学会外国小游戏的玩法；课后，我想学习更多关于外国游戏的知识。

我会：我会看外国游戏的玩法，我会说这几个外国游戏的游戏规则，我会玩这几个外国游戏并且从中学会做游戏的方法。

我知：学生能够了解本节课涉及的三个外国游戏，通过亲身体验，体会外国游戏的好玩之处。

三、教师教学重点与难点

1. 教师通过课前与学生交流外国游戏，了解学生对外国游戏概念的认识情况。

2. 教师通过学生感兴趣的游戏活动，唤起学生对外国游戏的兴趣，并且通过实践了解外国游戏的游戏规则。

3. 教师利用多媒体和图片结合的方式，为学生创设一个相关的情境，帮助学生积极投入课堂活动，清晰表述外国游戏的特点，这也是本课教学的难点。

4. 教师在课堂上要引导学生通过讨论与归纳，清晰表达出所玩游戏的规则和益处。

5. 教师要努力激发学生进一步学习的愿望，并通过小课题或实际体验的方式帮助学生完成对"外国游戏"的整体认知。

四、教学方法

课堂体验、自主探究、讨论交流。

五、教学课时

一课时。

六、教师课前准备

相关图片，多媒体课件，球，"包子、剪子、锤"歌曲，绳子。

七、学生课前准备

我感受：了解一个外国游戏的名称和玩法。

我了解：查阅资料，了解外国游戏。

我思考：

1. 外国游戏是怎样玩的？

2. 外国游戏适合中国小朋友玩吗？

3. 外国游戏有哪些种类？

八、教学过程设计

【教学过程设计总体思路】

体验具体情境:为了增进各国小朋友的友谊,国际游戏节在我国南京举办,各国的小朋友都可以参加。这节课同学们就一起去参加国际游戏节。同学们接受了英国、新加坡、美国小朋友的邀请,参加了三个游戏活动,有"脸部猜拳"、"全部和一部"、"绳圈"。玩耍并分析不同国家的游戏,使同学们对这三个游戏的游戏规则有所了解,也使学生对外国的游戏文化不再感到神秘和陌生。

【教学空间与布置】

教室内的桌椅摆放在四周,中间的位置留出来给同学们做游戏。教室地面要防滑。

(一)选择主题事件,创设情境

同学们,今天真是个好日子。你们知道吗? 今天是国际游戏节开幕的日子。那里各国的同学都在表演自己国家的游戏,我们也去见识一下,也去学习几个好玩的外国游戏。准备好,我们出发了!

(二)探索与体验

欢迎你们,中国的小同学,今天国际游戏节开幕了,欢迎你们的到来。如果你们愿意参加各国的小游戏,并且掌握了游戏的规则和技巧,你们会得到一份小礼物。希望你们挑战自己、战胜自己。

情境一:玩英国游戏"剪刀、石头、布"

1. 同学们,这是英国游戏区,我们来看看有什么好玩的游戏。

(教师出示课件,显示字幕:石头、剪子、布。背景音乐:包子、剪子、锤。)

2. 我们中国的小朋友也会玩这个游戏,谁来给同学们演示一下。找两名同学玩剪刀、石头、布的游戏。

3. 刚才的两个同学使用手来玩剪刀、石头、布的游戏,谁会用脚来玩这个游戏。(如果没人会,教师要教同学玩。两脚并拢代表石头,两脚分开代表布,两脚一前一后代表剪刀。)

4. 这两种玩法都是我们中国的玩法,外国小朋友也玩这个游戏,看看他们怎么玩的?

(教师课件出示"脸部猜拳"游戏的图片。)

剪刀　　　　　　　　石头　　　　　　　　布

5. 同学们自由谈论,并且说出自己的想法。(例如:这些动作,做起来很搞笑;有的时候反应不过来,不知该怎样做。)

> **小贴士**
>
> 这个游戏不用手来猜拳,而是以脸部表情来玩猜拳游戏,例如,嘴巴张大表示剪刀,头向前伸表示石头,舌头长长伸出,则表示布。这样的游戏会让大人和孩子都捧腹大笑。

6. 同桌来玩脸部猜拳游戏。每个小组选出一名同学参加比赛。选出的同学,每两个同学一组,站在讲台上进行游戏。全班其余同学一起喊口号:"剪刀、石头、布。"获胜的两个同学得到英国纪念品一份(教师提供的作为奖励的图片)。

7. 教师引导,学生总结:看来,玩游戏是各国小朋友的共同爱好。通过玩这个游戏你们有什么收获吗?(例如:外国小朋友也玩"剪刀、石头、布"的游戏,只不过他们用脸部来玩,而我们用手玩。)

这个环节主要是让学生通过观察、讨论、尝试、实践,来了解外国游戏脸部猜拳,并且把外国游戏和中国游戏进行对比,从而了解玩游戏是各国小朋友都喜欢的活动。

情境二:学生玩俄罗斯游戏"全部和一部"

1. 同学们快看,这是俄罗斯游戏区。看看有什么好玩的游戏。

2. 教师出示声音课件:"欢迎中国的小朋友来到俄罗斯游戏区,来试试我们俄罗斯的游戏吧! 游戏名称:全部和一部。"

3. 教师课件出示游戏说明。

(1) 游戏人数:人数不限,越多越好玩。

(2) 玩法:

① 小朋友站成一个圆圈,选出的带头人手里拿着球,站在圆圈中央。

② 带头人可以把球投给任何一个人,投球时要喊某种物品的组成部分的名称。例如:翅膀(是飞机或小鸟的一部分),烟囱(是火车、房子、轮船、工厂的一部分),花瓣(是花朵的一部分),扣子(是衣服的一部分),笔尖(是钢笔、铅笔的一部分)等等。

③ 接球人一面接球,一面立刻说出跟带头人说的名称有关的物品。如前例,可以说出飞机、工厂、小花、衣服、钢笔等等。

假如接球人说错了,或者说出的东西跟带头人说的合不上来,或者接住了球以后再补说物品的名称,就算失败者。失败者举起一只手,暂时停止游戏,过一会儿,带头人又把球投给他,如果他这次回答的正确,就可以放下手继续进行游戏。

那些从来没有举过手的人,就是优胜者。这个游戏可以锻炼学生的反应能力,丰富知识。

4. 讨论:这里有游戏示意图,看看怎么玩呀?小组同学讨论玩法。

同学讨论的结果可能是:不能边接球边回答问题,有点不熟悉。

5. 为了更好地完成这个游戏,我们先来分步练习一下。

(1) 老师说出某个部分的名称,学生说出属于整体的名称。

例:手(教师)——→人(学生)

　　鞋带(教师)——→鞋(学生)

学生试着说出某部分的名称,其他同学说出整体的名称。

(2) 接球,投球练习。

教师组织同学围成一个圆圈,中间站的带头人把球扔给四周的同学,接球的同学再扔给带头人。(只是做接球的活动,使学生熟悉动作。)

6. 按照游戏规则,玩游戏。游戏结束后同学谈谈玩好这个游戏要注意什么。

同学会总结出:要玩好游戏除了身体灵活之外,还要掌握科学知识。

这个环节是让学生了解俄罗斯游戏"全部和一部"。通过对游戏的尝试和分析,学生会感受到外国小朋友玩的游戏也涉及游戏规则。玩游戏要想取胜除动作要灵活,头脑反应也要快,还要掌握一定的知识。

情境三:学生玩俄罗斯游戏"绳圈"

1. 同学们回想刚才的俄罗斯游戏,感觉很好玩吧!

2. 教师课件出示:"中国的小朋友,你们表现得很不错,有信心再玩一个游戏吗?"(同学答:有。)课件显示游戏名称:绳圈。

3. 教师课件出示游戏说明。

(1) 人数:人数不限。

(2) 准备:一根绳子,把绳子的两头结在一起,形成绳圈。绳圈的大小跟参加游戏的人数有关。人数多,绳圈就大;人数少,绳圈就小。每人大约占半米宽的位置。

（3）玩法：同学们双手握住绳子站在绳圈外，形成一个圆圈。选一个人做带头人，站在绳圈当中。游戏开始后，带头人想尽办法去拍任何一只紧握着绳子的手。被带头人拍到的人，就和带头人互换位置。带头人只能拍握紧绳子的手，如果握绳的人能够及时松手，没有被带头人拍到，那么，带头人的位置不变。

（4）注意：松手后，必须马上再把绳子握住，要不然，接连几个人松手，绳子就会掉到地上了。

4. 我们来选一个带头人站在绳圈中间，通过抽签的方式选出带头人，其他人站在绳圈外面，抓紧绳圈。哨声响起，游戏就开始了。（哨声一响，带头人就快速去拍其他人的手。）

5. 同学们选出的带头人，表现真不错。你成功地拍到了其他人，请你传授一下经验吧！

带头人可能会总结出：动作要快，最好拍挨着站的组员，这样组员怕绳子掉在地上而不敢轻易松手，很可能被拍到。

6. 被拍到的人做带头人，再玩一次绳圈游戏。

7. 教师引导学生总结：同学们，今天我们参加了国际游戏节，我们一起玩了英国、俄罗斯的游戏。通过游戏，我们发现外国的游戏也很适合中国的学生玩。希望在课后你们再收集一些优秀的外国小游戏，并且学会游戏规则和技巧，在课余时间来和同学们玩玩外国的游戏。

这个环节通过对游戏"绳圈"进行分析和尝试，同学们会知道外国小朋友玩的游戏也有许多技巧，掌握游戏技巧才可以取胜。

（三）学生的课后延伸

同学们这节课玩得很开心，还学会了三个外国游戏。其实啊，好玩的外国游戏有许多，各国的小朋友都和你们一样喜欢玩游戏。相信你们只通过这一节课也没有玩尽兴。课后,请同学搜集外国游戏的相关资料,课间的时候我们也来玩玩外国小朋友玩的游戏。

提供探索主题

1. 外国儿童什么时间玩游戏?

2. 介绍一个外国游戏,并说明游戏规则。

3. 做一个有关"外国大人玩的游戏"的调查,了解一下外国大人玩的游戏。

4. 本国游戏和外国游戏有什么区别?

5. 怎样让更多的外国小朋友接受我们的游戏?

……

引导学生课后拓展的思维导图

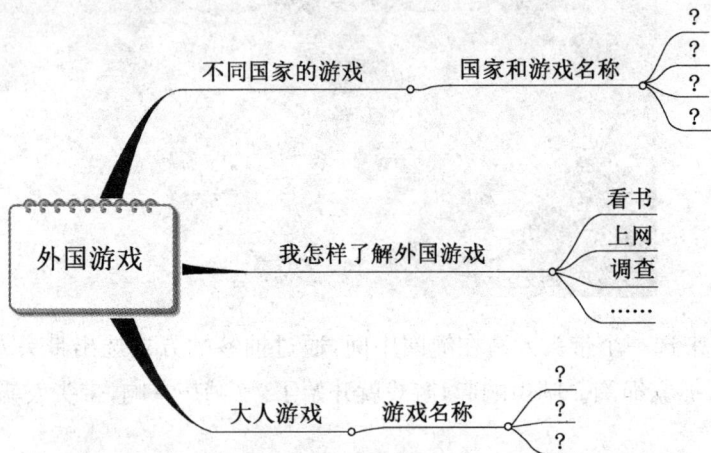

本课让学生通过比较,发现同一类型的中国和外国的游戏在形式上的差异性,从而激发学生的求知欲望。情境体验更是让学生明白国家与国家之间游戏的内在联系性。课后学生搜集更多的资料,更多地去了解游戏与我们生活的联系。

(设计者:葛丽霞)

第九课　民族游戏

领　　域：游戏种类
相关概念：民族游戏
主题事件：我和壮族兄弟姐妹玩板鞋竞速

一、教学背景

前面学过的八种游戏都具有自己的特色，学生对于民族特色浓厚的游戏还比较陌生，所以借助于民族游戏概念而展开活动。游戏是促进学生身心全面发展的重要形式，通过活动可以引导学生实际感受文化的丰富与优秀。我国是一个多民族的国家，由于地域、民族的不同形成了每个民族自己独特的文化内涵，相应地也产生了适合各民族活动的各种游戏活动，而对于游戏的了解既可以让学生了解各个地域的文化，还可以使学生在游戏中学会生活、交往、竞争、合作、创新，有助于培养学生自己解决人际矛盾，学会控制自己的行为和情绪，学会理解和照顾他人等社会性发展的良好品质。因此本课把优秀的适宜学生发展的民族性的游戏引入学生的活动中来，充实学生的游戏活动内容，以从多个层面更加全面地促进学生发展。俗话说："越是民族的越是有生命力。"本课挖掘的就是这些富有童趣、蕴含童真，有利于学生身心发展的民族游戏。

民族：通俗地说就是在经济生活、语言文字、生活习惯和历史发展方面具有共性的稳定的共同体。如汉族等。

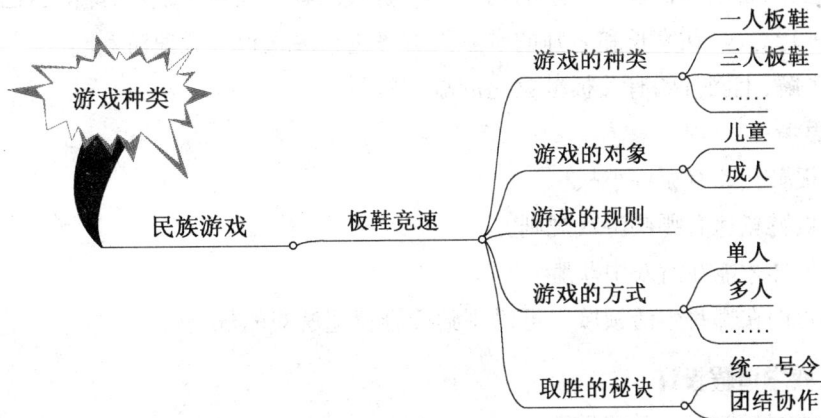

二、学生学习力达成度

我想:学生课前能够快乐地进行板鞋竞速游戏,学生平时也有一定的生活经验;在游戏体验中,学生了解板鞋竞速的游戏有哪些游戏规则,有哪些游戏取胜的技巧;学生课后想一想板鞋竞速游戏还可以怎么玩,这些取胜规则在生活中还有哪些地方可以用到。

我会:学生能够积极地参加板鞋竞速游戏,扮演其中的游戏角色;学生能够在游戏中认真观察游戏规则,能够流利地用语言去和同伴描述游戏取胜的技巧;会思考这种游戏规则在生活中还有哪些地方可以用到。

我知:板鞋竞速游戏是壮族同胞发明的,起源于明代。这种游戏需要游戏者能够团结协作,动作一致,在生活中有单项比赛和接力比赛两种。

三、教师教学重点与难点

1. 学生了解板鞋竞速游戏的意义,游戏的规则和取胜的秘诀。

2. 学生掌握好节奏,玩转板鞋竞速游戏,在活动中增强学生的合作意识、责任感以及群体中的协作能力。

3. 学生之间能够按照指定的要求进行有序的活动。

四、教学方法

实践与操作,体验与思考,讨论与反思,互动与体会。

五、教学课时

一课时。

六、教师课前准备

相关板鞋竞速视频,多媒体课件,三人板鞋 10 双,四人板鞋 8 双。

七、学生课前准备

我感受:自己回忆曾经玩过的两人三足游戏或者多人多足游戏;课前自己自制一双板鞋进行练习;在家长和老师的带领下有序进行多人板鞋竞速游戏。

我了解:上网查阅有关板鞋竞速的故事资料。

我思考:

1. 板鞋竞速有哪些小故事?

2. 板鞋竞速有哪些游戏规则?

3. 怎样才能在游戏中获胜?

4. 我们在哪些生活领域中可以用到板鞋竞速游戏的规则?

八、教学过程设计

【教学过程设计总体思路】

　　学生对一些简单易操作的团体游戏是非常感兴趣的。板鞋竞速游戏恰恰很符合学生的游戏兴趣,在游戏中通过合作交流、欣赏认识、实践体会等多种方式让学生感知游戏的规则和取胜的道理。先进行一人板鞋游戏,然后进行多人板鞋游戏,从具体的游戏体验中明白板鞋游戏需要游戏者克服心理障碍,团结互助、共同协作才能够取得胜利。最终让学生明白在生活和学习中有哪些地方需要这种团队精神才能够取得胜利的道理。

【教学空间与布置】

　　操场。分组布置板鞋竞速活动的空间,事先画好四道游戏跑道,各间隔三米。

(一)选择主题事件,游戏引入

情境一:学生观看板鞋竞速视频

我观察

　　教师谈话导入:同学们,在今天上课前老师先让大家观看一段视频,看看你们都看到了些什么。

　　教师播放板鞋竞速的视频,师生共同欣赏。(参见:http://v.youku.com/v_show/id_XMzIyMzY3MzU2.html。)

　　教师:同学们,你们知道这些人在玩什么吗? 你们有没有玩过? 想不想玩一玩? 今天我们就一起来玩板鞋竞速好不好?

　　教师指名学生说一说自己的想法。学生各自拿出自制的板鞋进行分组游戏,分成四组。学生们体验游戏的快乐。

(二)深化对游戏的认识,体验团结的力量

情境二:学生进行板鞋竞速游戏

我实践

　　教师:同学们,你们三人一组进行板鞋竞速游戏,愿意吗?

　　学生分组,各自练习。教师巡视指导。

学生反馈练习体会。

教师分析学生的回答,板书:要有节奏,步调要一致,同左同右。

学生根据提示进行分组游戏。

我交流

小组反馈:请获胜的同学说一说游戏时自己注意了什么,请失败的小组说一说失败的原因是什么。对比两个小组,师生共同评出优胜者。

教师再次小结取胜的要点:动作要一致。

教师:同学们,我们来一次板鞋竞速游戏比赛好吗?

教师出示游戏规则:

1. 起跑口令:各就位,运动员将板鞋置于跑道起跑线前,任何一只板鞋都不得触及或超过起跑线。

2. 鸣枪:枪响后,全体运动员方可起动跑步;运动员在比赛过程中,如果出现某一队员脚脱离板鞋而触地或摔倒,必须在触地(落地)处重新套好板鞋继续比赛;终点以第一名运动员身体躯干任何部位抵达终点线后沿垂直面瞬间为止,运动员的身体和板鞋须全部超过终点线后才能分离,否则,重新套好板鞋,再次计算!

教师选择两组同学进行比赛,其余同学做拉拉队。

游戏反馈:在游戏中,要想取得胜利需要做些什么。

教师指名学生说说,学生互相补充。

教师根据学生的回答,写下板书:

1. 口令一二一,团结一致;

2. 滑倒,立即重新准备游戏。

(三)游戏认识再提升,接力游戏

情境三:学生进行板鞋竞速比赛

教师出示要求:每个接力区长度为 10 米,在中心线前后各 5 米,交接的开始与结束均从接力区分界线的后沿算起。接力赛采用多双板鞋组成多棒进行比赛。第一棒队员和第二棒队员的交接必须在接力区内完成。完成交接的队员应停留在各自的分道或接力区内,直到跑道畅通后方可离开。

学生分成四组进行游戏。

学生游戏,教师注意安排安全保护。

教师评选出优胜组。

师生共同分析胜利原因:一个人再强大也只是一个人的力量,如果弱势的一组能够团结协作,同样可以战胜强大的对手。

教师:在生活中,还有哪些地方需要团结协作,你们以后遇到这样的情况,你又会怎么做呢?

教师指名学生说说,师生共同小结。

(四)游戏总结

教师:同学们你们今天学到了些什么? 在最后的时间里,我们一起来一个四人板鞋游戏好吗?

学生游戏。

教师评出优胜者。

教师引导学生活动小结。

我总结

参与板鞋竞速运动,能够有效地改善和提高我们机体中枢神经系统的功能,提高呼吸系统、消化系统、血液循环系统等内脏器官的功能,还能够全面协调和综合发展人体的速度、力量、耐力、灵敏、柔韧等各方面的素质,更重要的是能够逐步使参与者头脑机智、反应灵敏、体魄健壮、精力充沛,并对意志品质有特殊的锻炼效果。

提供研究课题

1. 板鞋竞速还有哪些历史故事?

2. 在生活和学习中,我们怎样和队友团结一致?

......

引导学生课后拓展的思维导图

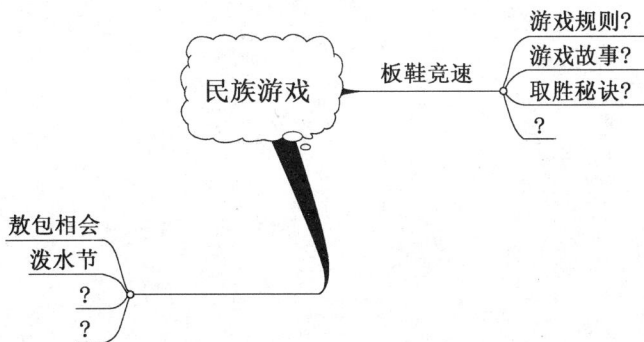

板鞋竞速是一种竞技游戏,在游戏中需要队友之间团结一致,统一号令。本课学习的关键是让学生在具体的活动体验中明白团队之间的配合远远大于一个人的努力。本课的学习,有助于培养学生团结协作的良好品质,为其今后的学习和生活中类似的经历,提供一种经验模式!

(设计者:严善龙)

第三单元 游戏活动

课程单元活动名称:游戏活动
课程单元说明

"游戏活动"是游戏主题中集合各个方面、层层深入的活动板块。学生在初步了解了游戏的不同角色、游戏的各种各样的器材,知道游戏是怎么回事后,积极参与游戏活动,真正体验游戏的魅力。

在教学过程中,始终以游戏为主线,引导学生参与多种形式的游戏,在游戏中扮演不同的角色,从中感受、体会不同游戏的方式、规则,锻炼各方面的能力,自主领悟游戏隐藏的内涵。教学中丰富多彩的游戏,各不相同的角色,环环相扣的情境大大吸引了学生,激发了学生积极参与的兴致。本单元教学重在引导学生在游戏中发现问题、思考问题、探究问题、解决问题,积极培养学生的动手能力、交际能力、想象能力、协调能力、创新能力等等。

本单元的课堂教学在活动中展开,更强调让学生在游戏中体验、探究、发现、感受、创造,突出教学的趣味性、探究性、创新性。

本单元从八个角度阐释游戏活动领域的内涵,从学习到思维,到创作,再到开展工作、参加运动、魔术表演、狂欢及赌博,把游戏活动的各个方面基本列出,并且层层深入,环环相扣,力求让学生对各个方面的游戏活动有所了解、体验,从而明白不同活动对生活产生的影响和作用。

课程生长树

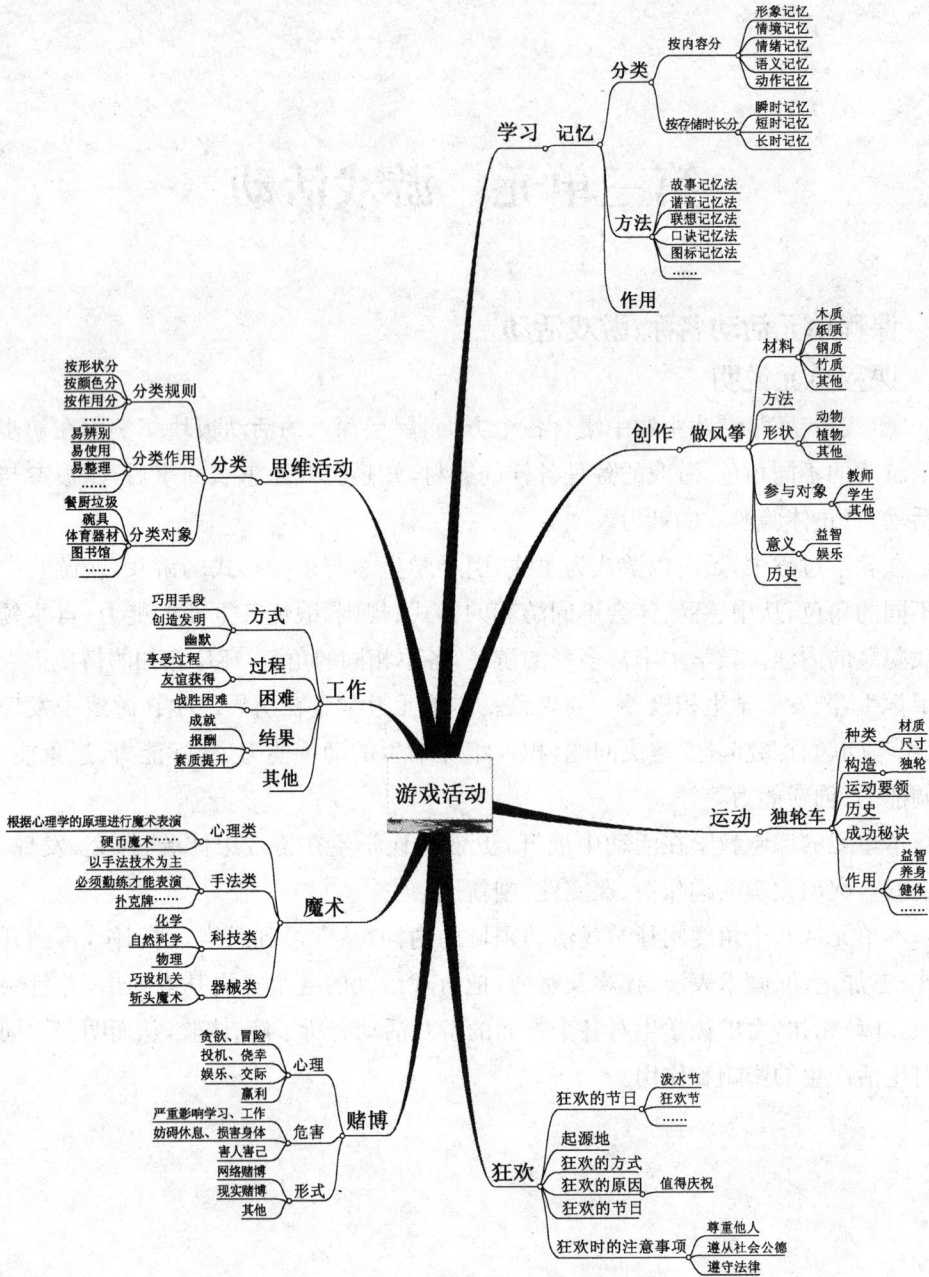

第一课　学　习

领　　域:游戏活动

相关概念:学习

主题事件:我们参观历史博物馆

一、教学背景

学习是"游戏活动"单元的第一节内容,它不同于前面内容具有很强的操作性,这是因为学习是获取知识和掌握技能的过程,既包括通过正规的教育和训练获得知识技能,也包括在日常生活和实践活动中积累知识经验。学习游戏就是让学生体验学习的乐趣,调动学生的学习积极性,将知识融于游戏中,让学生在兴趣盎然的游戏中练习所学知识,体验不一样的学习感觉,让学生发现学习也可以变得那么有趣,从此爱上学习。游戏指以直接获得快感为主要目的,且必须有主体参与的互动活动。俗话说兴趣是最好的老师。"玩中有学、学中有玩",爱玩是孩子的本性,游戏是孩子最感兴趣的。

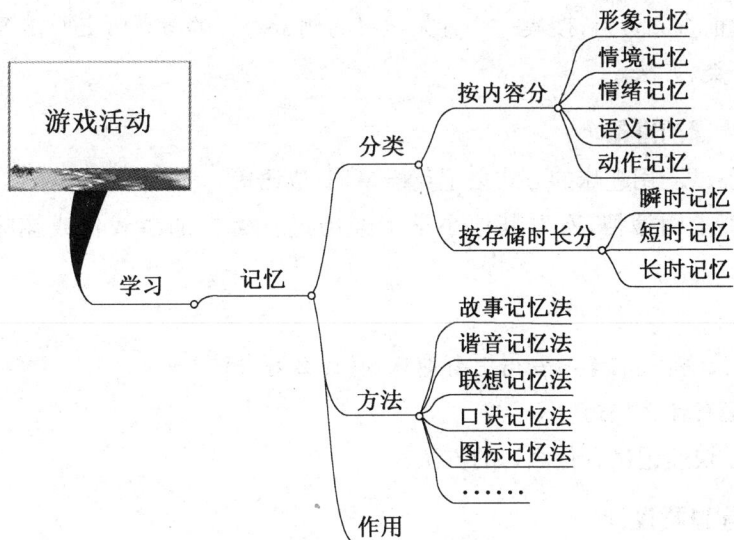

学习:是个体在特别情境下,由于练习或反复经验而产生的行为、能力或倾向上的比较持久的变化及其过程。

二、学生学习力达成度

我想：课前我试着思考怎样将学习变得有趣，课内我能有趣地学习，课后尝试用学习游戏中获得的方法学习各门功课。

我会：我发现学习的规律，运用规律解决问题。通过手脑并用，通过游戏的方式，通过小组合作的方式，通过竞争的方式，我快乐地学习。

我知：我知道学习不是痛苦的活动，学习是快乐的活动，找到学习规律，学习会更轻松更高效。

三、教师教学重点与难点

1. 教师课前引导学生收集一些趣味学习的例子，了解可以用游戏的方式进行学习。

2. 教师引导学生开展游戏学习，品尝游戏学习的乐趣。

3. 教师引导学生总结学习游戏的好处。

四、教学方法

游戏体验、小组合作、讨论交流、总结归纳。

五、教学课时

一课时。

六、教师课前准备

教师课前查阅资料，搜集一些有关学习的例子。了解参观历史博物馆的要求，了解记忆的分类、方法。

七、学生课前准备

我感受：试图用趣味的方式去记英语单词、成语等。

我了解：上网搜搜，看看其他小学生经历过什么样的游戏化或趣味性的学习过程。

我思考：

1. 我怎么将我的学习变得更有趣味，有什么好办法？

2. 记忆有什么诀窍？

3. 关于快速记忆有什么好的方法？

八、教学过程设计

【教学过程设计总体思路】

教学设计通过"我们参观历史博物馆"这一主题事件，使学生对游戏化的学习产生联想，接着以参观历史博物馆这一历史线索带领学生感受谐音记忆、联想记忆、口诀记忆的趣味性，让同学们感觉到学习真的也可以在游戏的情境下完成。游戏教学法使学生有了在玩中学、学中用的切身体会,从而让学生能够产生探索这一学习方式的兴趣。

【教学空间与布置】

教学地点选择在教室,在教室的四周布置一些与历史博物馆相关的图片,再张贴一些有关趣味学习的文字、图片资料。

(一)创设情境,集中话题

我们学校组织夏令营活动,组织学生去历史博物馆参观。为了使活动有趣、有效,博物馆馆长和我们玩了几个互动游戏。

(二)探索与体验阶段

情境一:巧记电话号码(谐音记忆)

教师:同学们,去博物馆之前,我们要与博物馆的一位李老师联系一下,方便安排讲解员。他给了我一张名片。

出示名片:

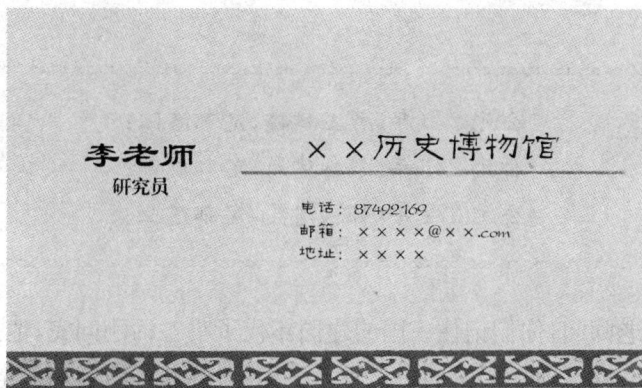

名片内容:
李老师 研究员 ××历史博物馆
电话:87492169
邮箱:××××@××.com
地址:××××

教师:哎呀,一不小心,名片弄湿了,电话号码不清楚了,怎么办? 有谁记住了李老师的电话号码? 你是用什么方法记住的?

学生:87492169(不吃喜酒而要老酒)。

教师:我们来试试能不能拨通。(课件出示电话接通李老师的画面。)

这位同学真是过目不忘呀!

屏幕显示小贴士。

小贴士

谐音记忆法:通过读音的相近或相同,把所记内容与已经掌握的内容联系起来记忆。

试一试:课后利用谐音记忆法记一记下面这串数字,你会发现很有趣呦。

3.14159265358979323846264643383279

情境二:记忆魏、蜀、吴三国的建国年代(联想记忆)

同学们联系上李老师,顺利来到历史博物馆,在李老师的带领下有秩序地参观着。当李老师介绍三国鼎立时,屏幕显示魏、蜀、吴三国的建国年代,但显示时间不长。

屏幕显示:

公元 220 年,曹丕建魏,定都洛阳;

公元 221 年,刘备建蜀,定都成都;

公元 222 年,孙权建吴,定都建业。

看完后,李老师问:你们记住三国的建国年代了吗?话刚问完,他接到一个电话,临时有事要离开一会,他让同学们想想刚才三国的建国时间,就匆匆走了。

这时,走过来两位外国友人,他们想了解三国的建国年代,讲解员不在,怎么办呢?谁能临时扮演一下小小讲解员?

我表演

学生分小组表演,推选两位代表上台表演,学生评价。

我交流

教师:屏幕一闪而过,这些年代你们是怎么记住的?

学生说说自己的记忆方法。

公元 220 年,曹丕建魏,定都洛阳,需记的内容有:"220"、"曹丕"、"建魏"、"洛阳"等项,可用联想加串联法记作"曹丕喂(魏)洛羊(阳),一天二两(22)饼(0)"。同理可记"刘备守(蜀)成都,一天二两(22)药(1)","孙权建吴业(建业),养了三只鸭(222)"。

因为刘备建蜀时已风烛残年,故一天二两药;而孙权的吴国在长江边上,故与养鸭联系。

屏幕显示小贴士。

小贴士

联想记忆法:利用事物间的联系,通过联想进行记忆的方法。联想是由当前感知或思考的事物想起有关的另一事物,或者由头脑中想起的一件事物,又引起想到另一件事物。

情境三:记忆朝代歌(口诀记忆)

教师:同学们,李老师处理完事情又回来继续给我们介绍了很多历史知识,李老师想和我们玩个竞猜游戏,想玩吗?

我来猜

出示竞猜题:

判断对错

1. 汉武帝统一六国,建立了中国历史上第一个统一的中央集权的封建国家。
2. 刘备在《史记》中不可能被记载。
3. 被中国人尊称为"人文初祖"的是舜。
4. 南北朝在晋朝的前面。
5. 元朝后面是明朝。

教师:这么多朝代更替,李老师记得清清楚楚,我们向他请教一下,看看有什么窍门。

教师:大家看这是什么?(朝代歌)原来朝代歌被李老师编成口诀了,读诵都朗朗上口。

屏幕显示:

朝代歌

盘古开天神话传,

三皇五帝数千年。

炎帝黄帝华夏祖,

尧舜禹王位让贤。

夏商西周奴隶制，

东周列国变封建。

秦汉统一开疆域，

三国纷争起战乱。

西晋东晋南北朝，

隋唐疆域又扩展。

五代十国闹割据，

宋辽夏金归大元。

明朝船队下西洋，

清朝锁国被破关。

民国内战加外战，

人民共和开新篇。

教师：我们一起来读一读。（齐读）

小贴士

　　把记忆材料编成口诀或押韵的句子来提高记忆效果的方法，叫作口诀记忆法。这种方法可以缩小记忆材料的绝对数量，把记忆材料分成组块来记忆，加大信息浓度，增强趣味性，减轻大脑负担，避免遗漏。

　　口诀要求语言精练，句式整齐，化繁为简，变零乱为有序；口诀要求语言和谐，节奏鲜明，顿挫有致，易懂易记。

我交流

教师：你们尝试过这样记忆吗？说说看。

学生说说自己在学习中尝试过的口诀记忆。

教师：同学们，今天的参观即将结束，李老师还送给我们一段更简单的朝代歌，一起来背一背。

朝代歌

三皇五帝始，

尧舜禹相传。

夏商与西周，

东周分两段。

春秋和战国，

一统秦两汉。

三分魏蜀吴，

两晋前后沿。

南北朝并立，

隋唐五代传。

宋元明清后，

皇朝至此完。

教师：同学们，今天的参观到此结束。通过这次的参观你们收获了什么？

（三）游戏总结阶段

我总结

1. 记忆是有窍门的，有很多的好方法，如联想记忆、谐音记忆、口诀记忆等等，我们掌握了它们并运用到学习中会取得事半功倍的效果。

2. 学习也可以变得如此有趣，今后我们可以采取多种多样的趣味学习方式，让我们能更快乐地学习。

3. 找到事物的规律，任何课程的学习都很有趣。

提供研究课题

1. 还有哪些有效快捷的记忆方法？

2. 国外小朋友有哪些好的记忆方法？

……

引导学生课后拓展的思维导图

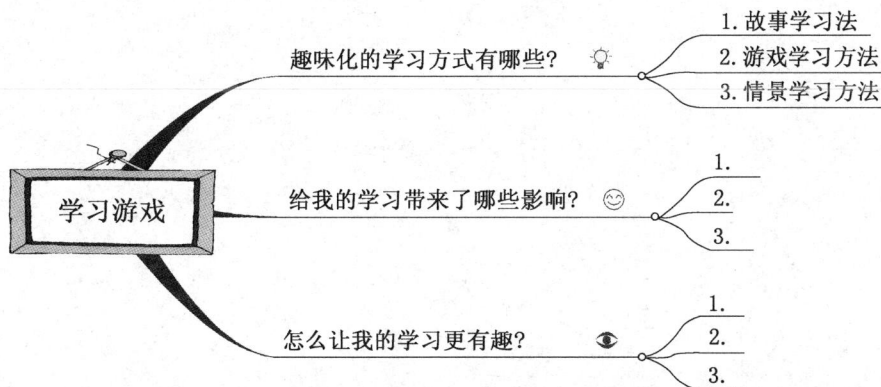

趣味化的学习方式有哪些？
1. 故事学习法
2. 游戏学习方法
3. 情景学习方法

学习游戏

给我的学习带来了哪些影响？
1.
2.
3.

怎么让我的学习更有趣？
1.
2.
3.

学生每天在不停地学习，有的学生学得轻松，有的学生学得痛苦；有的学生轻松地获得好成绩,有的学生花了很多时间、精力,就是学不好。其中,不排除智力因素,但更多的是因为学生的学习方法和学习兴趣。把学习当成游戏,在游戏中学习,学得开心,学得快乐,学得有效,何乐而不为呢? 这节课就是让学生意识到学习并不是痛苦的反复,而要想办法把学习变成游戏,让自己快快乐乐地学习。

(设计者:邢巧荣)

第二课　思维活动

领　　域:游戏活动
相关概念:思维活动
主题事件:今天,我做学校的管理员

一、教学背景

　　思维活动是学习活动的延续,也是重要的组成部分。游戏在儿童的成长过程中,对促进他们的身心发展起着不可忽视的作用,但凡孩子,就没有不爱玩儿的。游戏可以说是任何年龄段孩子的最爱,爱游戏的孩子是幸福的、快乐的,他们在游戏中潜移默化地发展了智力,增强了自我意识,形成了初步的道德品质。本课重在通过玩"参加分类"这个游戏,引导并提高孩子对游戏的兴趣,激励孩子探索创造,促进孩子各方面得到发展。在日常生活中,以生动有趣、具体感受和操作发现为主的游戏,是对孩子进行智力开发和情感教育的最佳途径。

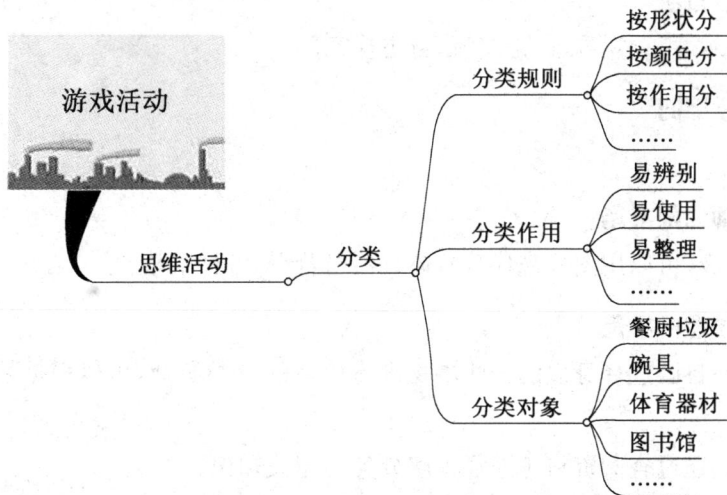

　　分类:就是按照一定的规则把物品等进行区别开来的方法。如区分男生和女生,碗具的摆放等等。

二、学生学习力达成度

　　我想:学生在以往的生活和学习经验中,已经接触到分类,在课前愿意进行分类

游戏;游戏中,学生想一想哪些东西可以分类,分类有什么规则和要求,分类有什么好处;课后学生想一想在生活和学习中还有哪些地方用到分类。

我会:学生在简单的游戏扮演中,明白分类的简单要求和规则,学会用流利的语言表述自己的见解;会观察分类游戏中的要点,能快速地根据事物的特征进行分类;会思考生活和学习中分类的特点和分类的重要意义。

我知:每种分类游戏都是按照一定的规则和要求进行的,在生活和学习中几乎所有的领域都进行了分类,分类可以让我们的生活变得更加简洁快捷,做事和学习的效率提高。

三、教师教学重点与难点

1. 学生了解什么是分类,分类有什么规则,以及有效快速分类的秘诀。

2. 在尊重儿童身心特点的基础上,创设良好的环境,有利于学生在游戏过程中增进学生之间的了解,体验交往的快乐,从而促进学生的社会性发展。

3. 教师通过学生感兴趣的事件,利用观看视频的方式,帮助学生掌握分类的要求和技巧,锻炼学生的观察力和动手能力。

4. 教师在课堂上通过组织学生玩游戏,引导学生认识到人与人合作的重要性。

5. 学生能够根据实际情况,结合自己的智慧,快速地判定事物的特征,从而进行有效的分类。

四、教学方法

图片出示、视频观看、讨论交流、自主探究。

五、教学课时

一课时。

六、教师课前准备

餐厨垃圾(可以用图片来代替),体育器材若干,各种书籍若干本。

七、学生课前准备

我感受:自己选择身边的一些事物进行简单的分类游戏,可以根据颜色、形状等进行分类。

我了解:通过查阅资料等途径了解分类的相关知识。

我思考:

1. 分类游戏有什么要求?

2. 分类在生活和学习中有什么作用?

3. 我们在哪些领域中经常用到分类?

4. 有效分类有什么诀窍?

5. 思考如何有效利用分类的知识来合理安排学习和生活?

八、教学过程设计

【教学过程设计总体思路】

选择生活中的三个场景,学校的厨房、图书馆、体育器材室,进行分类游戏,学生在简单的游戏分类体验之中,了解分类是怎么一回事,分类有什么样的要求。在不断的体验中逐渐明白分类是有规则的,是需要根据事物的特征和功能进行区分的。然后总结出,在生活和学习中,分类是必不可少的一种活动,它可以提高我们的工作效率和办事速度,接着寻找生活和学习中已经存在的分类情况,加深对分类的理解。最后,思考如何把自己的时间进行分类,合理安排自己的生活和学习时间,能有效有序地生活和学习。

【教学空间与布置】

教室。在教室里分别布置学校的厨房、图书馆、体育器材室三个场景,用于学生游戏体验。

(一) 选择主题事件,创设情境

教师引入课题:根据学校安排,由你来做学校管理员。下面,我们开始体验活动。

情境一:食堂剩饭剩菜分类管理

同学们,上午的学习时间完成啦,我们吃饭的时间到了,我们快到食堂就餐吧。教师带领学生走到"食堂"。

我观察

教师出示餐厅的午餐布局,让学生说说看到了些什么,有喜欢吃的饭菜吗,如果不喜欢吃这些菜,会怎样做。

我交流

教师指名学生说说,师生共同归纳。

教师:同学们吃完饭,面对剩饭剩菜,又该怎么做呢?

学生:我们都是把垃圾随便倒掉。

小贴士

广州市对于餐厨垃圾的处理通常是生化处理和堆肥,通过发酵、细菌处理等程序,把这些餐厨垃圾变成营养丰富的有机肥料。不少朋友会有不好的习惯,就是吃完饭,会把筷子、牙签,甚至饭盒都丢进一些剩饭剩菜当中。希望大家以后千万不要这样做了。因为塑料袋,其他的金属物品,还有包括刚才讲到的筷子、牙签,这些东西都很难降解,还影响肥效。

教师:如果你是学校的管理员,你有什么好的办法呢?

教师指名学生说说,学生互相补充。

教师:同学们说的真好,应该给餐厨垃圾分类。现在有很多地方已经开始分类了。

教师指名学生说说,学生讨论,师生共同总结。

由于在数学学习中,学生已经接触过分类,所以本课要突出学生的思维特点,重点说出是怎么样想的。教师要注意方法不是单一的,如果有些方法没有说出来,没有必要让学生全部说出来,毕竟这不是本次活动的主要目的。

(二)游戏体验阶段,加深对分类游戏的认识

情境二:图书馆书籍分类管理

教师:同学们吃完饭,现在是休息时间,很多同学都来到了图书室,你们看,现在的图书室怎么变成这样了?

我观察

教师出示图片:

我交流

教师指名学生说说看到了什么,学生互相补充。

杂志、书籍、报纸等放得乱七八糟。

教师:同学们,你们作为学校的管理员,该怎么做呢? 教师引导学生进行分类。

我实践

学生按组进行书刊报纸的分类。教师做相关辅助指导。

教师指名学生说说,你是怎样分类的。

教师引导,学生归纳:按照书刊报纸的名称、出版时间、级别等。

我展示

学生展示自己的分类作品。

教师出示图片:

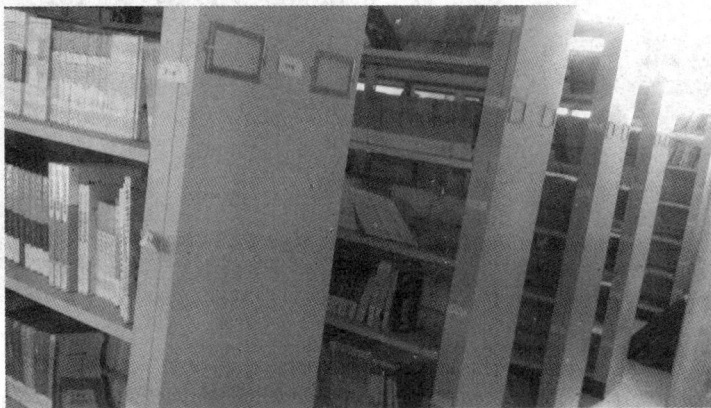

教师对做得好的同学予以表扬。

情境三:体育器材的分类管理

我观察

教师:小管理员们,很多同学利用休息的时间进行体育小游戏,结果你们看。

教师出示相关图片:

我交流

教师指名学生说说看到了什么。学生之间互相补充。

教师引导学生说出：器材很乱，会影响下一次的使用。

我实践

教师：那么我们该怎么办呢？（突出分类）

学生进行实践分类。

我展示

学生说说自己是怎样分类的。（突出按种类分）

教师展示相关图片：

师生共同评价。

通过以上几种分类游戏，学生的分类意识已经得到增强，知道分类的重要作用，从而为生活中寻找分类的例子做好准备。

我总结

教师：同学们说说你们认为分类有什么样的好处？

分类可以节约寻找的时间，可以提高生活和学习的效率，可以让环境变得整洁等等，重点要学生明白分类给我们生活和学习带来的好处。

（三）分类游戏认识再提升阶段

教师：生活中，我们需要分类的东西有很多，你们认为哪些需要分类？

教师指名学生说，教师归纳：衣服、书籍等等。

教师引导学生进行报纸信息分类练习。

教师按组给学生分类。

学生分组进行设计，教师巡视指导。

学生反馈自己的设计。

师生共同评价。

（四）游戏总结与延伸阶段

教师:同学们,通过今天的学习,我们了解到分类游戏的快乐,我们知道分类的规则,也明白了分类对于我们生活和学习的重要性,希望同学们在今后的学习中利用好分类知识,有效合理地安排自己的学习和生活。

提供研究课题

1. 生活中还有哪些地方用到分类知识?

2. 选择身边的同学,试着用不同的方式进行分类。

······

引导学生课后拓展的思维导图

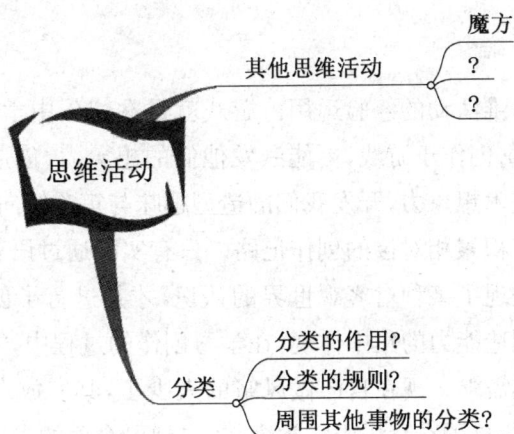

分类游戏是思维活动的一种,这是一种益智游戏,培养了学生的分析、综合、归纳等能力。本课的关键是让学生通过体验,明白分类的规则、分类的作用,从而让学生在今后的学习和生活中充分运用分类的知识,进行健康有序的生活。

（设计者:严善龙）

第三课 创 作

领　　域：游戏活动
相关概念：创作
主题事件：同学们参加"金陵风筝节"创作比赛活动。

一、教学背景

创作是学习和思维活动的经验运用。游戏就是在快乐中学会某种本领的活动。学生在游戏中创作，寓创作于游戏，更能激发他们的想象力、创造力。创作可以扩展我们的文化视野与艺术想象力，开发我们的造型趣味与审美倾向，让我们真正走上与自身艺术素养和语言积累相对接的创作道路。只有实际通过语言、文字、符号、线条、色彩或声音等媒体表现了某种对客观世界的认识，才是进行了创作。创作是我们造型综合能力与艺术创造能力的集中体现，在学习创作的过程中，能够同时满足我们对于求知和创造的快感需求。现在自己做风筝的人少了，其实放自己亲自做的风筝会有更大的成就感，会让孩子在玩乐中一举多得，得到更全面的发展。

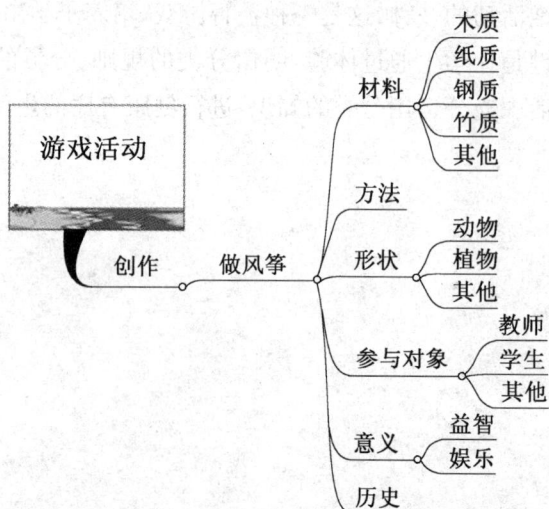

```
                                                    ┌ 木质
                                                    ├ 纸质
                                          材料 ─────┼ 钢质
                                                    ├ 竹质
                                                    └ 其他
┌─────────────┐
│  游戏活动    │            方法
│             │                          ┌ 动物
└─────────────┘            形状 ─────────┼ 植物
     创作 ──── 做风筝                     └ 其他
                                                    ┌ 教师
                           参与对象 ───────────────┼ 学生
                                                    └ 其他
                                          ┌ 益智
                           意义 ──────────┤
                                          └ 娱乐
                           历史
```

创作：是指直接产生文学、艺术和科学作品的智力活动，表现为对客观世界的认识而采取的行动，行动的结果直接产生文学、艺术作品或科学成果。创作方法具有无限丰富的形态。

二、学生学习力达成度

我想：课前我观察各种各样的风筝，思考这些风筝都是用的什么材料，怎样制作出来的。课后思考怎样让风筝飞得漂亮，又飞得高、飞得稳。

我会：我学会欣赏各种各样的风筝，会简要说出风筝的制作步骤，能动手制作简单的风筝。

我知：我能够初步了解风筝的历史文化知识，简单了解风筝的制作方法，懂得合作的重要，感受创作的快乐。

三、教师教学重点与难点

1. 教师课前要求学生观察各种各样的风筝并引导学生进行风筝资料的收集，了解风筝的相关知识。

2. 教师课内引导每个学生观察，并尝试动手制作风筝，引导学生懂得合作的重要。

四、教学方法

情境模拟、图片呈现、小组合作、实践尝试、讨论交流、总结归纳。

五、教学课时

一课时。

六、教师课前准备

风筝的图片、实物，相关课件，风筝制作的视频，制作风筝的材料(竹条、纸张、胶水、线团、剪刀)。

七、学生课前准备

我感受：自己准备一个风筝，课前自己尝试放飞风筝。

我了解：课前询问或查阅有关风筝的知识。

我思考：风筝制作需要哪些材料，有哪些步骤，需要哪方面的知识？

八、教学过程设计

【教学过程设计总体思路】

教学中，以同学们参加"金陵风筝节"的创作比赛活动贯穿整个教学过程。教师先让学生观赏各种各样的风筝并谈谈自己的感受，再通过风筝制作视频引导学生初步了解简易风筝的制作方法，然后让学生们以小组合作的方式制作简易风筝并展示，最后，讨论总结出风筝创作的感受。

【教学空间与布置】

教学安排在室内。教室四周墙上挂满各种各样的风筝，黑板上写着"金陵风筝节"。

(一)选择主题事件,创设情境

情境一:观看风筝的图片

课件展示孩子们在市民广场上放风筝的视频。教室内挂满各种各样的风筝。(配乐)

风筝娃娃:同学们,"金陵风筝节"隆重开幕了! 欢迎大家来参加。我是"风筝娃娃",今天就由我来为大家做导游吧。

我观赏

风筝娃娃:先请大家观赏各式风筝。(教室内的实物风筝)

课件展示风筝图片:

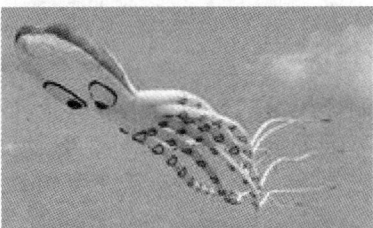

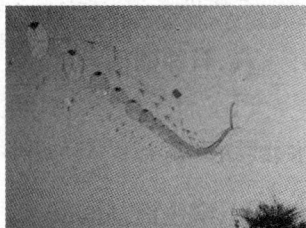

我感受

学生谈谈观赏后的感受。

这个环节通过学生对风筝的观赏,了解风筝的名称,知道风筝的种类很多,想象自己放飞这些风筝的情景,从而拉近学生与风筝的距离。

(二)游戏体验阶段

情境二:观看视频,了解风筝的制作过程

我观看

风筝娃娃:下面我们一起去看看大师制作风筝吧。(视频网址:http://v.youku.com/v_show/id_XMzExNzgxNjY0.html。)

再给你们介绍一个"XX风筝作坊"。(播放PPT)下面有请X老师教我们制作简易风筝。

老师现场示范如何制作简易风筝,学生观看。

我了解

1. 风筝制作步骤

准备好做风筝需要的材料：削好的竹篾、防雨纸、纺线、胶水、油画笔、蜡笔、剪刀。

2. 阅读相关资料

(1) 菱形风筝的做法：

① 将竹篾分成长短不一的两条风筝骨干，长度要按比例，比如 32 厘米、45 厘米；

② 将风筝骨架搭成"十"字型，交叉口用绑线扎牢，必须按逆时针或者是顺时针方向依次绑好，并用"502"胶水固定；

③ 先在纸上画出图案，然后将防雨纸用白乳胶粘在风筝骨干上；

④ 粘尾巴，用较轻的纸一长条，粘贴；

⑤ 将放飞的线扎在风筝面上，上中下都要扎。

(2) 注意事项：

① 做什么样的风筝，都要按比例绘出，并按比例将竹篾做成风筝骨干，一般风筝骨架越少越好，能减轻风筝重量；

② 风筝骨架交叉口的绑线，按逆时针或者是顺时针方向依次绑好；

③ 纸蒙糊即防雨纸粘在风筝骨架时，纸要预留 1 厘米，待糊风干后将边上多余纸剪去。

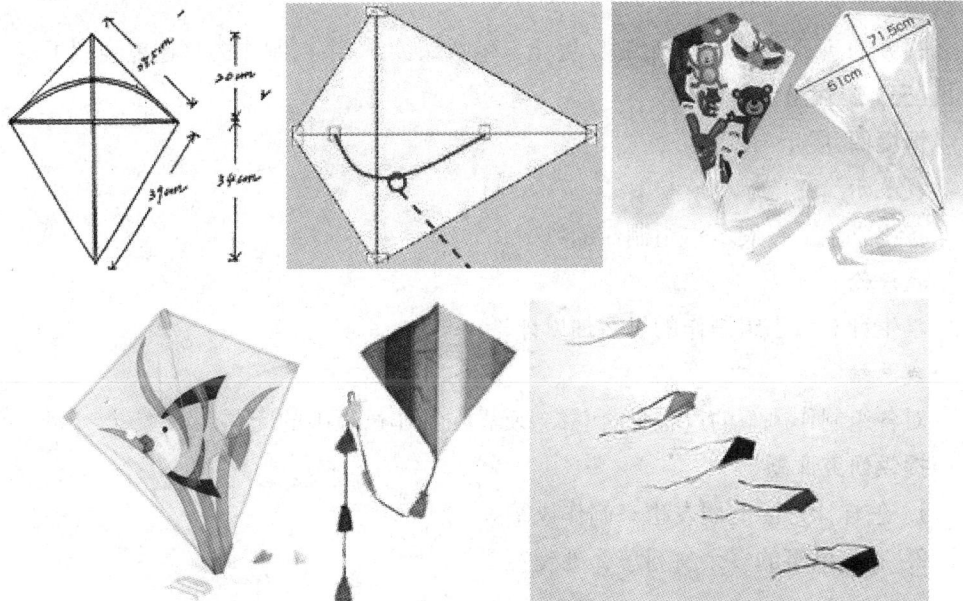

我交流

小组交流并填写以下内容。

菱形风筝制作步骤:

1. _____ ;

2. _____ ;

3. _____ ;

4. _____ 。

你想到了什么: _____ 。

情境三:尝试制作风筝

我制作

教师:同学们,你们了解了风筝的制作过程后,想不想亲自做一个? 下面我们来分组合作制作一个风筝。

全班 48 人分为 8 组,进行扎制风筝的活动。

要求:6 人一组,进行分工合作;两人负责扎制骨架,两个人负责裁剪,两人负责裱糊、系线。

老师做好巡视辅导的工作,着重指导难度大的地方,比如风筝扎制骨架、拴提线的过程。

视频的演示,老师现场的制作更让学生跃跃欲试,亲自制作的兴趣更强烈了。

(三)游戏总结阶段

情境四:展示与反思

我展示

各组学生上台展示本组制作的风筝。

我评论

学生针对各小组制作的风筝加以评论。

我总结

对各组制作风筝的过程进行总结,反思在制作过程中的问题。

提供研究课题

1. 怎样让外国的朋友也来制作风筝?

2. 制作风筝的多余材料怎么处理?

……

引导学生课后拓展的思维导图

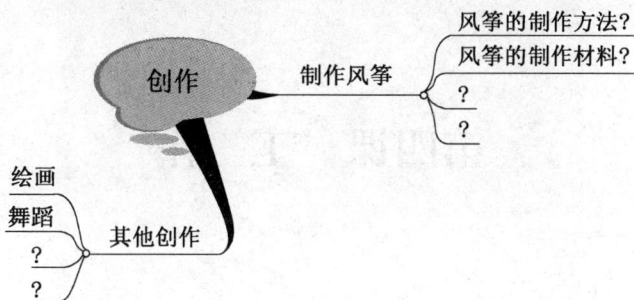

创作　制作风筝
风筝的制作方法?
风筝的制作材料?
?
?

绘画
舞蹈
?
?
其他创作

　　本节课重点让学生在实践操作中体验游戏的快乐。课堂上,学生通过观察交流等多种方式展开游戏活动,学生手脑并用,还积极向其他同学展示自己的劳动成果。课后,学生可以打破常规,寻求新的方法去制作风筝!

（设计者:邢巧荣）

第四课 工 作

领　　域:*游戏活动*

相关概念:工作

主题事件:*小记者采访劳模记*

一、教学背景

工作是学生在经历了一系列的游戏体验后展开的。工作与游戏的共性在于两者都有活动性和规则性,两者的差别在于工作更具有复杂性,有更多的任务要求,需要解决更多的问题,需要个人更持久的思考和团队更多的合作,而游戏则具有直观性、娱乐性,能促进个体全身心的开放和放松。实际上,工作是可以像游戏一样快乐的。工作取得快乐的关键问题在于我们对待工作的观点和态度,以及如何发现工作中的快乐之处。福禄倍尔认为,游戏活动对儿童来说是一项非常严肃认真的活动。游戏是儿童的工作。在虚拟的成人工作情境中,孩子更容易被引导而感受到工作的快乐。

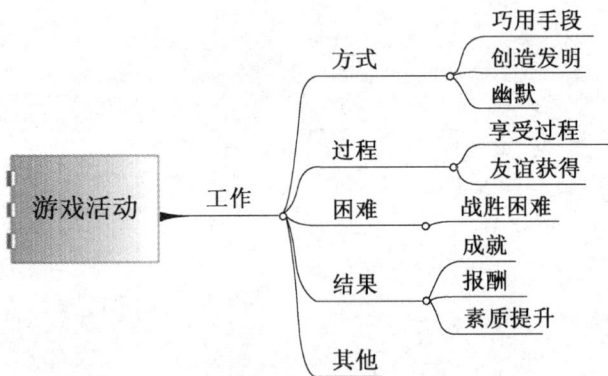

工作:通俗地说就是劳动,如营业员卖东西,售票员卖票,驾驶员开车等等。

二、学生学习力达成度

我想:学生在以往的生活和学习经验中,已经感受到父母、老师的工作,学生在课前愿意进行有意义的采访活动;活动中,学生思考在工作中怎样可以享受快乐,工作有什么规则和要求,如何才能发现工作之美;课后学生想一想在生活和学习中还有哪些地方工作可以像游戏一样快乐。

我会:学生在简单的游戏扮演中,明白了游戏与工作之间的联系,会用流利的语言表述自己的见解,会观察工作中的游戏乐趣,会将枯燥、单调的工作创造性地改变,并获得快乐的方法。

我知:每种工作都是按照一定的规则和要求进行的,在工作中要进行有效地工作形式,就要改进工作方式,在工作中体验游戏的感觉可以让我们的生活变得更加简洁快捷,做事和学习的效率提高。

三、教师教学重点与难点

1. 教师创设情境,引导学生解决工作中的困难,学会享受解决问题的快乐。

2. 教师通过具体事件,帮助学生学会发现工作中快乐的方法。

4. 教师在课堂上组织学生角色体验,引导学生认识到人与人合作中友谊获得的快乐。

5. 学生能够根据实际情况,结合自己的智慧,在工作中创造性地感受其中的乐趣。

四、教学方法

实践体验、讨论交流、自主探究。

五、教学课时

一课时。

六、教师课前准备

相关劳模的资料。

七、学生课前准备

我感受:我感受到父母和老师们快乐工作的情景。

我了解:我询问父母或老师快乐工作的方法和原因。

我思考:

1. 为什么有人快乐地工作,而有人却叫苦不迭?

2. 工作也可以成为游戏吗?

3. 工作游戏化有什么奥秘?

4. 我们如何有效合理安排学习、工作和生活,并获得快乐?

八、教学过程设计

【教学过程设计总体思路】

教师模拟情境,让学生扮演小记者,采访劳模的事迹。小记者前往采访科学家张光鉴、驾驶员韩国民、新百的营业员陶佩芬,从劳模的口述中,明白工作可以像游戏一样快乐。

【教学空间与布置】

让三名学生分别扮演劳模,设置一个报告桌用于劳模发言,教室课桌摆成新闻发布会的模式,便于学生模仿记者采访。

(一)选择主题事件,创设情境

同学们,你们知道劳模吗?今天大家可以和劳模零距离地聊天,看看他们的工作为什么是快乐的。请你们采访他们,怎么样?

(二)故事体验,明白道理

情境一:亲手实践的快乐

教师:在我们南京有一位非常有名的科学家叫张光鉴,他已近 80 岁高龄了。今天,我们有幸请到了张老先生,由张老先生给大家讲述一下几十年如一日,不知疲倦科研工作的秘诀。大家欢迎!(张老先生出场,和大家打招呼。)

我阅读

教师出示有关张老先生的背景资料。

小贴士

张光鉴,我国思维科学学科带头人、"相似论"的创立者、国家有突出贡献的科学专家、五一奖章获得者和全国劳动模范,是我国著名的思维科学专家、兵器工业部专家,是我国科学大师钱学森的学生、助手。

教师:同学们,现在我们请张老先生给大家说说他在工作中是怎样发现快乐的,大家欢迎。

张老先生:"亲爱的孩子们,很多人认为科学家就是坐在那儿想问题,他们拥有一个天才的头脑,什么问题一会儿就想到了。其实,科学家都是喜欢亲手实践的。我的老师钱学森先生就是一个喜爱动手实践的科学家,在他的努力下,中国的导弹事业迅猛发展,跻身世界一流水平。我在跟随钱先生工作中就曾遇到这样的一个问题:一次,苏联提供一个导弹给我们用于研究,当时苏联人是很瞧不起中国人的,他们在技术上卡中国人,不教中国核心的导弹技术,关于这枚导弹的资料什么都不说。我在钱先生的鼓励下,亲手拆了这枚导弹,这个导弹有上千个零件,错一个就毁掉了一枚导弹。我不光把导弹拆了,还把导弹给装上去了,经过苏联专家的验证,丝毫不差。在平时,我就非常喜欢亲手实践,遇到问题,不怕,静下心来研究,摸一摸,想一想,做一做,这种习惯一直保留到现在。虽然我近80岁了,但是我在生活中每遇到疑难问题,都会把这个问题解决才罢休。我发现只要肯动脑肯动手,就会发现解决问题的过程就像做游戏一样,是非常快乐的。"

我交流

张老先生为什么感觉工作是十分快乐的呢?

我总结

教师:同学们,张老先生的话给你们有哪些启示呢?

教师指名学生说说,学生之间互相补充。

教师引导学生归纳:亲自动手实践;享受解决问题的过程;挑战自己。

情境二:把车当成自己的家,把乘客当成自己的亲人

教师:同学们,在我们生活中有很多热爱工作的劳模,你们看看这位劳模大家认识吗?(出示韩国民的照片,并请韩国民出场。)

教师:下面请劳模韩国民向大家介绍自己快乐工作的故事,大家欢迎。

韩国民:"亲爱的同学们,我工作快乐的原因很简单。在平时上班的时候,我总是把车厢布置得像家一样温暖。很多乘客都说:'我们就喜欢乘韩师傅的车,车开得稳,人又和善,车厢还布置得特别温馨。'不少乘客抱怨车厢差,当我精心布置车厢的时候,那些乘客感觉很温馨,乱吐乱丢的现象再也没有了,即使出现个别人,大家也会去制止。你们看,是不是很有意思?十几年来,随着南京的道路施工和城市建设的发展,14路沿线的地名发生了很大变化,为掌握沿线地名的变更,我一有时间便去沿线的大街小巷向当地居民请教,日积月累,该地段的地名我都能倒背如流,俨然一张'活地图'。有对盲人夫妻每天都乘坐14路公交到马道街的盲人推拿室上班,我经常载他们。考虑到站台台阶较高且人车混杂，盲人上下车很不安全，我尽量将车靠台阶停下并主动搀扶他们上下车，这让乘客们备感温馨。十几年来，我从没有被乘客投诉过，我越干越有劲。

开车的时候，我常常把这些话挂在嘴边：'大妈，别急，慢点上来'，'麻烦谁给老人让个座'。等到大妈坐好，我才缓慢起步。这样，尊老爱幼，不管是谁，都会对你的工作支持，自己付出辛苦，别人得到快乐，自己就会快乐，如此循环。"

我交流

教师：同学们，刚才你们看到了什么？

学生：这样的司机太好了，一点都不像有些司机把车开得跌跌撞撞。

学生：我们这里的司机经常溜站。

学生：我们这儿的司机对残疾人和老年人都是很凶的。

……

我总结

教师：韩师傅的话你们明白了多少呢？

教师指名学生说，学生互相补充。

教师引导学生归纳：把车当成自己的家，把乘客当成自己的亲人，真诚付出努力。

情境三：把工作唱出来

小贴士

陶佩芬，女，南京新街口百货商店员工。劳模陶佩芬十分注重对劳模后备人才的培养。在她的带领下，公司全面推行服务质量管理、挂牌服务动态管理、规范化条例巡回示范表演等一系列活动，尤其是把《服务规范化条例》编成"话剧小品"，对职工进行形象的规范化教育，让大家在寓教于乐的氛围中感受教育和启迪。陶佩芬曾获"全国商业劳动模范"等称号。

教师：孩子们，我们看到了韩师傅在平凡的岗位上也做出了令人钦佩的事情，其实，还有很多女同胞做的也很好。下面，我们去请新百劳模营业员陶佩芬，请她说说工作快乐的故事，大家欢迎。

陶佩芬:"再复杂的环境,我也能做到'六快三不停',即主动热情招呼快、提出问题答复快、根据需要展示快、态度诚恳介绍快、业务熟练挑选快、唱收唱付算账快,嘴不停、手不停、脚不停。面对多名顾客做到'接一、顾二、招呼三,一笔一笔交代清',顾客在我的柜台前从没有受冷落的感觉。'眼随面额看,人随顾客走,货随面额要,话随顾客说','微笑求适度,服务讲距离','优秀服务无止境,顾客满意是标准'。很多时候,我还会把价格和要求唱出来,一些老年人非常喜欢。"

我交流

教师:同学们,你们从陶劳模的回答中明白了什么呢?

教师指名学生回答。

教师引导学生归纳:开心工作,把工作唱出来。

(三) 游戏总结阶段

我总结

教师引导学生总结:工作也像游戏一样充满着乐趣。我们只有了解用微笑去工作,与工作做朋友,相信经过大家的努力,不畏困难,微笑着去努力,一定能够取得成功。

提供研究课题

1. 生活和工作中还有哪些地方可以被创意化为游戏?

2. 选择身边的同学,试着用不同的方式看看他们在游戏中的学习。

……

引导学生课后拓展的思维导图

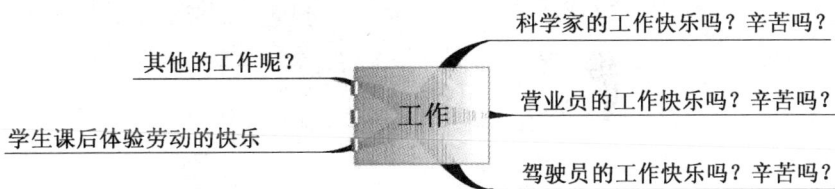

其他的工作呢?		科学家的工作快乐吗? 辛苦吗?
	工作	营业员的工作快乐吗? 辛苦吗?
学生课后体验劳动的快乐		驾驶员的工作快乐吗? 辛苦吗?

游戏对于儿童身体、智力、社交和情感的发展都是大有裨益的。当我们看到儿童在进行游戏活动时,我们不仅应想到他们玩得多么开心,而且更应该记住他们正在努力工作,正在努力学会生活。

(设计者:严善龙)

第五课 运 动

领　　域:游戏活动
相关概念:运动
主题事件:我参加独轮车运动比赛

一、教学背景

运动是本单元第五项内容,它最具有游戏的特点。随着时代的发展,小小独轮车已经成为人们休闲健身的热门之选。对于孩子来说,独轮车运动具有很强的趣味性,非常适合广大青少年好猎奇、喜征服的心理特点,所以更容易吸引他们。孩子通过骑行独轮车,可以锻炼平衡和神经反射能力,促进小脑发育的同时并带动大脑发育,增强心肺循环,提高孩子的身体素质。孩子在骑行独轮车的过程中,由于要保持前后左右平衡,身体各部位肌肉都处于紧张状态,通过整体平衡运动,能够培养孩子的注意力和反应速度,增强身体灵活性,增强智力,所以独轮车运动又被称为“益智运动”。独轮车运动融惊、险、奇、美于一体,它丰富了人们的生活,还能培养和提高孩子积极、自信、独立、坚定、进取的个性品质。

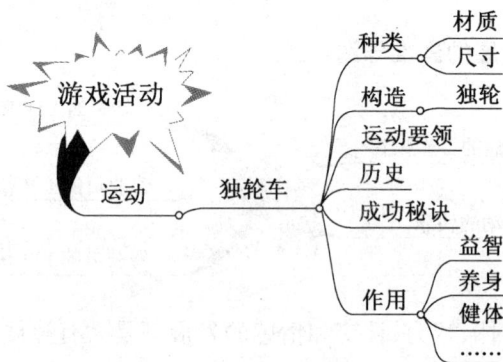

运动:与静止相对,一种涉及体力和技巧的活动,如骑车、打球等。

二、学生学习力达成度

我想:课前学生都喜爱独轮车运动,很多学生都参加了校独轮车兴趣小组,不少孩子都急于开展此项运动。在课中学生想一想为什么这么多人喜欢独轮车运动,玩独轮车有什么游戏规则,怎样在独轮车运动中获胜。课后学生想每天都进行独轮车运动。

我会:学生能够学会团结协作,知道独轮车的构造,以及知道让独轮车运动起来的原理;学生学会用自己的语言向同学交流自己成功的秘诀;学生思考怎样让独轮车运动变得更加丰富、好玩,让更多的孩子参加独轮车运动。

我知:独轮车运动是一种新兴的体育运动,它可以锻炼我们的平衡及神经反射能力,使自己的肩、脊、腿、脚、腕能得到全面锻炼,并且能增强身体灵活性、技巧性,这些明显有益于我们的健康成长。

三、教师教学重点与难点

1. 学生知道什么是独轮车,独轮车运动有什么故事。

2. 学生知道独轮车运动的规则,能够在体验中逐渐掌握独轮车运动的方法。

3. 学生能够独立自主地进行独轮车运动,在一系列的体验活动中学会更多的动作,能够和同学们一起进行游戏。

4. 学生在游戏体验中能够进行团结协作,养成善于发现、乐于思考、勤于交流的良好习惯。

四、教学方法

观察与实践,体验与思考,讨论与反思,互动与体会。

五、教学课时

一课时。

六、教师课前准备

教师准备一些有关独轮车运动的视频,以及一些简单的独轮车运动的图片,用于学生模仿与练习;教师在操场上画好学生的活动区域(按跑道模式划分),用于开展独轮车运动;准备 20～30 辆独轮车,用于课上练习,并准备好相应的护具。

七、学生课前准备

我感受:课前自己在家长或老师的陪同下进行独轮车运动,感受独轮车运动给自己带来的乐趣!

我了解:查阅并整理独轮车运动相关的资料。

我思考:

1. 独轮车运动有什么故事?

2. 独轮车运动有什么比赛规则?

3. 怎样在独轮车运动中取胜?

4. 独轮车运动时,我们该注意些什么安全问题?

5. 怎样把独轮车玩得更加出色?

八、教学过程设计

【教学过程设计总体思路】

经过科学家的实验,孩子们长期骑独轮车可以锻炼平衡和神经反射能力,使孩子的肩、脊、腿、脚、腕得到全面锻炼,可以增强身体灵活性、技巧性。这些结果证明独轮车运动明显有益于孩子的健康成长,所以独轮车运动已被孩子们追捧,也深受广大家长的喜爱。因而借助青奥会的契机,为充分调动学生的游戏积极性,为本课更好地开展游戏活动,本课游戏安排学生体验独轮车运动,让学生在观察、模仿、实践、体会中明白独轮车的种类,独轮车运动的游戏规则,以及在实践体验中明白取胜的原理,最终让学生懂得只有不畏困难、积极进取,才能取得成功的道理。

【教学空间与布置】

操场。教师根据塑胶跑道上现有的规划跑道,设计独轮车比赛的活动空间。在操场的中央划定一块区域,为游戏熟练者提供平台,进行花式独轮车运动的练习。

(一)选择主题事件,游戏引入阶段

情境一:学生骑起来

课前,教师骑着独轮车进入教室,然后骑着独轮车带领学生走向预定的操场。在路上,教师可以做着不同的花式动作,过台阶,穿行草地,和学生们谈笑风生。

我观察

教师:同学们,你们知道老师骑着的是什么车吗?你们了解它吗?

教师相机出示有关独轮车的图片。

我交流

教师指名学生说说,学生互相交流并归纳。

教师引导学生归纳:这是独轮车运动。

教师:同学们,你们看到这儿的独轮车有什么不同吗?

教师指名学生说说,引导学生结合轮胎标示归纳。

教师出示小贴士。

小贴士

　　型号：16 寸、20 寸、24 寸。

　　身高与车型：1.1～1.3 m 选用 16 寸；1.3～1.6 m 选用 20 寸；1.6 m 以上选用 24 寸。

　　此环节主要是激发学生参与游戏的欲望，教师要充分做好准备，吸引学生的眼球，为自己的跃跃欲试做好铺垫。

（二）游戏实施阶段，学生在讨论中收获

情境二：学生练习骑起来

我实践

　　教师提醒学生结合自己的身高选择合适的独轮车。部分学生存在特殊情况，教师进行有效的调整，确保每一位同学都可以进行练习。

　　学生试着进行独轮车平衡练习 5 分钟。教师在旁注意安全指导。

我交流

　　教师：哪些同学已经会了？教师选择一些同学进行展示，请他们说说自己的成功秘诀。教师指名学生说说，学生共同交流并归纳。教师出示练习要诀贴士。

小贴士

　　1. 上车时手扶着墙（如果扶着双杠或墙上有铁杠效果更好），将鞍座放在臀部下，车与人的夹角为 30 度左右。学员用习惯用的左脚（或右脚）踩住脚蹬，将全部体重压在脚板踩出，并将身体重心移向鞍座，另一只脚跨上脚蹬，骑在鞍座上，挺胸，目视前方。在练习时多在鞍座上坐会儿，逐渐找到平衡点。

　　2. 下车时右手抠住鞍座最前面鸭嘴部分（独轮车专用鞍座），身体中心向下，从车的后面从容下车。学员应该连续训练几次直至掌握，学会下车就等于减少了摔倒的可能。

　　教师和其他同学对这些同学进行鼓励。

　　教师：经过刚才的练习，同学们已经知道如何骑在鞍座上，将大部分体重压在鞍

座上,在水平位置来回转动并保持平衡。脚踏出的时候,身体要稍微前倾,这样比较容易取得平衡,将脚踏板回转至水平位置停住,这样连续多次,一点点前进,同时保持以一次1回转、2回转的方式行进、停止,慢慢增加回转数。请大家按照刚才的提示再一次进行练习。

学生进行练习,教师指导。

教师:同学们,我们进行一次比赛好吗? 请同学们分成四组,进行接力赛,看看哪组最先完成任务。教师组织学生分成四组,在预先的跑道上进行接力赛(10米×2)。

教师出示注意事项:

小贴士

按运动规则要求,戴好护膝、护肘和手套;练习前必须充分做好准备运动,使身体各关节具备良好的运动状态;练习前务必检查车况,调整车座的高度和方向,车座的固定螺丝要拧紧。

学生进行练习,教师在旁进行安全保护。

师生共同评价。

情境三:学生骑车过障碍物

我观察

教师:同学们,经过练习,你们的技术越来越熟练了。你们看老师带来的几幅图片,你发现了什么?

教师出示图片:

我交流

教师指名学生说一说。

学生归纳:穿越障碍物。

我实践

教师:我们可以试着选择自己喜欢的方式进行练习。

教师组织学生进行穿越障碍物的练习。

男生做障碍物,站成一排,女生按序穿越,轮流交换。

教师做安全指导。

师生共同评出优胜者。

我总结

教师引导学生归纳成功的秘诀:坚持不懈、胸有成竹是成功的关键。在进行独轮车运动中,大家需要团结协作,才能有条不紊地穿越障碍物。

(三)游戏总结反思阶段

教师:今天进行的是平地练习,如果是在地方狭小,或者起伏不平的场地呢? 如下图:

你们能够像图上的小朋友那样穿行吗?

提供研究课题

1. 怎样让更多的人参与到独轮车运动中来?

2. 独轮车运动在不同环境中要注意些什么问题?

……

引导学生课后拓展的思维导图

教师参考资料

独轮车训练方案

独轮车教学分两个方面：

一、技术教学

第一天

1. 检查车况，如螺丝是否松动等，调整好车座高度，以上车后左侧或右侧脚蹬踩至最低高度时，腿微弯为宜。

2. 准备活动。活动手腕、脚踝、腰、腿部韧带等。

3. 单手推车。单手握住车座，前推距离累计 200 米。

4. 坐车。可让别人扶上车，重心放在车座上，两脚均匀用力，背要直，眼向前平视，每坐 5 分钟休息一次，每天至少两次。

5. 水平摇车。坐稳后，前脚掌放在脚蹬上，左脚在前，右脚在后，小幅度上下摇车，每次 200 个，摇 2 次；换右脚在前，左脚在后，同方法摇 2 次。

第二天

1. 准备活动。

2. 水平摇车，左右脚各累计 1 500 个。

3. 前下车和后下车。以左脚后下车为例，有人在前扶住轮胎或在轮后放一砖块，将左脚蹬放至最低，车座后倚并放在胯下，左脚踩上脚蹬，用力一踩，右脚迅速跨上右脚蹬，同时臀部稳坐在车座上后，左手扶住前托，重心后移，右脚迅速后落在地上，如此重复 50 次。前下车与后下车不同的是当稳坐在车座上后，左手扶住后托，重心前移，右脚迅速前落在地上，如此重复 50 次。换右脚后下车和前下车各 50 次。

第三天

1. 准备活动。

2. 小幅度水平摇车，左右脚各 100 个。

3. 小幅度高低摇车，左右脚各 500 个。左脚下至最低，小幅度前后摇车，右脚同左脚协调，每次 200 个，共 2 次；换右脚在下，同方法摇 2 次。注意背要直,脚要放松。

4. 半圆摇车,左右脚各100个。以左脚为例,左脚以前、上、后为一个,即从前到后划个半圆;换右脚同方法。

第四天

1. 准备活动。

2. 半圆摇车,左右脚各累计2 000个。

3. 连续向前骑30米左右,10个来回。扶支撑或别人牵着手,坐直,眼平视,余光看着地面,腰和手自然摆动,主要靠腰的力量维持平衡。

第五天

牵手骑行累计2 000米后,即可放手单骑,越骑越熟,水平也会越来越高。

二、心理教学

1. 每个孩子出现错误的习惯不一样,教练要及时一一纠正,把错误消灭在萌芽状态,让孩子少走弯路。

2. 每个孩子对动作的难易感觉程度也不一样,即遇到的坎不同,得有针对性地及时鼓励孩子迈过这道坎,让孩子每天都感觉到进步。

3. 当孩子出现情绪问题时,教练要蹲下来,先同意他目前的发泄方式,再引导他及时找出情绪背后真正的原因,并想法克服,孩子就比较服教练,也愿意配合。

4. 教练要有强烈的责任心和爱心,因人施教,教学现场要照顾到每个孩子,让他们都明确自己的学习内容,在快乐的氛围中不知不觉地逐步学会单独骑行独轮车,得到多方面的锻炼。

宋桂芳

本课主要通过独轮车运动来充分调动学生的游戏积极性,学生在观察实践中逐渐掌握独轮车运动的技巧以及取胜秘诀。本课主要是通过身体平衡练习,让学生调动多感官体验,充分感受独轮车运动给自己带来的成功愉悦心情。学生在课后试着练习独轮车,并将独轮车运动融入到自己的生活。

(设计者:严善龙)

第六课　魔　术

领　　域: 游戏活动
相关概念: 魔术
主题事件: 我参加魔术王国大闯关活动

一、教学背景

"魔术"是第三单元"游戏活动"中的内容。本课"魔术"的学习,不仅可以帮助学生了解魔术的秘密,还有助于学生理解游戏活动,进而帮助学生建立游戏活动的概念。魔术是能够产生特殊幻觉的戏法,即以迅速敏捷的技巧或特殊装置把实在的动作掩盖起来,用极敏捷、使人不易觉察的手法和特殊的装置将变化的真相掩盖住,而使观众感到奇幻莫测。

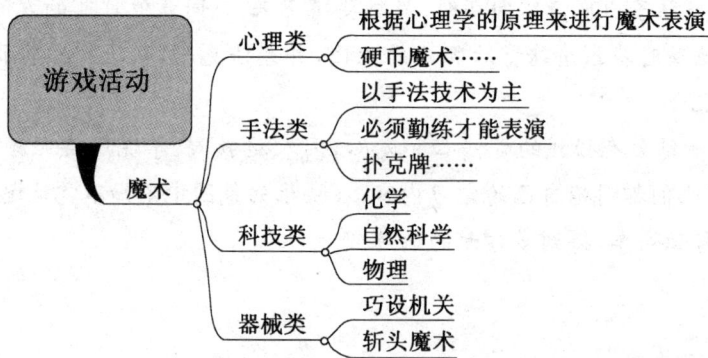

```
游戏活动
  魔术
    心理类 ── 根据心理学的原理来进行魔术表演
            硬币魔术……
    手法类 ── 以手法技术为主
            必须勤练才能表演
            扑克牌……
    科技类 ── 化学
            自然科学
            物理
    器械类 ── 巧设机关
            斩头魔术
```

魔术,又称幻术、障眼法、掩眼法、戏法等,狭义的定义为一种以特殊的技巧和设备,营造错觉和认知偏误,以娱乐观众,使他们觉得不可思议的表演艺术。广义的定义为泛指各种以专业技巧或知识展示出让人觉得欢笑、不可思议的艺术的活动。魔术亦可定义为"在满足物质不灭定律及能量守恒定律的条件之下,呈现出违反经验法则的表演"。魔术师是指从事魔术活动,并且不将魔术滥用者。魔术师在古代又称为"眩者"、"幻人"等。凡是呈现出视觉上不可思议的事,都可称之为魔术。

二、学生学习力达成度

我想: 课前我对魔术很感兴趣,我想在课中猜出魔术的秘密,我想在课后学习表演一个小魔术。

我会:我会仔细观察老师变魔术的表演;我猜想魔术的秘密,并会设计一个小魔术;我会思考魔术的神奇是要靠精心的准备。

我知:我知道魔术的神奇是要经过精心准备的,有些魔术和科学现象有关,有些和表演手法有关,有些和道具有关。我学会一个魔术,我知道了要想魔术变成功,要经过勤奋的练习。

三、教师教学重点与难点

1. 激发起学生对魔术的兴趣。

2. 教师引导学生了解魔术的关键是要做好充分的准备。如利用科学知识、娴熟的手法,还有巧妙的道具及搭档间默契配合。充分发挥学生自主实践与探究的能力,在几次表演中揭开魔术的奥秘,这也是本节课的教学难点所在。

3. 教师要引导学生关注每一个探究结果,充分发挥学生的主观能动性,并激发学生进一步学习的愿望,掌握探究的学习途径和方法。

4. 教师要结合学生的实践、交流结果,引导学生用自己的方法设计一个小游戏,包含魔术的成分。

四、教学方法

讨论法、谈话法、探究法、演示法、实践法。

五、教学课时

一课时。

六、教师课前准备

相关课件、视频、淀粉、白纸、碘酒、喷壶、胶水、三本书、小铅笔。

七、学生课前准备

1. 物品准备:白纸、淀粉、碘酒、毛笔、紫甘蓝水、醋、洗衣粉水。

2. 思想准备:看刘谦的魔术视频,感受魔术的神奇;

　　　　　了解一个小魔术的秘密;

　　　　　设计一个什么样的小游戏可以用上魔术的手法?

八、教学过程设计

【教学过程设计总体思路】

这节课设计了三个魔术,让学生来分析魔术的秘密,说对了可以得到入门卡(教师发给学生的小卡片,代表魔术王国的入门卡)。这样学生就会对魔术产生兴趣。在看完三个表演之后,学生自己设计一个蕴含魔术的小游戏,使学生对魔术又多了一份了解。

【教学空间与布置】

学生按小组坐,教室前面要摆放一个讲桌,用布把讲桌盖住。

(一) 选择主题事件,创设情境

这个版块主要是创设情境,让学生对魔术有足够的学习兴趣。出示图片:"魔术王国"。

1. 游戏王国给我们寄来了邀请函,让我们去参加魔术王国的魔术盛会。只要我们解开了以下三个魔术,就会得到入门卡。

2. 教师出示刘谦的照片。

提问:他是谁? 你们看过刘谦的哪些魔术? 他可是魔术王国的一位王子啊!(学生回答)

3. 学生小结:魔术很神奇,有时候也让我们觉得不可思议。

4. 教师:不仅同学们喜欢看,我也喜欢看。我不仅爱看,还会变呢? 你们相信吗? 魔术王国的一位老师让我和同学们玩三个小游戏,请你们为小游戏揭秘,解开了你们就赢了。准备好了,我们开始吧。

(二) 探索与体验阶段

情境一:水落字出

1. 教师:看,这是魔术王国里小孩子玩魔术用的纸,老师把它们贴在黑板上(在黑板上贴三张白纸)。现在我想和同学们比赛,看谁写字快,就写"魔术"两个字怎么样?(同学答)

2. 选出2名同学参加比赛,师生三人,比赛写字速度。(准备三支记号笔和三只喷壶,喷壶里装的是碘酒。教师一定要选喷壶和做了记号的白纸,这张白纸用淀粉写了"魔术"两个字。)

3. 比赛开始,教师用喷壶里的碘酒喷白纸,同学写字。(教师第一个完成了写字任务。)

4. 你们知道老师为什么写得这么快吗?(同学答)其实啊,这是一个魔术。你们想知道其中的秘密吗?

5. 同学讨论,并试着说出自己的猜想。(有同学会说出,喷壶里的水不是普通的水,里面加了东西。)

6. 魔术揭秘之前我们要来认识两样东西,没有它们,我们的魔法就变不成了,就像咒语一样重要。(教师出示干淀粉,告诉学生这些白色的粉末是淀粉,喷壶里的棕色液体就是碘酒。同学们试一试这两种东西放在一起会有什么效果。)

7. 学生自己做实验,在小组内利用碘酒和淀粉玩小游戏、小魔术。

8. 同学们,其实神奇的游戏有时是什么的功劳啊?(板书:科学。)

9. 教师课件出示并播放闯过第一关的鲜花和掌声。

这个版块主要是创设情境,让学生明白其实看上去神奇的魔术有时候是科学的功劳,有的现象是物理或者化学反应。

情境二:心灵相通

1. (教师拿出两本不一样的书,并且发给学生一本。)教师:这是我从魔法王国借来的两本书,这两本书之间有心灵感应。你们的那本书会悄悄地和我的这本书说话,但是你们听不见,我能听见,你们信吗? 你们拿的是《海底两万里》,我拿的是《小飞侠》。请你们把《海底两万里》任意翻到第几页,然后让另一个同学说要左边的那页还是要右边的那页,再请一名同学记住那页的第一个字。

2. 师生配合玩魔术。教师翻开手里的《小飞侠》,对手中翻开的书说:"《小飞侠》,你听到《海底两万里》告诉你的字了吗? 快告诉我。"然后教师就把同学看到的那个字说出来了。

3. 加深印象再玩游戏。教师再请几个同学任意翻看《海底两万里》的任意一页,教师说出学生看到的字。

4. 同学们,这只是个魔术,你们的书不会说话,那我为什么会知道你们看到的字呢? 请你们猜猜看。(同学自由发言,一定有同学怀疑老师手里的书。)

图1　三本语文书

图2　第三本书的封面换到第一本书上

图3 封面不同,但内容完全一样的两本书

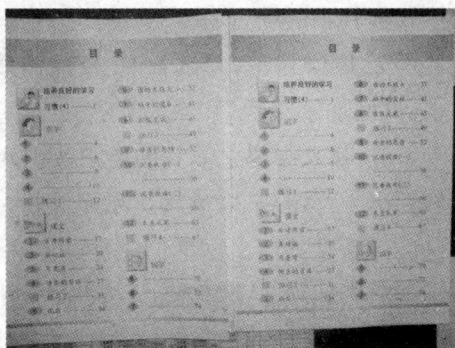

图4 目录完全相同

5. 揭秘:其实这两本书的内容都是一模一样的,只是教师把书皮换掉了。教师问第一名同学要左边的那页还是要右边的时候,教师就可以大大方方地看到第一个字了,并且在猜字的时候做一些神秘的动作就 OK 了。这两本书的大小、薄厚必须相同。举例图解魔术见本课图 1 至图 4。

6. 小结:同学们,其实魔术的神奇是什么的功劳。(同学会答出:事先准备好的道具。)

板书:道具。

教师课件出示并播放闯过第二关的鲜花和掌声。

这个版块主要是通过魔术表演,让学生明白其实看上去神奇的魔术有时候是道具的功劳。魔术表演之前,魔术师准备了专业的魔术道具。

情境三:两数巧合

1. 同学们,老师有未卜先知的能力你们相信吗?(学生回答:不信。)那就试试吧?

2. 教师事先在桌子上放一张纸和一支铅笔。教师走到桌子前,将衣服口袋翻出来给学生看,证明口袋里没有任何东西,然后再将口袋翻回去。

3. 教师拿起桌子上的铅笔装作在纸上写一个数字,(不让学生看见)写好后,将纸条装进衣服口袋里。

4. 现在请同学们随便说一个数字,从 0 到 9 都行。你们说的这个数字我早已预测出来了,就写在了刚才那个纸条上。好了,现在随便想一个数字,说出来。(学生报出一个数字后,教师从口袋里掏出了那个纸条,让学生看上面早已写好的数字,果然就是刚刚报出的那个数字。)

5. 这是怎么回事,难道老师真会预测?还是巧合。(有的学生觉得是巧合。)

6. 教师可以再试几遍,学生观察,并且讨论老师是如何做到的。

(如果同学开始怀疑老师手里有东西,就要告诉学生魔术的秘密。)

7. 揭秘。教师事先在桌子的一角放一个长约 1 厘米的铅笔芯,当然也可以根据个人的喜欢将铅笔芯藏在其他地方。当教师拿起铅笔在纸上写数字时,要假装在写,其实没有写任何东西。"写"好后将纸条装在口袋里。当学生报完数字后,教师偷偷拿起桌子上的铅笔芯,然后伸进口袋,用铅笔芯快速在纸条上写出同学报出的数字。这时教师掏出纸条让学生看(学生看纸条时,教师可将铅笔芯扔掉),学生定会感到非常不可思议。表演好了,这是一个非常精彩的小游戏哦!

8. 板书:手法。

课件出示并播放闯过第三关的鲜花和掌声。

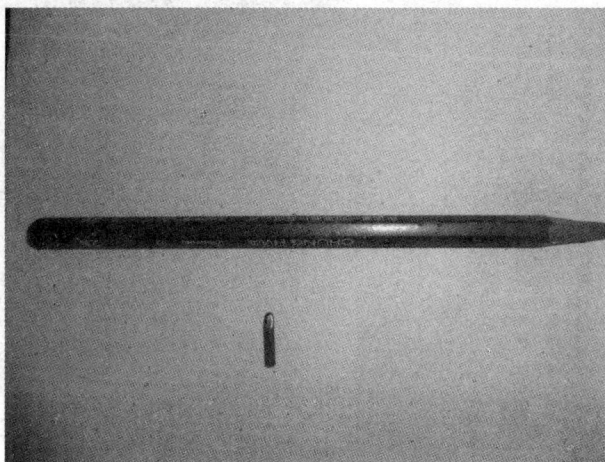

9. 今天同学们解密了三个游戏,我们即将开始我们的魔术王国之旅了。

这个版块主要是通过魔术表演,让学生明白有时候看上去神奇的魔术是因为魔术师娴熟的表演手法。

(三) 学生的实践与反思

1. 看了这么多魔术,同学们想不想学一学魔术呢?(同学答:想。)

2. 学习魔术:花儿变色。

(1)老师给学生准备了几样神奇的东西,有神奇的紫甘蓝水,还有白醋、洗衣粉水。请学生动手试一试这三种液体的奇妙之处,利用发现的结果设计一个小魔术吧!(利用紫甘蓝水遇酸性物体变成红色,遇碱性物体变成绿色的特性。)

紫甘蓝

紫甘蓝碎片

紫甘蓝水

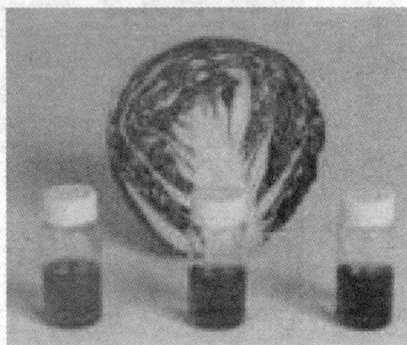

遇酸碱变色的紫甘蓝水

（2）同学练习变魔术。

总结提升板块，不仅让学生了解了魔术，还让学生亲手表演魔术，给孩子留下了继续思考的线索。

（四）学生的总结延伸

1. 同学们，请分析一下魔术的神奇都有谁的功劳？

2. 你们知道了魔术的秘密，就一定能表演好魔术吗？（练习魔术不是一下子，也不是一天两天就能取得成功的，要经过勤学苦练才可能获得成功。）

3. 教师引导学生总结：今天的魔术王国之旅相信同学们会有所收获。魔术真的很神奇，但是魔术都不是真的。有的像刀插人等危险的魔术，我们不能去模仿，有的魔术里面含有一些科学知识，只要同学们以后学好本领，就能揭开其中的奥秘。

这个版块，教师要结合学生已获得的知识，引导学生对魔术的兴趣，调动学生进一步学习的意识，培养持续学习的愿望。

引导学生课后拓展的思维导图

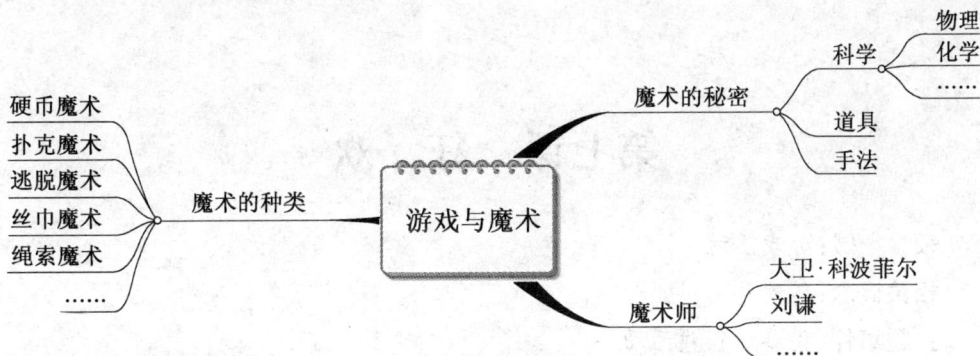

教师参考资料

中国魔术师刘谦简介

刘谦,国际著名魔术师,2011年获世界魔术最高奖——美国好莱坞魔术艺术学院的"年度魔术师奖",成为历史上首位获此殊荣的华人,与此前获奖者大卫·科波菲尔、齐格菲与洛伊等并列为当代最杰出的魔术师。他也是第一位举办世界巡演及受邀在美国拉斯维加斯举行个人专场售票演出的亚洲魔术师。美国权威专业魔术杂志 *Magician Magazine* 称他为"当代最知名的魔术师"。2009、2010、2012、2013年四度登上中国 CCTV 春晚,2009—2013年,连续4年登上福布斯中国名人榜。2013年4月,在意大利圣文森获颁欧洲电影及艺术界历史最悠久的奖项"Grolla d'oro"。

平时的游戏中,学生们对魔术很感兴趣,我觉得凡是现实生活中孩子感兴趣的内容,都可以作为课堂中的素材,因此,我设计了本次活动。因为,一旦游戏活动中加入了魔术的成分,这个游戏就更加精彩了。在魔术游戏中孩子们不仅充分体验到了发现的乐趣,而且他们还养成了善于观察生活中的现象并乐于探索现象原因的探究精神。

(设计者:葛丽霞)

第七课 狂 欢

领　　域:游戏活动
相关概念:狂欢
主题事件:我参加狂欢活动

一、教学背景

狂欢活动是对前面游戏活动的一种升级和释放。每当遇到开心的事情,人们总是想用某些特定的方式去表达自己的情绪,如眉开眼笑的表情、手舞足蹈的动作、夸张的情感宣泄以及极富感情色彩的语言表达,组织的方式可以是个人、团体等。在开心时刻最突出的是孩子们,他们的感情世界单纯并且丰富,表达的方式也会无所顾忌。本次事件就是让孩子们明白快乐是必须的,但是快乐的前提是不影响他人也是必须的,即在狂欢之前要学会思考如何正确地去表达自己快乐的情感,并且从活动体验中深度思考:在悲伤的时候,我们又该怎样去表达自己的情感。通过大量的体验,学生会逐渐明白合理表达自己情感的重要性,尊重他人,遵从社会公德,遵守社会法律!

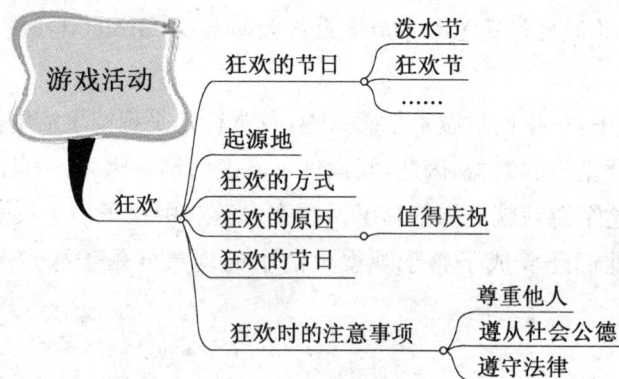

狂欢:通俗地说就是纵情的欢乐,如饮酒、聚会等。

二、学生学习力达成度

我想:学生在生活中常常因为一些开心的事情而手舞足蹈;在体验游戏过程中,学生会思考什么是狂欢,它来源于哪个国家或地区,人们在什么情况下狂欢,人们为什么要狂欢,狂欢时有什么要求,狂欢给我们带来了什么,我们表达自己的情感除了狂欢,还可以用其他什么方式;课后想一想如果在伤心的时候,我们又该怎样表达自己的情感。

我会:我会观察他人在狂欢的时候表达自己情感的方式,学会简单的狂欢方式;能在具体的情境中扮演狂欢时的角色,并注意在不同场合和不同时间使用正确的狂欢方式;会思考在不同的场合,狂欢的不同表现方式,以及狂欢给我们带来的快乐。

我知:狂欢是一种人们情绪的外在表达,可以有游戏、唱歌、舞蹈、呐喊等多种方式。在狂欢的时候需要尊重他人、遵从公德、遵守法律,这样才能使自己快乐。

三、教师教学重点与难点

1. 学生通过体验知道什么是狂欢,狂欢有哪些表达的方式。

2. 在游戏中,让学生明白狂欢是表达自己兴奋心情最好的方式,狂欢之前要学会正确地去表达自己的快乐情感。

3. 学生能够在教师的引导下,在不同时间、不同地点感悟正确狂欢的方式。

4. 通过具体的活动感受,知道自己快乐的前提是尊重他人、遵从社会公德、遵守法律!

四、教学方法

游戏感受、讨论交流、课堂互动、自主探究。

五、教学课时

一课时。

六、教师课前准备

一些荧光棒、小手掌之类的道具,巴西狂欢节的录像,相关狂欢场景的图片,以及三个场景布置(医院、广场、深夜)等。

七、学生课前准备

我感受:简单和同学们交流表达自己情绪的方式,试着一起表现狂欢。

我了解:上网或者向师长请教狂欢的方式,尤其是那些极具有国家或者地区特色的表现方式。

我思考:

1. 狂欢的故事?

2. 有哪些具有代表性的狂欢活动或节日?

3. 狂欢需要做些什么准备?

4. 我们在狂欢时需要注意一些什么事项?

八、教学过程设计

【教学过程设计总体思路】

通过实践与观察,分组分场景进行游戏、讨论,然后全班汇报、总结。学生尝试狂欢,观看录像,讨论、想象、总结,让学生了解表达狂欢的方式是多种多样的,在自己快乐的同时,也应该明白,狂欢会给他人生活带来什么样的影响,从而懂得尊重别人、遵从公德、遵守法律。学生尝试各种狂欢的表达方式,体验狂欢给人们的生活带来的影响,以及在活动中思考在悲伤或者遇到其他情感问题的时候,又该怎样去表达自己的情感。

【教学空间与布置】

课堂里进行医院场景、广场场景,以及夜晚场景的狂欢现场布置。

(一)选择主题事件,情境导入

教师:同学们,今天老师给大家带来了一个特别的节目,保证让大家有耳目一新的感觉,你们想欣赏吗? 在欣赏节目之前,老师有一个小小的要求。

教师出示要求:亲爱的孩子们,你们在静静地欣赏的同时,请不要放过任何一处让你们感到激动或者让你们难忘的场景、人和动作。

教师出示视频——《巴西狂欢节》。师生共同观看。

此环节教师可以提前在网络上找到相关狂欢节的录像,给学生观看的时间以2—3分钟为宜,让学生整体感知狂欢节的气氛,从而达到激发学生参与狂欢游戏的兴趣。

教师:同学们,你们说说从录像中看到了哪些让你们感触深刻的画面?

教师指名学生说,学生互相补充;教师适时出示相关图片;教师适时予以表扬或者鼓励。

教师引导学生小结,如刚才的视频是突出人们开心欢乐的场面,这是人们表达自己情感的一种方式。

教师:同学们,看到如此开心的场面,此时你们最想做些什么? 想说些什么呢?

教师指名个别学生说说,也可以让学生做个动作。(全班学生也可以试着做些动作以表达喜悦,可以个人欢呼,也可以全班一起欢呼。)

教师作相应的评价。

(二)学生游戏体会阶段,认识狂欢

教师:同学们表现得真棒,今天老师就带你们到巴西,去体验一下那儿的狂欢节的快乐,看看别人是怎样表达自己情感的好吗?(教师再次出示狂欢节图片。)(网址:http://tv.cntv.cn/video/c10616/4650231b5b944c94ae4e3d5e72431388。)

教师:假如你是巴西狂欢节队伍中的一员,你最想扮演其中的哪个角色呢? 你准备的招牌动作是什么?

此环节要让学生在前期的铺垫中,明白有的是鼓手,有的是舞蹈演员,有的是小丑,选择自己喜欢的角色,为后面的角色体验做好铺垫。

教师指名学生说说喜欢的原因是什么。同学们互相补充,教师适时予以指导。

教师要引导学生把喜悦的场景细致化,不能单纯地描述自己看到了什么,学生要把自己当作其中的一员去理解,如身穿彩服,化浓妆,高声呼喊,带动学生的情绪很重要。

教师:同学们说的真好,那么在狂欢之前,我们该做哪些准备工作?

学生小组讨论,教师适时指导。

教师指名说,学生做相应归纳。

教师板书:道具、化妆、装饰、音乐。

学生分组展示,分两组,互相评价对方的展示。

教师:你们的狂欢是想表达什么样的感情呢?你们认为还应该加点什么呢?(教师适时指导。)

全班再一次表达自己的狂欢。

(三) 游戏认识提升阶段

情境一:狂欢队伍路过医院门前

课前,教师准备好一些医院的标志和图片,贴在教室预设的第一处场景中,让学生能够感受到这是在医院的门前。

教师:同学们,我们现在开始狂欢啦!狂欢的音乐响起来,大家一起狂欢,各自扮演自己喜欢的角色狂欢起来。(正当大家非常开心的时候,出现医院的场景。)

教师问:同学们,如果在医院旁边,你们依旧会这样狂欢吗?你们这样表达自己的心情,合适吗?

教师引导学生说出:应当给抢救病人让出地方,生命价值不可取代,让学生明白此时应当绕行,留出时间和空间以抢救病人。

教师指名学生汇报,追问:这时候,我们该怎么办呢?

教师引导学生归纳,如关掉音乐或降低音量,轻轻地走过。

情境二：狂欢队伍路过广场

教师：走着走着，逐渐离开了医院，我们来到了广场，现在我们还需要安静地走过吗？我们该做些什么呢？

教师：对，大家一起狂欢起来，来让我们尽情地歌唱，尽情地舞蹈，尽情地狂欢吧！师生共同狂欢。

大家尽兴吗？开心吗？指名学生说说自己的感受。可以安排一个记者采访，说说大家为什么组织这次狂欢，为什么这样开心。

开心的时间在不知不觉中渐渐到了夜晚。

情境三：深夜，狂欢队伍到了小区

教师：经过一天的狂欢，夜幕降临，渐渐地到了深夜。我们来到了某个小区。此时我们该怎么办呢？

教师追问：你们认为这个时间我们继续狂欢合适吗？

教师指名学生说说自己的见解，如我们应该安静地走过。人们工作了一天，很累了，孩子们还要上学，所以我们不能打扰他们。另外，公民有休息权和健康权，这是法律赋予他们的权利，我们不能违反法律，剥夺他们的休息权、健康权。因为我们的快乐不能建立在别人的痛苦之上。

教师问：那我们该怎么做？

此环节中，教师引导学生以己度人，此时应该充分尊重人们的休息时间，应当安静下来。

教师予以鼓励和评价：同学们做得真好！

（四）游戏认识总结阶段

教师：同学们，刚才我们经过了哪些地方？（指名学生说说）我们所表现的狂欢都是一个样子吗？你们认为一个合适的狂欢节需要考虑哪些因素？

教师指名学生说出：尊重他人、遵从公德、遵守法律等关键词。

教师：如果你们在悲伤的时候又该怎么做呢？

比较面对个人感情和社会突发事件的悲伤时的不同对待方式。

师生明确:悲伤时也需要尊重他人,遵从社会公德,遵守法律。

提供研究课题

1. 在狂欢的时候,还有哪些不适合我们的表达方式?

2. 在情绪低落的时候,我们怎样正确处理心情?

……

板书设计

文明狂欢,尊重他人,遵从公德,遵守法律,快乐生活。

引导学生课后拓展的思维导图

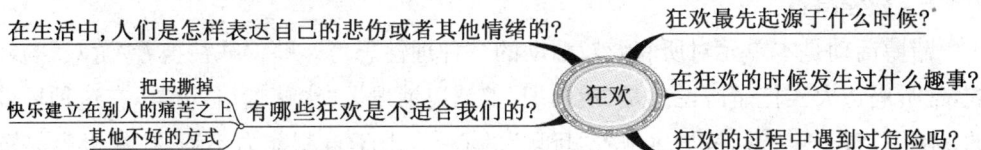

在生活中,人们是怎样表达自己的悲伤或者其他情绪的?　　　　狂欢最先起源于什么时候?

把书撕掉
快乐建立在别人的痛苦之上　　有哪些狂欢是不适合我们的?　　狂欢　　在狂欢的时候发生过什么趣事?
其他不好的方式

狂欢的过程中遇到过危险吗?

　　这一节课围绕狂欢这个主题进行有序有效的研究。表达自己情感的方式是多样的,只有在尊重他人、遵从公德的前提下,才能使自己快乐。在现实的生活中有很多人表达自己情感的方式是不够文明的,尤其是在情感失落的时候,深夜大喊大叫,故意骚扰他人等等。本课的学习与体会,就是让孩子明白在不同的时间、不同的地点,面对不同的人需要采取不同的方式,这样的学习也间接地让孩子们能够以己度人,从而提升孩子的情商,做一个文明的人。

(设计者:严善龙)

第八课 赌 博

领　　域:游戏活动
相关概念:赌博
主题事件:我到农村去赶集

一、教学背景

　　赌博活动是本单元对所有游戏活动的一种理性思考。赌博往往披着"游戏"的外衣,常听周边大人把赌博说成是"玩两把"、"消遣消遣"、"小赌怡情"等等,在这种环境的影响下,青少年特别是学生抱着"玩玩"的心态,由于自制能力不强,往往极容易沉迷其中。其实这种"游戏"就是赌博,而赌博本身是违法行为,我国的刑法和治安管理处罚条例都有相关规定。

　　赌博看似是游戏,危害却极大。尤其是学生赌博,不但荒废学业,损害健康,还容易使学生产生贪欲,久而久之会使他们的人生观、价值观发生扭曲,造成人格缺陷,容易走上违法犯罪之路。赌博游戏更易毒害小学生的心灵,使小学生自身慢慢失去上进精神和纯洁的品质,变得懒惰成性、不思进取、欺骗他人、投机取巧。

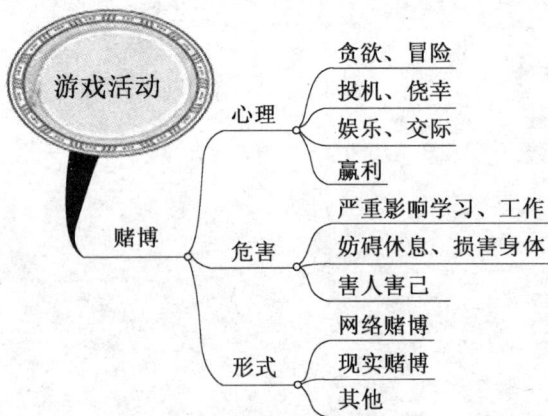

　　赌博:一般寄生于竞技类的活动,如比赛,抱着侥幸心理参与活动。

二、学生学习力达成度

　　我想:课前学生愿意与家人、朋友交流,了解赌博的危害;了解身边的朋友、亲人有没有参与赌博的,以及赌博对他们的生活有哪些影响。

我会：能说出赌博的危害，会劝诫他人不要赌博，能以实际行动宣传抵制赌博。

我知：学生知道赌博会严重影响人们的生活；通过走访、查阅资料，了解赌博害人害己的事例；懂得赌博对自己、家庭、社会的危害很大。

三、教师教学重点与难点

1. 让学生真正了解赌博的危害，让学生正确面对赌博。

2. 老师引导学生，让学生知道什么是赌博，通过趣味教育让学生牢记赌博的危害，会用实际行动抵制赌博。

四、教学方法

体验学习、讨论学习、反思学习和多媒体教学。

五、教学课时

一课时。

六、教师课前准备

多媒体课件、布袋子一个、白色乒乓球 20 个、黄色乒乓球 1 个、转盘 1 个、骰子 6 颗。

七、学生课前准备

我感受：收集相关的图片和资料，去感受什么是赌博及赌博有什么危害？

我了解：通过询问和观察，了解周边存在着哪些赌博现象及赌博场所？

我思考：我的家人参与或爱好赌博吗？看到他们赌博我该怎么办？

八、教学过程设计

【教学过程设计总体思路】

本课教学以"我到农村去赶集"这一主题事件贯穿整个学习过程，开始以摸奖游戏导入，再参加掷骰子游戏，最后玩转盘游戏，让学生感受赌博，让学生认识到一定要远离赌博、抵制赌博。最后通过三个例子，让学生明白赌博的危害有多大，从而进一步总结出赌博的各方面危害性。最终让学生远离并劝诫亲朋好友远离赌博。

【教学空间与布置】

教学地点安排在教室里，在教室周围放置一些和赌博危害有关的文章及图片。

（一）创设情境，集中话题

今天爸爸带我去农村老家赶集，集市上热闹非凡，有很多好玩的游戏。我们一起去看看。

（二）探索与体验

情境一：摸球中奖

教师：那边围了一堆人，我们快去看看有什么好玩的。

老师扮演一个骗子,带领学生进行摸球中奖的赌博游戏。

教师:大家快来看,快来摸呀,摸到黄球就能中大奖,摸一次交1元,中大奖能得20元。谁来摸呀!

10个学生上来摸奖,结果中奖的很少。

为什么呢? 学生讨论交流。

老师出现,揭秘骗局:原来布袋里装有大量的白色乒乓球,而黄色乒乓球只有一个,中奖的可能性很小。

教师:原来摸球中奖是骗人的呀,不要上当。再看这儿还有人在掷骰子呢,我们试试?

情境二:掷骰子

出示骰子图片:

游戏规则:2元掷一次,点数在3以下有奖,3以上没奖。

学生在各自的小组,每人投掷一次,填写统计表。

中奖统计表

投掷次数	3点以上	3点一下	中奖次数

根据统计表的数据,学生分析发现:_____。

情境三:幸运大转盘

教师:怎么都是骗人的呀!快看,那边有"幸运大转盘",我们去碰碰运气。

出示转盘及规则。

抽奖转盘

抽奖规则:5元钱一次转转盘的机会,指针停在哪一格,就按哪个格子的奖品发。一等奖:10元的奖品一个。二等奖:5元的奖品一个。三等奖:3元的奖品一个。四等奖:2元的奖品一个。五等奖:一元奖品一个。

两个小组的学生上台转转盘,结果获一、二等奖的很少。

我思考

为什么中大奖的很少呢?大家运气很差吗?

我计算

转一次本钱是5元,中二等奖以上才能拿回本金,根据转盘设计,中二等奖以上的概率是1/9,亏本的概率是8/9。

假设:18人玩,每人玩一次,共付钱 $5 \times 18 = 120$ 元。

中一等奖为1人,获得奖金10元;

中二等奖为1人,获得奖金5元;

中三等奖为2人,获得奖金 $3 \times 2 = 6$ 元;

中四等奖为4人,获得奖金 $2 \times 4 = 8$ 元;

中五等奖为6人,获得奖金 $1 \times 6 = 6$ 元;

不中奖为4人;

总共中奖金额为: $10 + 5 + 6 + 8 + 6 = 35$ 元。

我总结

学生:转盘设计不公平,中一等奖的可能性只有1/18,这只是一个骗局。

教师:你们还见过或听说过类似的赌博骗局吗?(学生交流)

教师:遇到这种骗局我们该怎么办?

引导学生讨论总结:知道这是骗局,不要被诱惑。

情境演示:学校门口的小店正在进行摸奖活动,此时,有两三个小学生正拿着钱准备摸奖,你在一旁看到了,怎么劝说呢?学生分组演示。小组推选代表在全班演示,师生评价。

情境四：我阅读

小辉辍学离家出走

一个本来幸福美满的家庭因为爸爸染上了赌博的恶习而债台高筑，妈妈也因此而常和爸爸吵架。新学期开始了，又要交学费了，小辉因看到妈妈为了自己的学费而发愁，偷偷地离家出走了……

大学生赌博输掉 60 万，气死爷爷

2013 年 11 月 12 日，研究生万光被某高校开除后，在一所四面围网的戒网学校，又一次内疚地哭了。在这之前，万光因长时间痴迷于老虎机赌博游戏，惨输 60 余万元，气死了亲生爷爷。父母的拳拳期盼，变成了一场难以预料的悲剧。一次刻骨铭心的回忆，让万光现在想来诅咒自己是个"禽兽"。"由于我们家离学校不远，有一天我在网吧上网，妈妈正好在家里包好了水饺去学校给我送，当时舍友说我去上自习去了，于是妈妈就在那儿等。一等，再等，等到晚上 12 点还没等到，妈妈就到学校周围的网吧挨个找我。一直到找到凌晨两点，妈妈才找到我。当时我正在玩游戏，妈妈看到我后也没多说什么，放下饺子，说了一声早点回去睡觉就走了。当时自己还特别烦，说了一些气话。直到第二天 7 点自己才回去，妈妈看看我，流着泪说：'孩子，别玩了，看你都成啥样了。'回学校后，舍友说妈妈在学校里等了一天，回想起这件事情，现在看看自己疯狂的做法，自己确实很禽兽，一点也对不住妈妈。"

他从赌台跳下大海

他本来有一个美好的家庭，自己也有一份不错的工作。然而，他涉足赌场后，从开始的小来来，发展到最后竟挪用 100 余万公款用于赌博。原来他是某镇兽医站的一位出纳，自 2000 年开始染上赌博的恶习，由小赌到大赌，由用个人钱款赌博发展到挪用巨额公款赌博，将自己一步步推向犯罪的深渊。仅半年时间，他先后从单位保险箱里拿出 100 余万元公款参与赌博并全部输尽。年底，财务要进行大检查，他已无法填补这么一个大窟窿。于是在一个夜晚，他流着泪写下一封遗书，并将遗书和 1 000 元现金塞在儿子枕头底下，第二天一大早他乘车前往海边，纵身跳入大海中。

我交流

教师：看了这些例子，你们想说些什么？（学生讨论）

1. 教师：赌博有哪些危害？

（1）赌博严重影响学习、工作、妨碍休息，损害身体健康。

长期沉溺于赌博，大脑长期进行某一固定类型的活动，会造成疲劳不说，还有可能导致精神疾病。

（2）赌博严重影响人际关系。

赌者夜不归宿，无心与朋友、同学交往。在赌博的过程中很容易争得脸红脖子粗，吵闹不休，甚至大打出手

（3）赌博还诱发违法犯罪。

赢家有了钱，随心所欲挥霍无度；输家耗尽钱财，债台高筑，为了还赌债，有的甚至铤而走险，诈骗、偷窃、杀人。

2. 教师：如果生活中你们的亲人、朋友赌博，你们怎么办呢？怎么劝说呢？

小组讨论，上台表演。学生对赌博行为更加痛恨，会想办法劝诫赌博的亲朋好友。

（三）总结与延伸

为了宣传文明娱乐，抵制赌博，我们开动脑筋来写写宣传标语。为了抵制赌博，我们还能做些什么呢？

提供研究课题

1. 怎样让更多的人了解赌博的危害？

2. 有没有可以替代赌博的游戏？

……

引导学生课后拓展的思维导图

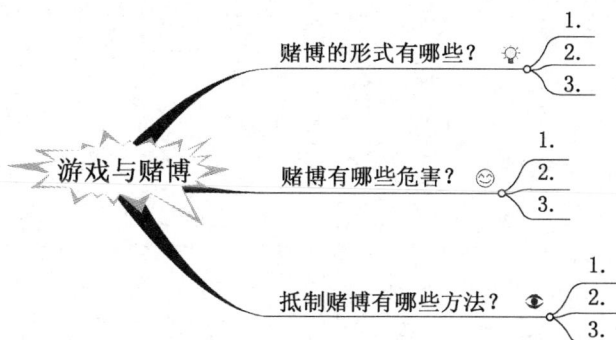

学生的身边有许多人参与赌博，赌资有大有小，甚至有的学生也因为好奇学着赌一赌。这节课重点是让学生了解赌博对自己、家庭、社会的严重危害，从而提醒学生决不能参与赌博，对周围赌博的亲朋好友，自己要有方法地劝阻。

（设计者：邢巧荣）

第四单元　游戏与环境

课程单元活动名称:游戏与环境

课程单元说明

"游戏与环境"是游戏概念主题中的一个板块。学生在了解了"游戏的种类",参与了"游戏活动"后,进一步了解在不同环境中的游戏,知道在不同环境中游戏的设计方案、材料准备、心理准备、注意事项都有不同的要求。

在教学过程中,教师要充分调动学生已有的生活经验,充分激发学生的参与意识,以大量的图片及音像资料和相关器材营造一个有趣的游戏环境,让学生产生游戏的兴趣。作为引导者,教师要引导学生在游戏中发现问题,思考问题,积极探究问题,从而解决问题。这样有助于学生养成善于发现、勤于思考、主动探究的好习惯,更能激发学生课后继续研究的兴趣。

本单元的课堂教学,更加关注学生游戏的环境,强调让学生体会不同环境中的游戏,领悟不同环境中的游戏的区别,让学生在自主游戏中进行知识建构、能力提高和道德的陶冶。

本单元从四个方面阐释游戏与环境领域的概念内涵,包括室内游戏、户外游戏、地上游戏、空中游戏。环境不同,游戏的方式、游戏的器材、游戏的规则都随之改变。环境对游戏的本身产生很大的影响,只有适应环境,适应场地,才能有序、快乐地游戏。

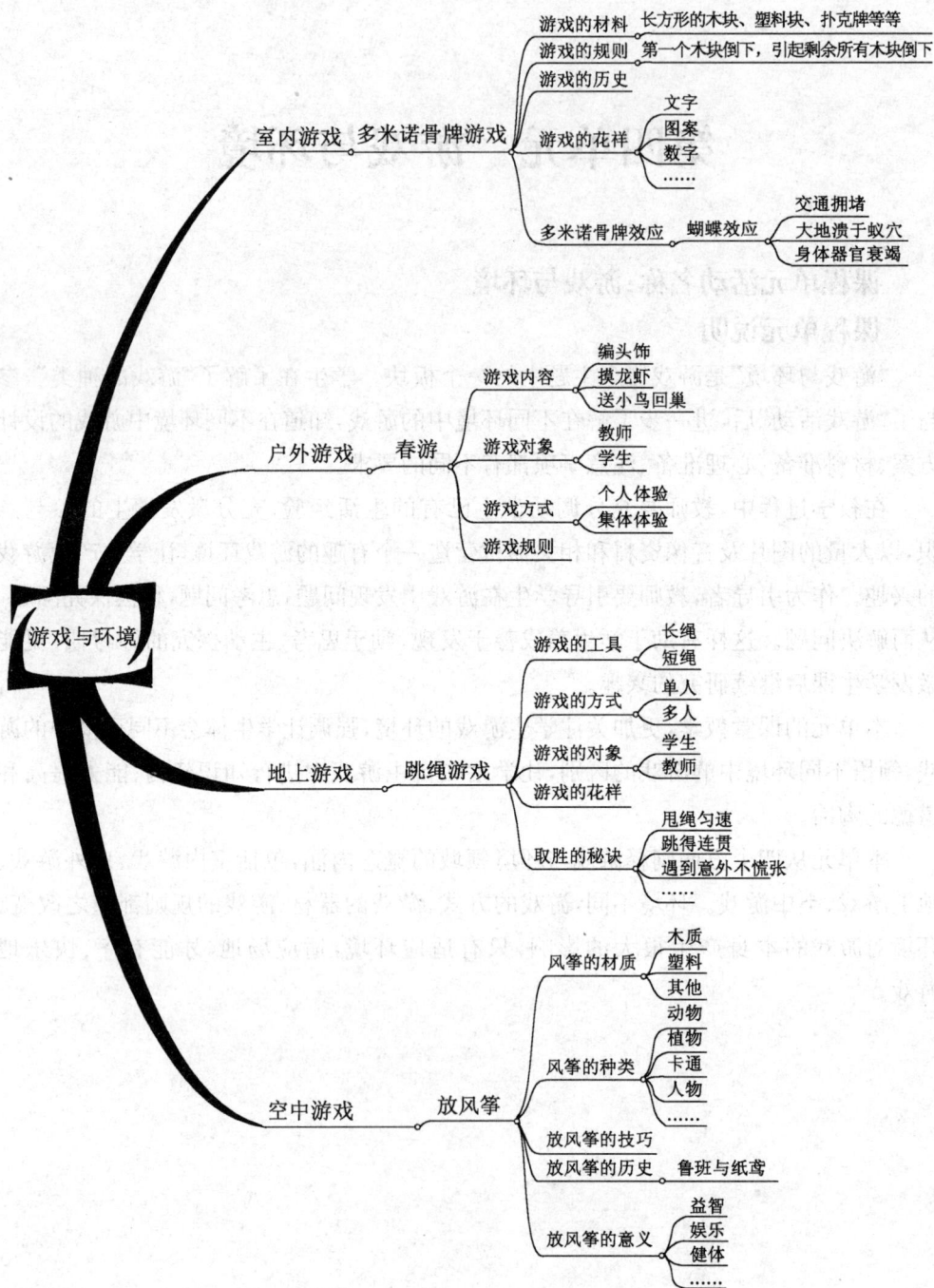

课程生长树

```
                                                    游戏的材料 ── 长方形的木块、塑料块、扑克牌等等
                                                    游戏的规则 ── 第一个木块倒下，引起剩余所有木块倒下
                                                    游戏的历史
                          室内游戏  多米诺骨牌游戏               ── 文字
                                                    游戏的花样 ── 图案
                                                               ── 数字
                                                               ── ……
                                                                        交通拥堵
                                      多米诺骨牌效应 ── 蝴蝶效应 ── 大地溃于蚁穴
                                                                        身体器官衰竭

                                                    ── 编头饰
                                          游戏内容 ── 摸龙虾
                                                    ── 送小鸟回巢
                          户外游戏  春游            ── 教师
                                          游戏对象 ── 学生
                                          游戏方式 ── 个人体验
                                                    ── 集体体验
                                          游戏规则

 游戏与环境
                                          游戏的工具 ── 长绳
                                                      ── 短绳
                                          游戏的方式 ── 单人
                                                      ── 多人
                          地上游戏  跳绳游戏 游戏的对象 ── 学生
                                                      ── 教师
                                          游戏的花样
                                                      ── 甩绳匀速
                                          取胜的秘诀 ── 跳得连贯
                                                      ── 遇到意外不慌张
                                                      ── ……

                                                      ── 木质
                                          风筝的材质 ── 塑料
                                                      ── 其他
                                                      ── 动物
                                                      ── 植物
                                          风筝的种类 ── 卡通
                                                      ── 人物
                                                      ── ……
                          空中游戏  放风筝 放风筝的技巧
                                          放风筝的历史 ── 鲁班与纸鸢
                                                      ── 益智
                                          放风筝的意义 ── 娱乐
                                                      ── 健体
                                                      ── ……
```

第一课　室内游戏

领　　域：游戏与环境
相关概念：室内游戏
主题事件：课堂上，我们玩多米诺骨牌游戏

一、教学背景

　　室内游戏是第四单元的内容，这是本单元的重要内容。多米诺骨牌是一项历史悠久的游戏，是由最初的牌九演变而成，后经人们改良，成为老少皆宜的一种益智游戏。在课堂上，教师通过玩游戏让学生了解玩多米诺骨牌的各种花样和技巧，从而让学生更加喜欢这一游戏，学生可以把多米诺骨牌这一游戏玩得更好。经过具体的体验，熟练游戏，学生将加深对多米诺骨牌游戏的体会，教师最终让学生从游戏中明白，多米诺骨牌效应是一种连锁反应。生活中，许多事情如同多米诺骨牌效应一样，牵一发而动全身，凡事须三思而后行，方能尽善尽美，这样也能促进人与人之间的友谊与关爱，共同构建和谐社会，共筑中国梦。

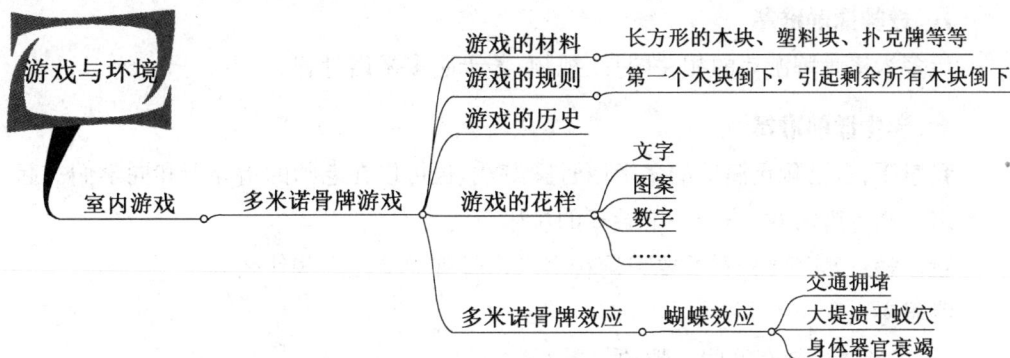

　　室内：一般指房屋内，区别于户外。比如教室内，特定的空间内。

二、学生学习力达成度

　　我想：学生课前已经接触过多米诺骨牌游戏，学生很乐意玩这样的游戏；在游戏体验中，学生想一想多米诺骨牌这个游戏该怎么玩，什么是多米诺骨牌效应，在我们生活中，怎么用好这个效应，从而让社会变得更加和谐美丽；课后思考还有哪些多米诺骨牌效应，可以利用这个效应，做一些公益活动。

我会:学生会在各种花样的多米诺骨牌游戏体验中,了解这个游戏的关键所在,并且能够向他人介绍游戏规则;会观察在生活中的多米诺骨牌效应的重要性;会思考我们如何进行一次有针对性的社会爱心接力。

我知:学生知道什么是多米诺骨牌,多米诺骨牌游戏是由什么演变而成的,还知道多米诺骨牌游戏的原理,它可以有很多种玩法,还知道多米诺骨牌效应常常在人与人之间传递,有好的方面,也有不好的方面。

三、教师教学重点与难点

1. 学生通过观察知道什么是多米诺骨牌游戏,知道该游戏的规则和取胜的秘诀,了解多米诺骨牌效应。

2. 学生经过具体的游戏体验,一步步认识和了解多米诺骨牌的技巧,激发学生进一步提升探究多米诺骨牌游戏的兴趣,并从游戏中明白多米诺骨牌效应在生活中的重要作用。

3. 学生从多米诺骨牌的效应延伸到社会上的爱心接力,明白人与人之间,人与社会之间的联系。

四、教学方法

游戏感受、讨论交流、课堂互动、自主探究。

五、教学课时

一课时。

六、教师课前准备

玩多米诺骨牌游戏的相关图片、视频,若干副多米诺骨牌。

七、学生课前准备

我感受:自己玩玩简单的多米诺骨牌游戏,也可以在老师的指导下和同学们一起玩玩多米诺骨牌游戏,体会一下游戏的快乐。

我了解:搜索资料,看看要想玩转多米诺骨牌需要注意些什么。

我思考:

1. 多米诺骨牌有哪些有趣的故事?

2. 多米诺骨牌有什么游戏规则?

3. 什么叫多米诺骨牌效应?

4. 生活中,有哪些事情属于多米诺骨牌效应?

八、教学过程设计

【教学过程设计总体思路】

观看PPT和视频,进行讨论、总结、想象。分组游戏、讨论,全班汇报、总结。学生了解多米诺骨牌的玩法是多种多样的,能让我们的课间活动更加有趣,更加多姿多彩。通过参加班级的多米诺骨牌联谊活动,学生进行多次游戏体验,教师让学生逐渐明白多米诺骨牌游戏玩得好,需要细心地发现窍门,需要熟练的技巧,才能够把这个游戏玩得娴熟。这需要游戏者心要平、手要稳、动作要快、劲道要连续。此活动有助于培养学生勇于尝试、乐于总结、团结协作的良好品质。

【教学空间与布置】

按组划定若干个区域,供孩子们进行多米诺骨牌游戏。事前准备好游戏图片,可以引导孩子进行游戏,也可以进行小组合作。

(一)选择主题事件,情境导入

教师:圣诞节马上要到了,为了庆祝圣诞节,有不少同学都在准备着各种各样的游戏。你们看,这些同学在玩什么呢?(教师出示多米诺骨牌游戏的录像。)

教师:同学们,你们知道刚才这个游戏叫什么吗?刚才的录像给你们留下了什么印象?请大家说一说。

(二)游戏体验阶段

情境一:蛇形多米诺骨牌游戏

教师让一位学生对已经放好的蛇形多米诺骨牌的一端用力推,启动多米诺骨牌效应。(参考视频网址:http://v.pps.tv/play_39P19D.html。)

出示视频故事:

一位画家正在野外写生,突然出现一条毒蛇,结果不小心被毒蛇给咬了,画家急忙打电话求救,同时想办法自救。

由于路途遥远,救护车花了将近一个小时才来到事发现场,这时候,画家已经有点昏迷了,腿也有些肿了。

讨论:

画家腿上只留下毒蛇的小小牙印,为什么画家会出现腿肿和昏迷的现象?

小贴士

蛇分无毒(普通)蛇和毒蛇两类。被普通的蛇咬伤人体伤处皮肤多会留下细小的齿痕,一般有轻度刺痛,有的可起小水疱,无全身性反应,一般无不良后果,可用70%的酒精消毒,外用纱布包扎。被毒蛇咬伤伤处可留一对较深的齿痕,蛇毒进入皮肤组织,并进入淋巴和血液,可引起严重的中毒,会造成严重的器官衰竭,必须急救治疗。眼镜蛇、蝮蛇等剧毒蛇尤其危险。

教师出示图片:救护车风驰电掣地驶向医院……

情境二:模拟大堤坍塌游戏

救护车在行驶的时候,路遇一大堤,突然大堤坍塌。

教师让学生使用多米诺骨牌模拟大堤坍塌的情境。(参见视频网址:http://v. pps.tv/play_39P19D.html。)

教师出示大堤坍塌的图片。

教师:同学们,你们知道这个平时看似无恙的大堤突然毁坏,是什么原因造成的吗?

学生讨论后得出白蚁是罪魁祸首。

小贴士

　　土白蚁为害隐蔽,行踪诡秘,即使河堤土坝受损已经十分严重,但从外表看依然完好无损。有的白蚁穴之大,可以和电梯容积差不多,着实是一个"陷阱"。土白蚁不断在河堤土坝里分群、蚕食、筑巢,导致河堤土坝内蚁巢"星罗棋布",已经被掏空了。每当汛期到来,水位高涨,水流渗入蚁道、蚁穴,造成管涌、渗漏,毁坏堤坝。

　　综上所述:白蚁确实可以造成长堤溃决的后果,必须进行科学、细致的观察和研究,才能防患于未然,任何麻痹和对细节的忽视都会带来难以想象的后果。

学生再讨论:大堤的一处被白蚁破坏,为什么整个大堤都被毁掉了呢?

小贴士

　　大堤具有阻隔水流和储蓄水的作用。大量白蚁日积月累,腐蚀大堤的混凝土或其他成分。当水位上升到一定高度,就会对大堤产生强大的压力,被腐蚀的大堤承受不住这股压力，就会被水压撕裂一个口子以宣泄，大量的水就会经过这个口子泄水，口子越撕越大，便会产生溃堤。

情境三：模拟路堵游戏

因为大堤坍塌，车辆前进的道路被毁，后面的车越来越多，救护车被卡在车辆当中。

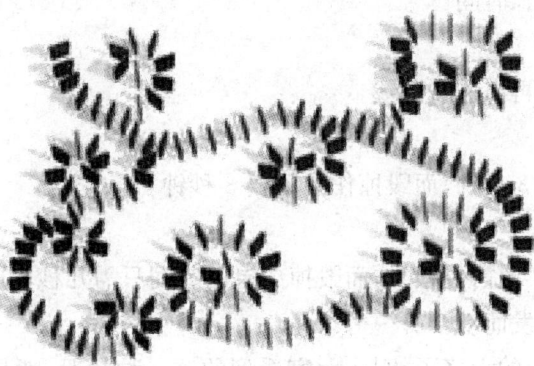

学生用多米诺骨牌模拟道路被堵的情境。

由于前进的方向被堵，人们的车辆前进不了，后面的车辆不知道前面发生了什么，结果车辆越来越多。救护车被夹在中间进退不得。

小贴士

路堵的原因有很多，一般都是交通事故或者占道建设等原因。尤其是单行线的交通堵塞，一辆车被堵，后面的车因为无法预见，从而造成大量的车子无法回撤，堵塞在路面。

教师：同学们，你们遇到过这样的情景吗？你们的心情怎样？你们知道老师现在最担心的是什么吗？

教师指名学生说，学生互相补充。

教师：对了，那个画家是老师最担心的。那个画家的腿已经肿得很粗很粗了，医护人员正在手忙脚乱地忙碌着。画家全身红肿,不断地抽搐着。你们说,画家的生命会有危险吗?

路上积压的车辆越来越多,不少车辆违规掉头,一不小心,连人带车滑落斜坡,还有不少车辆相互碰撞,司机之间的冲突不断。

终于,经过交警的帮助,车辆有秩序地退走。救护车也终于离开现场。

教师:经过这么长时间的耽搁,救护车终于来到医院。而此时,画家的生命危在旦夕。

(三)游戏总结阶段

教师:请同学们再次进行游戏,大家注意一下,你们完成一幅作品需要多长时间?而全部推倒需要多长时间?

我实践

学生根据要求再次进行游戏。

我交流

完成作品需要 3 分钟,而毁掉作品只要 3 秒钟。

我总结

学生:付出的实践需要很久,而毁掉成果的时间只需几秒,其实,这是一个连锁反应,一损俱损,牵一发而动全身……

教师:同学们说的太好了,刚才大家看到的这一种状况,就是一种连锁反应。这种连锁反应,被人们称为"多米诺骨牌效应"。

教师:同学们,这节课你们的收获是什么?

教师指名学生说说,相互补充。

教师引导学生归纳:一件微不足道的小事,往往会演变成一件让人无奈的大事,所以我们说,生活无小事,处处需留心。

教师:在生活中,你们能够找出一些传递正能量的连锁效应吗?

提供研究课题

1. 在生活中,怎样传递连锁反应的正面效应?

2. 怎样化解社会中的负面连锁反应?

……

引导学生课后拓展的思维导图

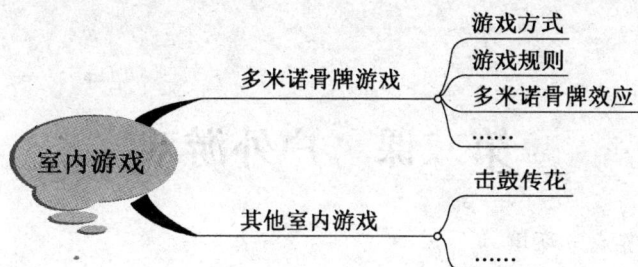

室内游戏与户外游戏相对应,室内游戏由于空间的限制,所以更加讲究策略。多米诺骨牌效应深受人们的关注。善待社会上的正能量,排斥负面效应是本课的重点。教学中,教师让学生充分体验到连锁反应的重要性,从而使学生在以后的生活中遇到问题时能多面思考,做出正确的选择。

（设计者：严善龙）

第二课　户外游戏

领　　域:游戏与环境
相关概念:户外游戏
主题事件:我到郊外去春游

一、教学背景

户外游戏相对于室内游戏,是让学生接触自然的最好方式。春游,对于孩子们来说是一件非常开心的事情。在春游这样的综合实践活动中,孩子们能够见到书本上不能够呈现的青山绿水,能够感受到鸟语花香、诗情画意的大自然之美,亦能触摸到花草树木的真实,能够感知与平时生活不一样的环境。但是,在活动中,学生怎样克服单一模式的游玩,学生如何抛开单纯的玩,怎样从游戏中体会到人与自然的和谐共存,引起学生的驻足思考,这才是本次游戏活动的关键所在。在一系列的活动体验中,学生和大自然交朋友,充分感受春游的快乐。

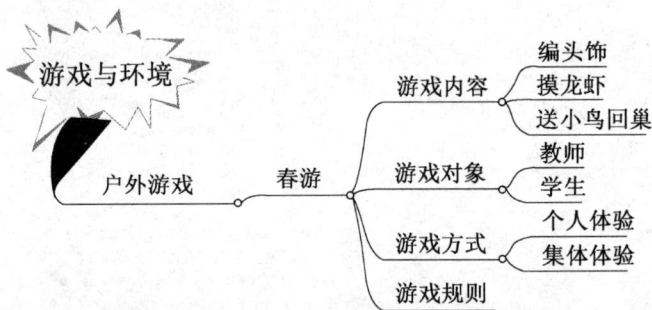

```
游戏与环境 ─── 户外游戏 ─── 春游 ┬─ 游戏内容 ┬─ 编头饰
                                    │          ├─ 摸龙虾
                                    │          └─ 送小鸟回巢
                                    ├─ 游戏对象 ┬─ 教师
                                    │          └─ 学生
                                    ├─ 游戏方式 ┬─ 个人体验
                                    │          └─ 集体体验
                                    └─ 游戏规则
```

户外:一般指学校和家庭以外的地方,如实践基地、森林、草地等比较空旷的地方,孩子进行游戏的空间也会比较大。

二、学生学习力达成度

我想:学生课前很想参与春游的游戏,并且曾经有过愉快的春游经历;在游戏的体验中,学生想一想可以做哪些游戏,这些游戏怎么去设计,怎样才能够做得更好;学生课后想一想,我们还可以到哪里去春游。

我会:学生会扮演简单的角色,能够流利地向大家描述游戏的道理;学生会在观察比较中明白游戏活动取得成功的秘诀;学生会思考在大自然中的游戏体验。

我知:我们学过很多关于互帮互助的游戏,知道只有互惠互利才能够共赢,学习本次游戏可以让我们更贴近自然,更了解自然。

三、教师教学重点与难点

1. 学生能够在愉悦的活动体验中,知道在不同环境中游戏也不同。

2. 学生能够知道游戏活动取得成功的秘诀,能够在活动中团结同学,善于思考,乐于交流。

3. 学生能够在游戏的扮演体验中,明白团结互助、互利共赢的道理。

四、教学方法

视频资料展示、PPT 展示、学生介绍、作品启示、讨论交流、自主探究、反思评价。

五、教学课时

一课时。

六、教师课前准备

足够的柳条、草、野花、四个纸盒(如果是低年级学生可以用澡盆代替,每个纸盒或澡盆中放一些小龙虾)、四个"鸟巢"、四只小鸟(用小鸡代替)等。

七、学生课前准备

我感受:课前进行大自然的环境体验,玩一些自己喜欢的游戏。

我了解:春游活动中可以做哪些有意义的游戏。

我思考:

1. 哪些游戏不能做或者无法做?

2. 怎样在游戏中获得成功?

八、教学过程设计

【教学过程设计总体思路】

教师设计在春游的路上,学生真实体验编头饰、摸龙虾、送小鸟回巢三个游戏活动,在活动中充分感知游戏的快乐,让学生在紧张刺激的游戏过程中,逐渐掌握游戏活动的规律、获胜的技巧,最终明白大自然与我们是朋友,善待自然,就是善待朋友,更是善待自己的道理,在游戏活动中培养学生心灵手巧、胆大心细、团结互助等品质。

【教学空间与布置】

用视频播放预先设计好的鸟语花香、风景宜人的春游画面:茂密的森林,高大的树木,活泼快乐的小动物在自由地生活,小沟边,很多的龙虾洞,树上有很多鸟巢,一切仿佛是人间仙境。

（一）选择事件主题，进行游戏初体验

教师：同学们，你们喜欢春游吗？说说你们在春游中可以做哪些有意思的活动。

教师指名学生说说，同学之间互相补充，教师适时归纳。

教师：请大家带好自己的东西和老师一起去春游吧。

此环节让学生的兴趣得到提升，回忆起自己曾经春游时的情景，带上自己的美好心情，一起去春游。

（二）游戏深体验，感知活动的快乐

情境一：杨柳树下，编头饰体验

教师课前用足够的柳条编成大树的形状，共编出四组大树。学生在游戏活动中折出足够的柳条编头饰，并准备一些野花和小草，做头饰的装饰。

教师：同学们，你们看阳光有些刺眼了。那个小朋友的主意真好，他编了一个头饰，正好可以遮挡阳光，你们愿意和他一样编一个头饰吗？

教师：你们哪位小朋友会编头饰？可以教教大家吗？

教师请学生讲解一些编头饰的简单技巧。

小贴士

选择一些比较柔软的柳条，绕成一个圈。然后再选择一些细的柳条绕着圈进行缠绕。根据自己头部的大小，编成的头饰要适中。

学生分组体验，每人试着编一个头饰。教师巡视指导。

教师可以提示学生在头饰上再加上一些装饰。

教师选择一些好的学生作品，让学生说说自己成功的秘诀，并取出一些质量不过关的学生作品，指出其不足之处。

学生每人编一个头饰。

教师引导学生进行归纳：要想把头饰做好，我们需要心灵手巧，不骄傲不气馁，只有这样才能拥有自己满意的作品。那么我们就戴着自己编的头饰继续春游吧！

情境二：小沟边，摸龙虾体验

教师提前在教室的四周布置，每个墙边设置一条"小沟"，并放置一个澡盆，澡盆中放龙虾30只，澡盆中可以放一些水，学生可以在澡盆中摸龙虾。

教师让学生戴着头饰从前门走出教室，接着从后门有秩序地回到教室，来到"小沟"边。

教师:同学们,你们快看,小沟里有什么? 小沟里有龙虾! 我们一起来摸龙虾吧!

教师让学生分组摸龙虾,组员按秩序准备摸龙虾的活动。

出示比赛规则:学生摸到一只龙虾加 2 分,没有摸到减 1 分。

学生进行游戏,教师适时指导。

此环节中,教师请表现优秀的学生提醒其他同学可以抓龙虾的须,也可以抓龙虾的头部。如果出现被龙虾夹住的情形,教师引导学生赶紧把龙虾放到水中。

教师评出优秀的小组让他们说说为什么会取得胜利。

师生共同小结:摸龙虾是一项紧张刺激的游戏,大家需要胆大心细、善于比较、乐于思考,才能取得胜利。

情境三:送小鸟回巢体验,团结协作

教师在教室四个墙角分别挂上四个人工做的鸟巢,离地面 2 米,在墙角下分别放一只小鸡。(小鸡当作小鸟,并播放小鸟的声音。)

教师:刚才,同学们表现得真好,我们接着春游吧。让学生从教室前门出发,从后门进入。你们看,这儿怎么会有一只"小鸟"在叫呢?(教师指名学生说说。)原来是"小鸟"不小心从鸟巢里掉了下来,我们该怎么办呢?

教师让学生小组讨论怎样才能把"小鸟"送回鸟巢。

师生共同思考人梯的办法。学生分组体验并进行比赛,看哪组同学最快把"小鸟"送回鸟巢。

教师巡视指导,注意安全措施。

最先完成的一组交流成功的经验。(两名学生用胳膊搭成轿子,第三名学生坐上去。)

学生按照提示再次体验。

师生共同小结归纳：只有团结互助,同心协力,运用技巧才能够取得成功。

（三）游戏总结阶段

教师：从刚才的游戏体验中,同学们明白了哪些道理?

教师指名学生说说,学生互相补充。

教师：生活中,有哪些地方会用到这些道理呢? 你们可以举例说说吗?（教师指名学生说,教师点拨。）通过今天的学习,你们准备把你们的收获怎样和大家分享呢? 你们可以把今天所学的通过手抄报或者画展的方式让更多的同学明白你们的体会——和谐共存,让更多的同学明白只有不断地努力,克服困难,才能够取得成功。

教师：你们想在下次的春游活动中,玩哪些游戏? 其他的户外活动呢? 在活动中还有哪些游戏,我们不能玩呢?

提供研究课题

1. 其他户外活动中,我们还可以做哪些游戏?

2. 户外游戏中,有哪些不适合我们玩?

……

板书设计

编头饰　心灵手巧

摸龙虾　胆大心细

送小鸟回巢　团结协作

引导学生课后拓展的思维导图

　　户外游戏是与室内游戏相对应的,在户外可以不受环境与空间的限制,学生可以放开手脚进行游戏,那么在游戏中,哪些不能玩、哪些可以玩是需要课前思考的。在活动体验中,如何通过具体的体验培养学生的品行是关键。课后能够思考,我们还可以玩哪些游戏,游戏中遇到危险该怎么办。学生能够学会思考团结协作是游戏成功的关键。

(设计者:严善龙)

第三课 地上游戏

领　　域：游戏与环境

相关概念：地上游戏

主题事件：我参加跳绳比赛

一、教学背景

地上游戏是对室内和户外游戏的补充。跳绳，学生们在幼儿园就已经开始接触了，对于学生来说并不陌生。由于在学校主要练习的是跳单绳和长绳，对于花样跳绳，很多学生并不熟悉。本次活动就是通过观察、比较、分析让学生选择自己喜爱的游戏，在游戏中让学生了解跳绳游戏的方式和技巧，从而帮助学生明白团结与技巧在游戏中的重要作用，为长绳比赛做好铺垫，最终为创编游戏做好准备。

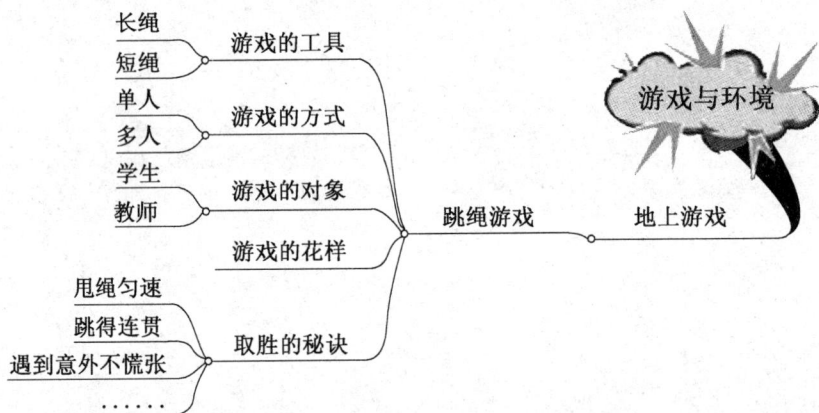

地上：通俗地说就是在地面上。地上游戏有很多，一般来说，游戏都是在地面上进行的。

二、学生学习力达成度

我想：学生课前都接触过跳绳，大多是跳单绳或长绳，学生参与跳绳的热情很高，不少学生还是跳绳能手；在跳绳游戏中想一想跳绳的方式有哪些，它有什么规则和技巧，它对于我们的成长有什么样的帮助；课后想一想在生活中，还有哪些地方需要我们团结协作的，还有哪些地方需要我们胆大心细、机智灵敏的。

我会：学生会积极参加跳绳游戏，能够在观察比较中流利有效地向别人介绍自己了解的跳绳游戏,为跳绳比赛做好准备;会在游戏中与他人交流,创新一些跳绳的花样和技巧;会思考自己如何在团体比赛中取得成功。

我知:学生知道跳绳的玩法很多,有单人跳、双人跳、多人跳等。学生知道跳绳的规则,跳绳比赛以回旋绳子而跳跃,以克服自己所面临的障碍为目标。比赛分为个人赛、双人赛和团队赛,在规定的时间、人数及场地范围内,使用一条或数条绳子做动作或做花式变化,以评定轻快、活泼、律动、变化、结构组合之人与绳的动态美感。学生还知道怎样可以跳得又快又轻松。

三、教师教学重点与难点

1. 学生通过观察,了解跳绳,知道跳绳的游戏规则。

2. 教师引导学生一步步认识和了解不同的跳绳游戏,让学生了解跳绳的规则和技巧,激发学生进一步了解和探究跳绳游戏的兴趣。

3. 在游戏过程中,教师让学生体验团体合作成功的技巧。

四、教学方法

游戏感受、讨论交流、课堂互动、自主探究。

五、教学课时

一课时。

六、教师课前准备

相关跳绳图片和视频、四根长绳,在操场上划定跳绳游戏的场所。

七、学生课前准备

我感受:学生自备一根短绳,课前可以自发地练习跳绳。

我了解:查阅相关资料,了解跳绳的相关知识。

我思考:

1. 关于跳绳有哪些小故事?

2. 跳绳有哪些种类?

3. 跳绳有什么游戏规则?

4. 跳绳在游戏中有哪些技巧?

5. 跳绳游戏的技巧还可以用到生活中的哪些方面?

八、教学过程设计

【教学过程设计总体思路】

学生和老师由带来的各种不同的跳绳引发讨论,观看 PPT 和视频,再讨论、总结、想象。结合相关资料,探究不同的跳绳游戏,分组游戏、讨论,全班汇报、总结,并且进行一系列的游戏体验与创新。通过实践与观察,了解跳绳的玩法是多种多样的,各种新的玩法是在人们不断探索这一游戏的情况下产生的,跳绳能让我们的课间活动更加有趣,更加多姿多彩。跳绳是一件非常有趣的事情,学生对于跳绳都抱有很大的兴趣。由于平时学习跳绳多是单人跳,复杂的双人、多人跳很少涉及,花式跳绳更是少见,本课就从学生的兴趣入手,让学生充分了解跳绳,接着去发现跳绳的规律,最后创新跳绳玩法。

【教学空间与布置】

地点选择操场。给每个同学划定游戏区域,用作跳绳空间。选择两块较大的场地,用作跳长绳的空间。

(一)选择主题事件,情境导入

情境一:观看大型的跳绳比赛录像

我观察

学生观看录像,并且说说看到了什么,哪些记忆最深刻?

教师指名学生说说,教师适时板书并出示图片。

我交流

普通单跳

双人跳

团体跳长绳

教师：你会跳绳吗？你想跳什么样的绳？

教师指名学生说说，教师适时出示跳绳相关要求。

情境二：阅读跳绳资料

1. 原地跳：原地连续跳跃，不移动位置。

2. 移动跳：变化跳绳位置。

3. 一跳一回旋：跳跃一次，绳索回旋一周。

4. 一跳二回旋：跳跃一次，绳索回旋二周，具体方法同上。

5. 一跳三回旋：跳跃一次，绳索回旋三周，具体方法同上。

6. 二跳一回旋：跳跃二次，绳索回旋一周，具体方法同上。

7. 前回旋（顺回旋）：绳索由体后向上，然后向体前经脚下而回旋。

8. 后回旋（逆回旋）：与前回旋相反，连续动作。

9. 半回旋（前后摆动）：绳索回旋未通过头部上方，连续动作。

10. 体侧回旋：绳索由身体左向右（左）轴，经头上、脚下回旋一周。

11. 空回旋：绳索回旋未经头上、脚下。

12. 正（反）交叉：双臂交叉于体前（背后），而不分开，连续动作。

13. 开叉跳：双臂分开回旋过脚一次后，再将双臂体前交叉回旋过脚之跳跃动作。

14. 水平回旋：绳索回旋与地面保持平行，连续动作。

15. 左右前后开合跳：双脚之跳跃落地即左右前后分开，如一跳左前右后，二跳右前左后，三跳左右开立，四跳两脚并合，连续动作。

16. 前举后振跳：双手执绳回旋，以一脚单独向前举后，随即以同一脚向后摆振，连续动作。

17. 跑步跳：用跑步方式，单脚着地之跳跃。

18. 前侧交互:"前"即是向前或向后回旋,"侧"即身体之左侧或右侧,有回旋过脚或不过脚,并配合速度等不同方式,连续动作。

19. 轴心回旋:以一点为轴心,然后旋转绳索跳跃一周。其轴心在膝关节以下,而以两脚交互跳或跑跳方式跳过绳索,连续动作。

20. 蹲踞回旋:两腿下蹲跳过绳索,其跳过绳索瞬间,膝关节在 90 度以下。

21. 转身回旋:当顺回旋要变成逆回旋时,用转身回旋,连续动作。

此环节最好是课前准备一位会跳绳的学生做相应的演示,教师再出示相关的要求。这样学生可以有一个对比,哪些会了,哪些还不会。这 21 种单人跳法教师适当选择一些简单的和学生互动交流,需要注意时间的控制。

(二)游戏体验阶段

情境三:体验花式跳绳

我交流

教师选择几个学生试一试,适当表扬,激发学生参与游戏活动的兴趣。

教师让学生说说在跳绳的时候,该注意些什么?

我展示

教师选择跳得好的同学进行有一定难度的动作展示。

我总结

我认识到,要想跳得好,在跳绳时我们需要克服自身的心理障碍,协调自身的四肢动作,才能够跳出又多又好的花样来。

情境四:开展跳绳比赛

1. 尝试模拟比赛

教师:我们学校想要举行一场全校的跳绳比赛,可是跳绳的方式有这么多,结合我们刚刚对各种跳绳方式的了解,你们觉得用哪种方式进行比赛比较合适呢?

团体比赛,让尽可能多的人参与。

范围广,比赛必须有益身心。

参与的人多,难度要适中。

……

教师让学生选择伙伴,分小组进行跳绳。全班共分成两队四组,各队派出一组参加比赛。

学生推荐优秀的小组进行展示,其余的学生做拉拉队帮助参赛的同学加油。

我交流

学生互相交流,说说哪组跳得好,为什么跳得好。

教师予以归纳指导。板书:甩绳一致,没有畏惧,速度快……

我总结

小组尝试比赛,汇报结果,总结优劣。

师生观看跳绳比赛视频,结合自己刚刚得出的结果,总结跳绳比赛的技巧。

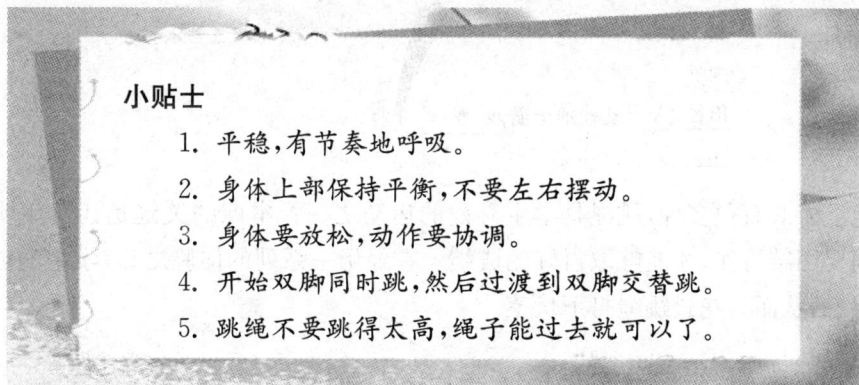

小贴士

1. 平稳,有节奏地呼吸。

2. 身体上部保持平衡,不要左右摆动。

3. 身体要放松,动作要协调。

4. 开始双脚同时跳,然后过渡到双脚交替跳。

5. 跳绳不要跳得太高,绳子能过去就可以了。

2. 组织跳绳比赛

(1)各队再派出另外一组参加比赛,其余学生做拉拉队,评出优胜的小组。

(2)各小组选出优秀的甩绳高手以及跳绳高手,来一次巅峰对决。余者做拉拉队,鼓励参赛者。

(3)教师从优秀的组中选出优秀的甩绳高手和跳绳高手,其余人做拉拉队。看看成绩能不能超越刚才优秀组的成绩。

我探讨

比赛后,教师问:同学们对跳绳游戏了解了这么多,你们对跳绳游戏有了什么新的认识?

学生自由发表意见:有组织,有秩序,团结协作,需要耐心和胆量,克服自己的心理障碍,有效协调自身四肢,与队友团结协作。

我总结

一个小小的跳绳游戏并不像我们想象的那么简单,它能让我们的生活更加多姿多彩。如果我们用心去玩,就能发现很多不一样的东西。只要我们用心关注身边的人和事,哪怕是小小的游戏也能有不一样的收获。

提供研究课题

1. 你还可以创造出哪些花式跳绳?

2. 花式跳绳有哪些历史?

……

引导学生课后拓展的思维导图

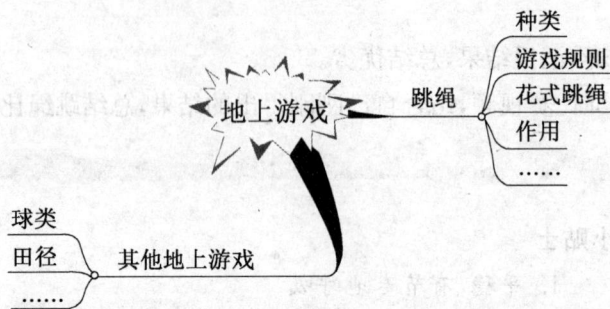

地上游戏有很多种，跳绳是学生喜爱的运动之一。本课的关键是让学生明白团队之间要团结协作，才能够取得好的成绩。在经历一系列的体验之后，学生的创作欲望被点燃，从而为花式跳绳打下伏笔。

（设计者：严善龙）

第四课　空中游戏

领　　域：游戏与环境

相关概念：空中游戏

主题事件：同学们参加"金陵风筝节"放飞比赛活动

一、教学背景

空中游戏相对于地上游戏，它是地上游戏的重要补充。世界一致公认，中国是风筝的故乡。风筝又名纸鸢，至今已有 2 000 多年历史。"放风筝"是中华民族的传统文化之一，它融科技、娱乐、文化等要素于一体，是孩子们喜欢的娱乐活动。我国每年都会举行风筝大赛，中外人士踊跃参加，热闹非凡，形成了风筝热。如今，放飞一只只美丽的风筝已成为学生竞技、健身、娱乐的一项体育活动。

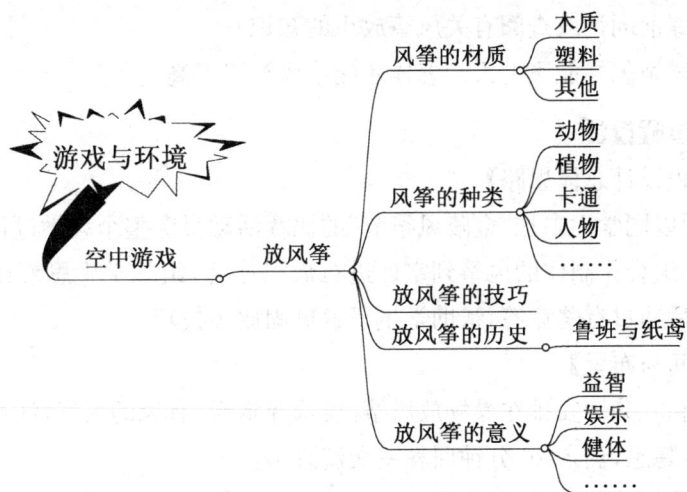

空中游戏：指的是游戏的范围以空中为主，在空中进行飞行、飘荡、转圈等动作，如放风筝、荡秋千、玩纸飞机、抖嗡等。

二、学生学习力达成度

我想：课前我试着放飞风筝，思考风筝怎么会飞上天呢。课后思考怎样才能让风筝飞得又高又稳。

我会：我学会欣赏各种各样的风筝，思考放飞风筝的技巧，并自己会放风筝。

我知：我能够初步了解风筝的历史文化知识,简单了解风筝的放飞技巧,懂得只要努力就能成功。

三、教师教学重点与难点

1. 课前教师要求学生观察空中的风筝,并引导学生进行风筝资料的收集,了解风筝的相关知识。

2. 课内教师引导学生尝试放飞风筝,并从中总结放飞的技巧,明白功夫不负有心人的道理。

四、教学方法

情境模拟、图片呈现、小组合作、实践尝试、讨论交流、总结归纳。

五、教学课时

一课时。

六、教师课前准备

风筝的图片、实物,相关课件。

七、学生课前准备

我感受：自己准备一个风筝,课前自己尝试放飞风筝。

我了解：课前问询或查阅有关风筝放飞的知识。

我思考：风筝怎样能飞上天? 怎样才能让风筝飞得高?

八、教学过程设计

【教学过程设计总体思路】

本课教学以同学们参加"金陵风筝节"的比赛活动贯穿整个教学过程。教师让学生带着自己小组合作制作的风筝到室外进行放飞比赛,组织学生思考讨论风筝飞得高的原因,最后通过有奖竞答,帮助学生了解巩固放飞技巧。

【教学空间与布置】

这节课前 30 分钟安排在操场放风筝,要选择晴天,有风的天气,注意事先要消除操场上的安全隐患,剩余 10 分钟回教室交流总结。

（一）选择主题事件,创设情境

情境一:阅读放飞风筝的注意事项

我阅读

课件出示放飞风筝的注意事项。

1. 在放飞风筝时要把握风向。风大时放,风小时收。

2. 放飞时要注意安全和对风筝的保护。放风筝时,不论风筝大小,放飞者最好戴上手套,以防手掌或手指被风筝线割破或拉伤。

3. 风筝停止放飞往回收线时,不能操之过急,也要注意安全。过急容易将线扯断或在风筝将落地时造成其损坏,有时稍不小心还会被线割伤。小型或稍大一点的风筝,可一个人收线。

4. 收线时,对一些扎工精细、制作复杂的风筝,一定要注意保护,在风筝落地之前轻轻将风筝托住,以防坠地摔坏或擦破。

我交流

学生说说放飞的注意事项。

我了解

1. _____。
2. _____。
3. _____。

(二)游戏体验阶段

情境二:我尝试放飞

教师:大家扎制的风筝谁的能飞得高,飞得远呢? 我们还要比一比,同学们还可以进行一次次的修改和试飞。

学生分小组在室外放飞风筝。

这一环节中,学生亲自动手制作、放飞风筝,在做的过程中思考、改进,真正是手脑并用。

比比大家放飞的结果。

教师:同学们,刚才我们有的小组的风筝飞得高,有的飞不上去? 什么原因呢?

出示学生现场放风筝的图片及成功放飞风筝的一些资料。(学生讨论)

(三) 游戏总结

风筝的放飞和风筝的制作有关系,风筝不能太重,绳子的重心要调好,保证风筝的平衡度。

风筝的放飞和两人的配合默契有关系。

风筝的放飞和放飞技巧有关系,要会观察风力的大小、风向,要根据不同种类的风筝用不同的放飞方法。

情境三:我竞答

教师:我就考你们两道题怎么样? 答对有奖。

出示题目:

---

1. 风筝怎样才能飞上天?

    A. 有风,风筝轻而大   B. 风筝漂亮

2. 风筝放飞是正面迎风还是背面迎风?

    A. 正面迎风   B. 背面迎风

3. 风筝放线是逐段放线、收线,还是一直放线?

    A. 逐段放线、收线   B. 一直放线

学生回答:1. A　2. A　3. A

这一环节中,学生通过竞答,对自己的思考进行验证,并在此基础上引发进一步的思考和课后实践,为今后的研究做好铺垫。

公布评选结果,颁奖。

风筝娃娃:今天,我们评选出了"金陵五大风筝",有请获奖风筝及小组成员。

同学们,"金陵风筝节"即将闭幕,就让我们把美丽的风筝放飞,把美好的理想放飞,把五彩斑斓的希望放飞吧!(PPT 显示"金陵风筝节"闭幕啦!)

提供研究课题

1. 怎样让更重的风筝飞上天?

2. 风筝可以飞多高?

……

引导学生课后拓展的思维导图

借助风力?

？

？

怎样玩风筝?

空中游戏

玩什么样的风筝?

动物类?

植物类?

卡通类?

……

还可以玩什么空中游戏?

通过前一课的学习,本节课着重要学生放风筝。学生在实践中,体验自己自制的风筝成功飞上天的喜悦心情,学生的身体协调、综合协调能力得到锻炼和发展。在课后,学生自己还可以创新设计自己喜爱的风筝。

（设计者:邢巧荣）

第五单元　游戏与经济

课程单元活动名称:游戏与经济

课程单元说明

　　"游戏与经济"是一个知识类教学模块。作为游戏主题的中间篇目,这个模块将引导儿童在阅读、分析相关资料的基础上,从成本到与游戏有关的经营,再到我们所说的游戏消费和游戏室成本。

　　众所周知,游戏是孩子们非常喜欢研究的话题。中国正在成为世界上的游戏王国,作为新兴产业,游戏对经济、民生的影响不可估量。在教学过程中,教师要充分调动儿童的参与意识,利用学生已有的生活经验、感性认识,通过典型数据刺激学生的内在体验,让学生产生进一步探究的欲望。学生通过自主阅读和资料分析,积极探索游戏及相关产业对社会经济的作用,客观地看待游戏与经济的关系。在这个教学模块中,教师应更加关注学生的生活体验,强调让学生在活动中学习。教师应让学生在亲自实践的过程中进行知识的建构、能力的提高和道德的陶冶。同时教师要注意引导学生走进生活,这不仅需要去争取家长的支持,还需要全方位研究利用现有的环境资源来充实课堂,让学生获得真实的情感体验,形成强烈的社会责任感。

课程生长树

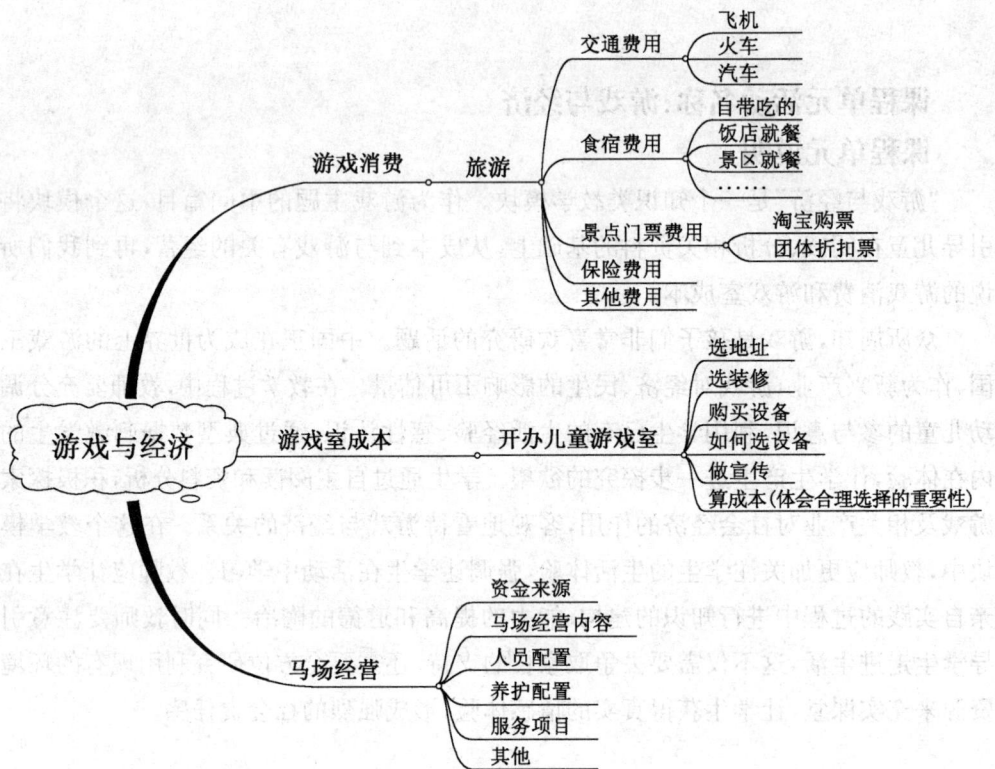

交通费用 ── 飞机
　　　　　　 火车
　　　　　　 汽车

食宿费用 ── 自带吃的
　　　　　　 饭店就餐
　　　　　　 景区就餐
　　　　　　 ……

景点门票费用 ── 淘宝购票
　　　　　　　　 团体折扣票

保险费用
其他费用

游戏消费　旅游

游戏与经济

游戏室成本　开办儿童游戏室

选地址
选装修
购买设备
如何选设备
做宣传
算成本（体会合理选择的重要性）

马场经营

资金来源
马场经营内容
人员配置
养护配置
服务项目
其他

第一课　游戏消费

领　　域：游戏与经济
相关概念：游戏消费
主题事件：我们去北京游玩

一、教学背景

　　游戏消费是第五单元的内容，它是对所有游戏活动的一种必要延伸。经济就是遵循一定经济原则，在任何情况下力求以最小的耗费取得最大效益的一种活动。游戏与经济密切相关，每一种游戏活动都可以有不同的方案，产生不同的费用。作为小学生，对经济这一概念还很模糊，但他们会比较游戏中哪一种方式比较节约、比较实惠。本节课在孩子原有的认知基础上，让孩子通过角色扮演的形式，自己设计一个旅游路线，通过讨论、交流、比较，制定经济、实惠的旅游方案，做一回玩转北京的小游客。学生充分体会到用最经济的费用玩转北京的不容易，感受到要当好一个经济型的小游客，需要不断思考，采取多种办法节约费用，最终才能达到既省钱又开心游玩的目的，学会全面细致地考虑问题。

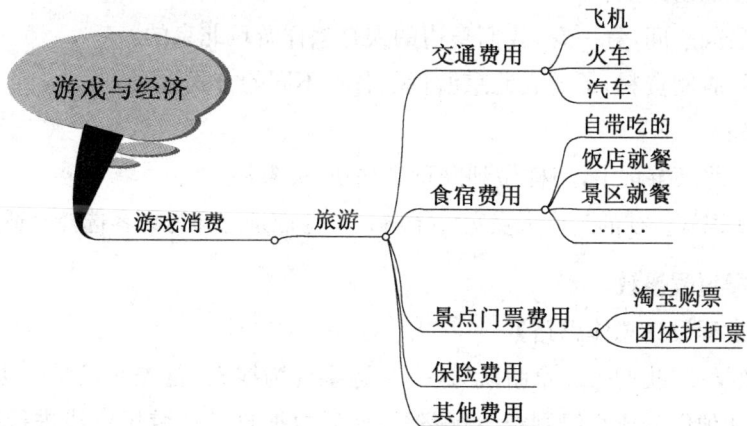

　　消费：通俗地说就是"花钱"。怎样花最少的钱去办最大的事，是每一个人追求的梦想。如货比三家、折扣，等等。

二、学生学习力达成度

我想：课前我喜欢旅游,对到北京旅游感兴趣,喜欢讨论省钱之道,喜欢做小游客。课后我想以最少的钱去玩转北京。

我会：我初步学会如何测算旅游费用,学会对旅游因素优化组合达到经济实惠的游玩目的。

我知：我知道用最经济的费用玩转北京的不容易,当一个经济型的小游客的辛苦;我初步了解采取多种办法节约费用,最终达到省钱的目的。

三、教师教学重点与难点

1. 创设模拟"我们去北京游玩"的情境。
2. 引导学生学会如何在不影响旅游品质的情况下节省用钱。

四、教学方法

体验学习、讨论学习、小组合作、尝试操作、反思学习。

五、教学课时

一课时。

六、教师课前准备

1. 事先准备好去北京游玩的路线图,北京交通旅游图。
2. 事先了解各种交通工具的特点,景点门票的购买途径,食宿的不同标准。
3. 准备 12 张白纸,飞机、火车时刻表,票价。

七、学生课前准备

我感受：问一问,看一看,我们身边的人是怎样游玩北京的?

我了解：查阅资料,了解去北京游玩的各种不同的方式方法。

我思考：

1. 在去北京游玩中,怎样做到既玩个痛快,又省钱?
2. 你认识旅行社的工作人员吗? 了解一下他们是怎样为顾客选择合适的路线的。

八、教学过程设计

【教学过程设计总体思路】

本课教学以"我们去北京游玩"这一主题事件为线索,首先激发学生去北京游玩的兴趣,再让他们分成小组制定游玩路线,然后根据自己的游玩路线进行费用测算,最后进行效果评估,让学生感受到只要全面考虑,做好出游前的充分准备,我们可以花最少的钱玩转每个地方。

【教学空间与布置】

教学的地点安排在教室里,周围张贴世界地图、中国地图,还有中国各个城市的旅游景点图片。

(一)选择主题事件,创设情境

我观看

视频播放:《北京欢迎你》(网址:http://v. youku. com/v_show/id_XMjYyN-TY1NjQ4. htm。)

教师:大家看了这个片子,有什么想说的?

我讨论

学生说说自己的感受。

教师:北京是一座神秘的城市,是大家向往的地方。今年暑假我们去北京游玩,好不好?

(二)学生探索与体验

教师:这次游玩我们不跟旅行社走,自己设计旅游线路,测算旅游费用。各小组比赛,看看哪个小组设计的路线最优、费用最经济、可操作性最强。

情境一:我设计旅游路线

学生 48 人分成 12 个小组,分别设计旅游路线。

我了解

1. 旅游行程要求

出发地:南京

目的地:北京

2. 景点　天安门、故宫、长城、清华园

3. 时间　四天

4. 旅游费用测算

(1) 往返机票、火车票,食宿、市内交通、景点门票,其他开支。

(2) 考虑活动的人数、路线、时间,门票考虑团体票、学生票、成人票及折扣。

往返机票、车票信息一览

车次 类型	发站 到站	发车时间 ↑ 到站时间 ↓	运行时间 ↑	参考票价 ↑ 剩余票量 ↓
G204 详情 ▼ 高速动车	南京南 北京南	07:45 12:15	4小时30分	二等软座 ¥443.5 ▼ 票量未知
G202 详情 ▼ 高速动车	南京南 北京南	07:00 11:33	4小时33分	二等软座 ¥443.5 ▼ 票量未知
T66 详情 ▼ 空调特快	南京 北京	22:48 10:02	11小时14分	硬座 ¥148.5 ▼ 票量未知
D318 详情 ▼ 动车组	南京南 北京南	11:25 18:24	6小时59分	二等软座 ¥313.5 ▼ 票量未知
D316 详情 ▼ 动车组	南京南 北京南	10:00 17:04	7小时4分	二等软座 ¥313.5 ▼ 票量未知
D320 详情 ▼ 动车组	南京南 北京南	11:59 19:16	7小时17分	二等软座 ¥313.5 ▼ 票量未知
D322 详情 ▼ 动车组	南京 北京南	22:31 07:38	9小时7分	二等软座 ¥258.5 ▼ 票量未知
D314 详情 ▼ 动车组	南京 北京南	23:48 08:56	9小时8分	二等软座 ¥258.5 ▼ 票量未知
D312 详情 ▼ 动车组	南京 北京南	22:00 07:07	9小时7分	二等软座 ¥258.5 ▼ 票量未知
车次 类型	发站 到站	发车时间 ↑ 到站时间 ↓	运行时间 ↑	参考票价 ↑ 剩余票量 ↓
G203 详情 ▼ 高速动车	北京南 南京南	18:12 22:37	4小时25分	二等软座 ¥443.5 ▼ 票量未知
G201 详情 ▼ 高速动车	北京南 南京南	12:54 17:26	4小时32分	二等软座 ¥443.5 ▼ 票量未知
G3 详情 ▼ 高速动车	北京南 南京南	14:00 17:39	3小时39分	二等软座 ¥443.5 ▼ 票量未知
G1 详情 ▼ 高速动车	北京南 南京南	09:00 12:39	3小时39分	二等软座 ¥443.5 ▼ 票量未知
G17 详情 ▼ 高速动车	北京南 南京南	15:00 18:47	3小时47分	二等软座 ¥443.5 ▼ 票量未知

东方航空MU2861 空客320(中)	20:50 22:20	禄口机场 首都机场T2	低于60% 57分钟		¥443 4.4折
中国国航CA1504 波音737(中)	20:15 22:15	禄口机场 首都机场T3	低于60% 40分钟	中国国际航空 ¥590	¥530 5.2折
深圳航空ZH1504 波音737(中)共享	20:15 22:15	禄口机场 首都机场T3	低于60% 39分钟	深圳航空 ¥590	¥590 5.8折
中国国航CA1820 波音737(中)	08:50 10:30	禄口机场 首都机场T3	84% 18分钟	中国国际航空 ¥980	¥852 8.4折
中国国航CA1848 波音737(中)	14:00 16:05	禄口机场 首都机场T3	66% 35分钟	中国国际航空 ¥980	¥852 8.4折
中国国航CA1562 波音737(中)	17:35 19:35	禄口机场 首都机场T3	67% 25分钟	中国国际航空 ¥980	¥852 8.4折
中国国航CA1818 空客321(中)	11:35 13:35	禄口机场 首都机场T3	79% 26分钟	中国国际航空 ¥980	¥852 8.4折
东方航空MU2841 空客321(中)	17:00 19:05	禄口机场 首都机场T2	79% 20分钟		¥879 8.7折
东方航空MU2821 空客320(中)	13:00 15:20	禄口机场 首都机场T2	86% 13分钟		¥879 8.7折
东方航空MU2811 空客320(中)	09:00 10:25	禄口机场 首都机场T2	82% 17分钟		¥879 8.7折
深圳航空ZH1562 波音737(中)共享	17:35 19:35	禄口机场 首都机场T3	65% 26分钟	深圳航空 ¥980	¥980 9.7折

我知道

1. 北京旅游景点门票价格及开放时间信息

天安门城楼：15元，学生票5元；9:00～16:30

十三陵：神道 淡季20元，旺季30元，8:00～17:30

　　　　昭陵 淡季20元，旺季30元，8:00～17:00

　　　　定陵 淡季40元，旺季60元，8:00～17:30

　　　　长陵 淡季30元，旺季45元，8:00～17:00

天坛：15元，半价8元

恭亲王府：40元

香山：10元，半价5元

颐和园：30元

圆明园：10元，半价5元

故宫:淡季 40 元(每年 11 月 1 日至来年 3 月 31 日)

旺季 60 元(每年 4 月 1 日至 10 月 31 日)

学生凭学生证 20 元

八达岭长城:45 元,学生半价,乘缆车来回 60 元

2. 住宿信息

×××青年旅舍

☆收藏

地址: 东城区安定门内大街×××号

简介: 大家好,这里是北京×××青年旅舍,位于北京胡同区保存最完好的锣鼓巷以北,北二环内,这里不仅交通便利,更...查看详情»

有房指数:10.0 满意度:98% 入住点评:82 驿站等级:

房间类型	早餐	卫浴	宽带	电视	空调	门市价	优惠价			
大床房	无	有	有	有	有	¥289/间	¥280	返8元	满房	查看
8人间	无	无	有	无	有	¥85/床	¥85	返2元	满房	查看
六人间(带卫浴)	无	有	有	无	有	¥70/床	¥70	返2元	满房	查看

查看全部房型(4)▼

×××青年旅舍

☆收藏

地址: 北京市朝阳区×××号

简介: ×××客栈是一家北京老院子青年旅舍,其地理位置紧邻古都中轴线,交通便利,环境优...查看详情»

有房指数:10.0 满意度:98% 入住点评:37 驿站等级:

房间类型	早餐	卫浴	宽带	电视	空调	门市价	优惠价			
大床房	无	有	有	有	有	¥258/间	¥258	返7元	剩3间	查看
标准房	无	有	有	有	有	¥258/间	¥258	返7元	剩3间	查看
八人间	无	有	有	无	有	¥75/床	¥75	返2元		查看

教师:各小组都设计好了旅游路线,下面我们选取其中两组的设计路线来讨论看看哪组的路线最合适、费用最经济。

情境二:我展示旅游路线

1. 第一组路线展示

第一天:下午坐火车到达北京,入住酒店,自由活动。

第二天:游八达岭长城、明十三陵、奥林匹克公园、鸟巢、水立方。

第三天:游天安门广场、故宫、天坛、颐和园、国家大剧院外围。

第四天:游恭亲王府、清华大学、北京大学、香山、圆明园,坐火车返回南京。

2. 第二组路线展示

第一天：早上坐飞机到达北京，游览长城、明十三陵、奥林匹克公园、鸟巢、水立方。

第二天：游天安门广场、故宫、天坛、颐和园、国家大剧院外围。

第三天：游恭亲王府、清华大学、北京大学、香山、圆明园，坐火车返回南京。

情境三：我讨论与反思

学生根据刚才制定的旅游路线，分组讨论路线的合理性、可操作性、经济性。

我分析

北京旅游行程比较表

行程安排	时间	景点	火车、机票费用	住宿费用	总费用
第一组	四天	游览景点相同，门票费用相同，计305.5元/每人	动车往返共757元/每人	280元/每人	1 342.5元/每人
第二组	三天	游览景点相同，门票费用相同，计305.5元/每人	飞机票852元加动车票443.5元，共计1 295.5元/每人	210元/每人	1 811元/每人

教师：刚才大家根据两个小组的旅游路线测算了各项费用，并通过表格的方式进行了对比，哪一组的方案更经济实惠一目了然。

教师：我们出去玩是不是花钱越少越好呢？

我讨论

学生提出自己的看法：这要根据实际情况，以旅游的景点安排、交通住宿的舒适度而定，不能一味地节省，而玩得不开心。

思维延伸

教师：出去旅游是一件有意思的事，也是一项不小的支出。我们怎样让自己的旅途既愉快又经济呢？

我总结

制定合理的旅游线路；有时间的情况下，选定旅游淡季出行；三四个人组团出行；选择合适的交通工具；网上提前订购机票、火车票、酒店、门票等；出门带上有用的相关证件。

提供研究课题

1. 旅游中，倘若遇到不可抗力或意外事件怎么办？

2. 身边还有哪些类似的消费？

......

引导学生课后拓展的思维导图

本课注重锻炼孩子的观察与思考、分析与综合、归纳与总结的能力,在比较中让孩子明白,只要认真思考、合理规划,就可以提高我们的消费水平和消费质量。从小培养孩子的综合思维能力很重要。

(设计者:邢巧荣)

第二课　游戏室成本

领　　域：游戏与经济
相关概念：游戏室成本
主题事件：我帮邻居策划开儿童游戏室

一、教学背景

游戏室成本是对游戏消费的一种具体化的体验与感受。本课的主题是"我帮邻居策划开儿童游戏室"。现实生活中,游戏室是很多学生喜欢去的地方。虽然游戏室里有的运动游戏、益智游戏对学生并没有什么影响,但是也有很多对小学生有害的游戏。小学生对于游戏程度的把握还不够,有的学生沉迷于游戏,耽误了学习。

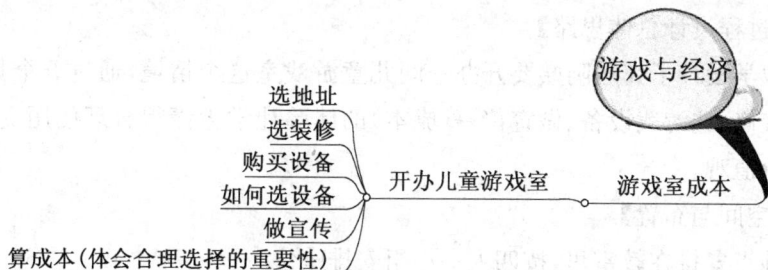

成本:通俗地说就是做事需要准备的"本钱",如开办儿童游戏室需要租金、购买装备的资金、雇佣金、广告费等等。

二、学生学习力达成度

我想：课前我对儿童游戏室有非常大的兴趣;课上我思考如何选择合适的地点,如何装修、购买设备,并思考如何做好开业前的宣传;课后我想在做事情时合理地使用资金。

我会：我合理地使用资金开儿童游戏室,会计算开办儿童游戏室的成本。

我知：我知道开办儿童游戏室的具体过程,知道如何选择有益身心发展的游戏设备,知道节约儿童游戏室的成本。

三、教师教学重点与难点

1. 让学生了解儿童游戏室的成本构成,学会计算成本。

2. 如何激发学生在开办儿童游戏室时合理使用资金。

四、教学方法

视频观看、自主计算、体验学习、自主探究、讨论交流、反思评价。

五、教学课时

一课时。

六、教师课前准备

多媒体 PPT 课件,教学需要的各种表格和阅读资料。

七、学生课前准备

我感受:去儿童游戏室看一看,了解一下游戏室中都有些什么?

我了解:查阅资料,了解一下什么是游戏室成本?

我思考:

1. 一间儿童游戏室的成本由哪些部分组成?

2. 儿童游戏室一般都选在什么地方开设?

八、教学过程设计

【教学过程设计总体思路】

本课教学设计了邻居阿姨要开办一间儿童游戏室这个情境,通过五个具体情境(选地址、装修、选游戏设备、做宣传、算成本)的体验让学生懂得合理使用资金,并树立正确的价值观。

【教学空间与布置】

教学地点安排在教室里,按四人一小组安排座位。

(一)选择主题事件,创设情境

教师:同学们,你们去过游戏室吗? 你们对游戏室有多少了解? 你们知道游戏室的设备摆设和环境布置吗?

教师:我家门口的邻居阿姨也想办一个儿童游戏室,但她现在很烦恼,我们去看看她在烦些什么。

(二)学生探索与体验

情境一:选地址

我设问

我现在有 4 个地方可以选择,大家帮我选一选哪个更适合?

课件显示:市中心,如新街口,租金 80 000 元;

综合购物场所,如水游城,租金 60 000 元;

居民多的地方,如南湖,租金 50 000 元;

郊区,如溧水洪蓝,租金 30 000 元。

我思考

大家想想我该选哪一个地方呢?

我的选择	我的理由

我讨论

我们为什么要这样选择,那最佳的方式是什么呢?

我交流

学生交流"我选择的理由"。

市中心:购物的人多,但租金贵。

综合购物场所:购物的人多,租金稍贵一些。

居民多的地方:人多,特别是孩子也多,人们出行较方便,租金稍便宜一些。

郊区:人少,出行不便利。

情境二:装修游戏室

我设问

终于把这个烦恼解决了,后面开始装修了,我这儿有三种方案,还没决定选哪一种呢? 你能帮我选一选吗?

方案一:我市非常有名的设计装修公司,需花费 50 000 元。

方案二:一家普通的设计装修公司,承诺装修用的材料均是环保产品,需花费 30 000 元。

方案三:无资质的装修队,需花费 10 000 元。

我思考

我的选择	我的理由

教师引导学生讨论:我们为什么要这样选择,那最佳的方式是什么呢?

我交流

学生交流各自选择的方案并说说其中的理由。(从环保、价格两个方面来引导学生交流。)

情境三:选购游戏机、雇用人员

我设问

我们游戏室快装修好了,我准备购买 20 台设备,供货商给我看了许多游戏机的种类,大家都来帮我看一看,选一选。

---

5 000 元　　5 000 元　　5 000 元

4 000 元　　3 000 元　　4 000 元

1 000 元　　2 000 元　　2 000 元

2 000 元　　2 000 元　　3 000 元

4 000 元   5 000 元

这一环节意在培养学生竖立正确的价值观,不去选择不利于儿童身心发展的游戏设备。教师在此环节还可以讲述一些犯法的案例。

我阅读

例1:(走上犯罪道路)某省重点中学的江姓学生,迷上了游戏机,每天消费几元钱,时间一长,玩瘾越来越大。起先他克扣自己的"饭钱",后开始编造各种理由找父母索要,还将父亲收藏多年的一本邮册偷卖了300元,几天便玩光了。于是他弄来匕首出门"唬"钱,从一位老奶奶和一名17岁的女孩那里分别"缴获"了200元和50元。后来,小江在上学途中,举起匕首逼迫一少妇拿出80元钱时,被民警截住。

例2:(影响学习)一名15岁的初中生因迷恋电脑游戏而离家出走,竟然连续24天不到学校上课,也不回家,整天泡在游戏机室。这些电脑游戏室24小时营业,提供"吃住玩一条龙"服务。一家人日夜提心吊胆,20多天时间就像熬了20多年。

我思考

学生完成第三项选设备的填写,并说一说选的理由。

我的选择	我的理由

老师可以给上述游戏机设备做好编号,通过写编号的形式完成20台数量的填写。

我讨论

上面的设备有哪些我们是不应该选的呢?

我交流

我们应该选择一些适合我们身心发展的设备,有血腥、赌博性质的设备我们不应该选择,另外还要注意多样化,避免单调。

我买好游戏机,还要雇几个人来保洁和维护。

雇人(1人)一年要花25 000元

情境四:做宣传

我思考

马上就要开业了,同学们想想怎样帮我宣传宣传啊?

我讨论

四人一小组讨论讨论,写出你们的计划。

宣传费用预估表

宣传的纸张 (0.1元/张)	临时雇用的人员 (150元/人)	天数
总计费用:		

情境五:计算成本

我整理

同学们,刚才我们帮邻居完成了一份开办儿童游戏室的策划,我来考考大家,你们分析一下一间儿童游戏室成本都由哪些因素构成。

学生:租场地、装修、买设备、做宣传、雇人员等费用。

儿童游戏室成本

租场地	装修	买设备	雇人员	做宣传
总计费用:				

我计算

收入:第一天运营下来,共收入了 500 个游戏币,即 500 元。

同学们帮我算一算一个月的收入,并算一算大概需要多久才能收回成本?

我总结

教师问:同学们,今天我们帮助邻居完成了一次儿童游戏室的策划,你从中有什么样的体会啊?(引导学生从合理使用资金,选择有益身心发展的设备等方面交流。)

教师问:一间儿童游戏室的成本是不是只有这些呢?

提供研究课题

1. 倘若在经营过程中,遇到意外伤害或者经营不善怎么办?

2. 国外是怎样经营儿童游戏室的?

......

引导学生课后拓展的思维导图

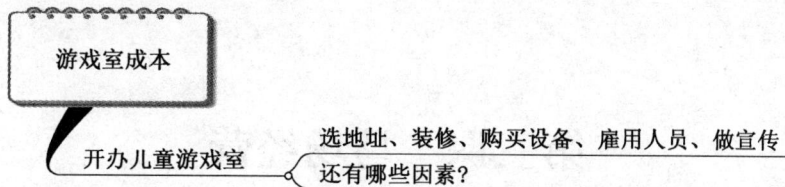

游戏室成本

开办儿童游戏室 —— 选地址、装修、购买设备、雇用人员、做宣传
还有哪些因素?

　　本课通过大量事实对比,让孩子发现开办儿童游戏室需要的成本。孩子们对这种游戏活动很感兴趣。要想办好儿童游戏室不仅仅需要我们所知道的表面上的几个条件,还需要营业执照、保证金等等。课后孩子在真实的实践中明白开办游戏室还需要准备什么,通过分析与综合,最终知道做一件事需要考量多方面的因素。本课重在培养孩子善于发现、勇于实践的良好品质。

(设计者:郭静)

第三课　马场经营

领　　域:游戏与经济
相关概念:马场经营
主题事件:我来当马场老板

一、教学背景

马场经营是继"游戏室成本"之后的一项游戏内容。游戏与经济密切相关,但是作为小学生,还没有一定的了解。孩子通过角色扮演的形式,自己做一回马场的老板,充分体会到当老板的不容易:要当好一个老板,需要不断创新,采取多种方法改善经营方式,全面细致地考虑问题。

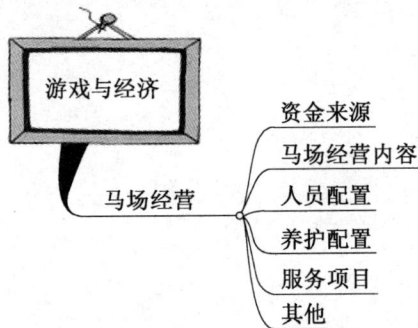

经营:含有筹划、谋划、组织、治理等含义,在实践中,需要综合性的考量,如本文中的马场经营,要考虑方方面面的内容才能经营起来。

二、学生学习力达成度

我想:课前我愿意参加骑马的游戏,对游戏角色产生浓厚的兴趣。在游戏中,我对经营马场感兴趣,我喜欢讨论经营之道,我喜欢做马场老板。课后我想去了解除了游戏,我们还担当了哪些角色。

我会:我会扮演不同的角色来进行骑马的游戏,初步学会如何经营马场,如何生财。

我知:我知道马场经营的盈亏和甘苦,我初步了解马场的经营之道。

三、教师教学重点与难点

1. 学生想象自己是马场老板，通过自己的经营管理认识到马场老板的辛苦。

2. 学生初步学会如何经营马场，如何生财。

四、教学方法

体验学习、讨论学习、调查法、尝试操作、反思学习。

五、教学课时

一课时。

六、教师课前准备

1. 马的饲料等物品。

2. 学生骑马时的配乐。

3. 相关字卡。

七、学生课前准备

我感受：课间可以先体验一下骑马的游戏。

我了解：上网查资料了解一些游戏时要注意的安全事项。

我思考：

1. 马场里面会布置些什么？

2. 马场里面有哪些种类的马？

3. 进入马场有什么要求？

八、教学过程设计

【教学过程设计总体思路】

本次游戏活动重在体验，学生的整体参与是本课的一个重点。如何经营马场是一个综合思考的话题，学生需要结合生活实际的问题展开合理想象，团结协作，共同解决遇到的问题。在游戏活动中，教师让学生勤于思考、乐于交流，真正地做到学以致用。

【教学空间与布置】

在教室里按照马场的规格简单布置，便于学生体验。

（一）选择主题事件，创设情境

教师：亲爱的同学们，你们去过马场骑过马吗？知道马场怎样经营吗？我大学毕业后，没找到工作，朋友介绍我去承包马场，当马场的小老板。

教师：同学们，你们能不能顺利完成这项任务呢？

（二）游戏体验阶段

情境一：初始运营

1. 教师：我们现有资金 20 000 元，同学们想一想办一个马场需要准备些什么？

学生小组讨论,交流,汇报。

教师根据学生的回答出示板书:场地租金每月 10 000 元、买马 4 000 元、工人每月工资 2 000 元,设定票价为每人骑马一次 5 元。

2. 教师:准备好了以后,马场开始运营了。

角色扮演:两个学生扮演大马,三四个学生扮演顾客。

3. 教师:平均每天接待 30 人,收入 150 元。

情境二:运营问题出现

1. 教师:没过多久,就出现问题了。这匹吃青草、干草的马,每天接待的人太多,累得不行,生病了,怎么办?

2. 学生小组讨论,交流,汇报。

去看兽医,马看兽医一次需要 200 元,但是接二连三地生病,共花去 1 000 多元。

看病花费太高,马又累得经常生病,怎么办呢?

小组讨论,交流,汇报。

3. 教师引导学生归纳:马吃得不好。马除了吃青草、干草等粗饲料之外,还得吃精饲料,就是料豆、麦子,才能保证体力。(购买精饲料花去 200 元。)

情境三:运营出现严重问题

1. 教师:可是没几天又出现新情况了。一次意外,马被绊倒了,马又重伤,医疗又花费了 800 元,又该如何解决呢?

2. 学生小组讨论,交流,汇报。

3. 教师:马场外设围栏,花了 2 000 元。

教师:因为是大马,并且每天太辛苦了,脚步不稳,摔伤了一位小朋友,赔偿 4 000 元医疗费用。

教师:遇到这样的情况,该怎么办呢?

4. 学生小组讨论,交流,汇报。

(1) 办理意外保险,每月 100 元。

(2) 购置一匹小矮马,花去了 2 000 元。

情境四:经营思路改革

1. 教师:经过几次意外事故加之经营不善,马场亏损严重,我们要采取什么办法来挽救马场呢?

学生小组讨论,交流,汇报。

银行贷款 20 000 元。

通过银行贷款,马场的运营暂时走上了正轨。

2. 教师:但是各项开支费用太大,马场经营仍然没有多大起色,要实现真正的扭亏为盈,还要想哪些办法,采取什么措施?

学生小组讨论,交流,汇报。

(1) 发放纸制广告单,招揽顾客。结果每天增加了 30 人。100 份广告单的费用共 20 元。

广告宣传是有作用的,进一步联系电台、电视台播放广告。费用 3 000 元。

(2) 购置母马供人拍照,每次 5 元。

(3) 准备一些少数民族和其他制服供游客拍照使用,拍照每次 10 元。

随着一系列方法的采用,马场经营方式得到了改善,可谓转型升级了。与此同时,马场实现了扭亏为盈。

(三) 游戏总结阶段

教师:通过本次角色扮演活动,你们有什么感悟?

学生:充分体会到当老板的不容易,要当好一个老板,需要不断创新,采取多种办法改善经营方式,全面细致地考虑问题。这样才能够实现赢利和不断地扩大规模。

课后延伸

正当马场经营规模不断扩大时,一场突如其来的金融危机席卷了东南亚,我们经营的这个马场也毫无例外地受到冲击,再次陷入了困境。怎么办? 怎么办? 再次需要大家开动脑筋,让马场可持续地发展下去。课后我们进行深入讨论交流吧,相信大家一定有好办法!

提供研究课题

1. 如果经营不善怎么办?

2. 如果经营效益非常好,还可以做些什么?

……

引导学生课后拓展的思维导图

老马又怎样安排?　　　　　怎样能够获得更多的养护资金?

是否可以认领小马?　　马场经营　　病死的马怎么处理?

本课让学生多方位思考怎样应对马场经营中出现的种种状况,经过观察思考,分析综合,最终让学生知道只有坦然面对问题,并提出解决方案,才能够将马场经营下去。课后,学生可以继续思考会出现的问题,并把问题解决,培养学生勤于思考、善于发现的良好学习品质。

(设计者:刘暄)

第六单元　游戏管理

课程单元活动名称:游戏管理

课程单元说明

"游戏管理"是一个知识与技能类的教学模块。这个模块将引导学生在对游戏有初步认识的基础上,了解一些游戏管理规则等方面的常识,培养学生的社会责任感和自律意识。

在教学过程中,教师要充分利用学生已有的生活经验、感性材料,拓展学生的思路,引发学生对生活中常见的游戏安全及相关问题的思考。采用"问题—探索—交流"的学习模式,旨在为学生自主学习提供一个优良环境,将学生置于广阔的社会空间中,最大限度地发挥学生的自主性、主动性和创造性。游戏管理安全是文明游戏的保障。本单元的教学并不着力让学生学习"规则",而是通过对游戏安全的初步了解,引导学生尊重生命,培养其社会责任感。

本单元通过对本地区游戏安全的了解,懂得在玩游戏过程中,不健康的游戏会给社会带来负面影响。由于这些内容非常贴近学生的生活,因此本单元在设计上应以新课标精神为指导,将多媒体资源与教学内容融为一体。

课程生长树

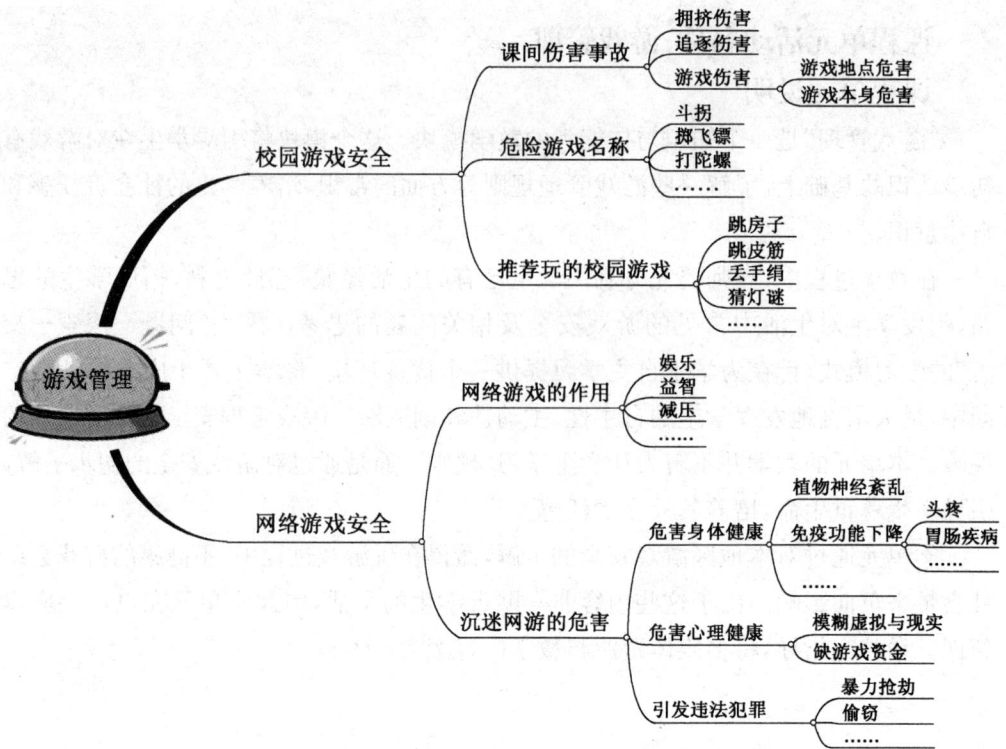

第一课　校园游戏安全

领　　域:游戏管理
相关概念:校园游戏安全
主题事件:我当校园安全管理员

一、教学背景

"校园游戏安全"是第六单元"游戏管理"的第一项内容。学习了大量的游戏知识,学生对游戏产生了浓厚的兴趣,本课主要对学生在游戏过程中进行安全教育,了解现在的学生玩什么。电脑游戏已经成为学生课间聊得最多的话题之一。目前大部分学校学生课间活动的现状:由于占地面积较小,学生的活动场地不大,活动器材也十分有限,课间十分钟成了孩子们高叫的十分钟、嬉闹的十分钟,也成为校园意外事故高发的十分钟。"下课玩什么? 怎么玩?"的大讨论,让学生明确安全进行课间活动的重要性和必要性。因此,指导学生开展有益的、丰富多彩的课间活动是十分必要的,让学生在玩中有所乐。教师要使学生知道哪些是健康的课间活动,值得提倡;哪些是不健康的课间活动,应当制止。玩游戏是学生除了上课之外在校园内做的最多,也是最感兴趣的事。学校内游戏的地点、游戏的种类、游戏器械的选择等都存在不安全因素,学校要进行安全管理。

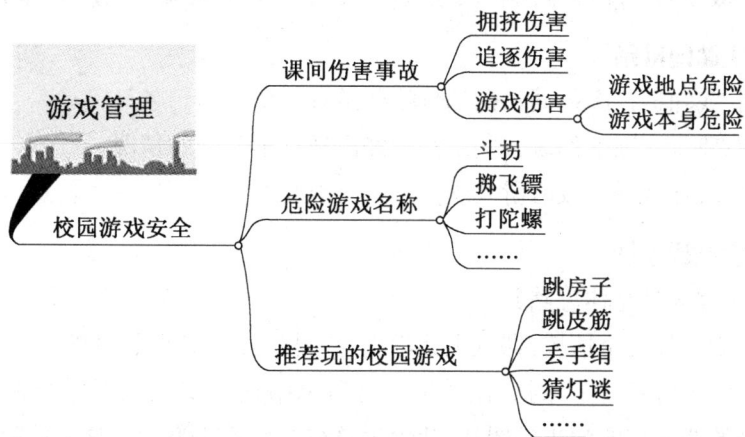

游戏管理:通俗地说是对游戏的一种"约束"。任何游戏都会有潜在的危险性,或多或少,或大或小罢了。如何避免危险的发生,是每一个游戏组织者和参与者需要思考的话题。

二、学生学习力达成度

我想:课前我愿意参加课间活动,对课间游戏活动有着浓厚的兴趣。课内我通过对平时课间活动的罗列,我清楚什么样的课间活动是值得提倡的,什么样的是不合适的。课后我想去了解除了课间游戏,我们还有什么课间活动。

我会:我会合理安排课间十分钟,会开展安全的课间游戏,并自觉地监督别人。

我知:我知道校园游戏要选择合适的地点,校园游戏要选择文明的游戏,并且在活动中时时处处记住安全的重要性。

三、教师教学重点与难点

1. 引导学生了解校园游戏存在的安全问题,合理安排课间十分钟,引导学生认识到校园内学生安全的重要性。

2. 教育引导孩子认识到校园游戏安全的重要性,学会文明游戏。本次活动有助于规范学生的课间活动行为,使学生成养成良好的行为习惯。

3. 教师引导学生关爱他人,培养学生的责任意识。

4. 教师激发学生玩健康安全校园游戏的愿望。

四、教学方法

图片展示、讨论交流、反思评价、课堂体验。

五、教学课时

一课时。

六、教师课前准备

事先拍摄好的意外伤害视频、学生意外受伤的照片、陀螺、鞭子、袖章。

七、学生课前准备

我感受:我知道校园内同学们都玩哪些游戏。

我了解:我了解同学们玩哪些游戏曾经出现过不安全的情况。

我思考:玩什么样的校园游戏既安全又有趣呢?

八、教学过程设计

【教学过程设计总体思路】

本课教学设计两个情境:课堂上让学生玩斗拐、打陀螺两个游戏。第一个情境是学生参与第一个游戏——斗拐,让学生体验后总结这个游戏是否适合在校园里玩。播放玩这个游戏受伤的学生的图片,让学生总结这个游戏为什么这么危险,类似这样不安全的游戏还有哪些。学生会自己总结出有些游戏项目不适合在校园里玩。第二个情境是教师拿特制的线做的鞭子抽陀螺,学生分析在教室里抽陀螺有哪些不安全的因素。学生总结出玩游戏要选择安全的场地,游戏器械的安全也很重要。

【教学空间与布置】

教室内桌椅摆放在教室四周,学生坐在四周。教室中间留一块空地供学生游戏用。学生要参加游戏,所以要穿运动鞋、运动服。教室地面不能太光滑。

(一)选择主题事件,创设情境

谈话导入:宁静的校园,随着一声下课铃响,学生们像小鸟一样飞出教室,校园里热闹起来了。课间活动是我们校园生活中一个不可缺少的部分,课间活动时间也是最受我们喜欢的时间段。今天老师请同学们来当校园安全管理员,(教师给学生发管理员袖标。)我们先得看看同学们的课间通常是怎么度过的,同学们都开展过哪些丰富多彩的活动。

师生共同介绍一些游戏的玩法。

这个环节主要是让学生回忆校园内学生玩的游戏。

(二)学生探索与体验

情境一:组织学生玩斗拐游戏

1. 当学生说到斗拐的时候,组织两个学生到场地中间玩斗拐游戏。

教师:许多同学都玩过斗拐游戏,谁玩这个曾经受过伤?(同学自由发言)老师也知道这样一件关于斗拐的事。

教师播放课件:

> 某学校的下课休息时间,学生李某和张某玩起了斗拐的游戏(一条腿盘在另一条腿上,两人互相撞击),张某因斗不过李某,就用手将李某推倒,致使李某右大腿骨折。李某出院后,经法医鉴定,为9级伤残。

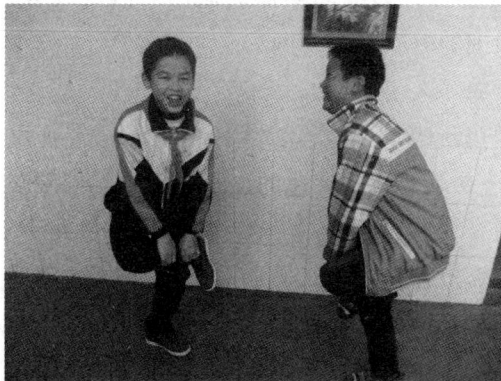
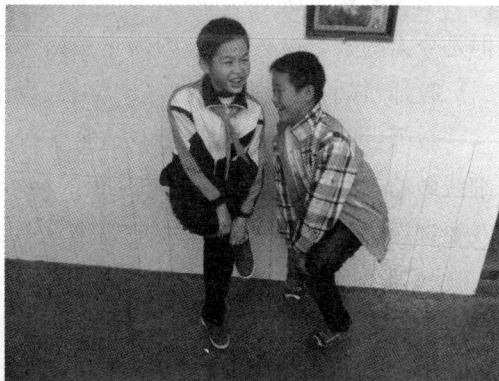

斗拐1　　　　　　　　　　　　　　　斗拐2

教师:请同学们谈谈对这件事的看法。

学生发言,例如:斗拐这个游戏太危险了,我们以后不能玩了。

2. 现在有请我们班的校园安全管理员上场。

选出两名戴安全管理员袖章的同学,对游戏活动场所进行校园安全管理,并且对玩游戏的同学进行劝说。例如:同学,这个游戏很危险,你们不要玩了。你们选择其他文明的游戏玩吧。

3. 教师:同学们,各位安全管理员们,你们能给我一个建议吗?什么样的游戏项目不适合在校园里玩?(同学自由发言,说出不适合在校园里玩的游戏。)

这个环节主要是让学生总结出不适合玩的游戏项目。当学生再想起玩这些游戏时会意识到其中的危险,当他们看到别人玩危险游戏的时候会去制止。

情境二:学生打陀螺体验

1. 同学们,你们见过这个吗?(出示陀螺,同学自由发言。)

今天我们玩一个打陀螺的游戏吧。谁会玩,请给大家示范一下。

打陀螺1 打陀螺2

2. 选同学玩打陀螺游戏。

陀螺的鞭子很长,所以会碰到旁边的同学。旁边的同学都会做出躲闪的姿势。但是今天的鞭子没有危险,因为它是由一根细的缝衣服的线做的。

教师:你们为什么躲呀?(同学答:鞭子太吓人了!)

教师:那你们说说这个游戏适合在校园里玩吗?(同学答)今天的鞭子是老师用细线做的,碰一下不要紧,如果是粗的鞭子恐怕就要伤到旁边的人了。看来玩校园游戏要选择合适的场地,有些场地狭小就不适合玩一些游戏。

教师:你们说说看,我们校园里哪里不适合玩游戏。(同学自由发言,总结出不适合玩游戏的地点。)

3. 教师:同学们,和陀螺鞭子一样有危险的游戏器械还有哪些呢?(同学自由发言,总结出玩具枪、弹弓、飞镖等不适合在校园里玩。)

4. 请游戏管理员上场进行游戏安全管理。例如:危险的游戏器械不能带到校园里,打豆子的玩具枪、各种刀剑的模型等都不适合在校园里玩。不能选择危险的地方玩游戏等。

这个环节主要是让学生总结出不适合在校园里玩的游戏器械和不适合玩游戏的场地。当学生再拿起这些游戏器械时会意识到其中的危险,当他们看到别人拿这些游戏器械玩游戏的时候会去制止,当他们选择有危险的场地玩游戏时会意识到要选择合适的场地。

5. 课间游戏既然存在这么大的安全隐患,那我们课间十分钟就不要活动了。看一则新闻报道,说说这样做可不可以。

学生看新闻,发表意见。(因为安全问题就取消学生正常的课外活动,甚至不允许学生出教室,不仅不利于孩子的生理成长,也会抑制孩子天然个性的生长,甚至影响孩子心理的正常发育。)

情境三:学生体验校园管理

1. 教师:同学们,看来校园里的游戏安全确实需要管理。那么由谁来管理呢?(学生自由发言)对,同学们说的对,只靠值班教师管理是远远不够的,同学们也应该参加进来。同学们如果来参加安全管理又该如何安排人员和时间呢?(学生自由讨论、汇报。)

2. 同学们说的班级轮流值班,真是个好办法。这周是我们班当值,请同学们好好管理校园游戏的安全吧。请班长把全班分成五个小组,每组选出小组长,小组长安排好自己组员的分工地点。

3. 第一小组,体验安全管理工作。

(1) 一名学生在校园里玩飞刀,请同学进行管理。(劝说他不要拿危险的游戏器械,不要玩危险的游戏项目。)在管理的时候要注意什么?(文明、礼貌、公平。)

207

（2）教师扮演一个十分不受管理的学生，非要在校园里玩陀螺，请同学们进行管理。对于这种不服从管理，执意玩危险游戏的学生该如何处理？（学生讨论、汇报，例如：记下班级，进行扣分，或者进行校园安全教育等。）

（3）如果发现有人玩游戏受伤了，该如何处理？（学生讨论、汇报，例如：送医务室处理，报告班主任，给家长打电话等。）

（三）学生的总结与延伸

课间十分钟是快乐的十分钟，但同时也是危险高发的十分钟。我是一名校园安全管理员，针对我们的活动，你们有什么建议？大家能为我想想办法吗！

1. 学生分组讨论交流，形成方案。

2. 全班交流，写一份倡议书。

谢谢同学们为我们出谋划策，现在我们知道要当一名校园安全管理员可真不容易，课间要指导同学们有序地开展课间活动，当同学们出现问题的时候，我们还要会处理。同学们，你们知道了吗？

希望同学们都积极地参与到文明游戏的玩耍中，让"安全之花"开满我们的校园。课后每位同学都去当一回校园安全管理员。

提供研究课题

1. 校园中，还有哪些不安全的游戏场所？

2. 怎样让更多的同学理解校园游戏安全管理？

……

引导学生课后拓展的思维导图

本课让孩子多重体验校园游戏安全的重要性，学生在体验和交流中，明白不仅仅需要遵守游戏的规则，还需要考虑外界因素。孩子需要学会综合考虑问题的能力。课后让学生能够寻找适合自己游戏的场地。

（设计者：葛丽霞）

第二课 网络游戏安全

领　　域：游戏管理
相关概念：网络游戏安全
主题事件：我做小小网络管理员

一、教学背景

　　网络游戏安全是校园安全管理的重要组成部分。网络游戏的诞生让人类的生活更丰富，从而促进了全球人类社会的进步，并且丰富了人类的精神世界和物质世界，让人类的生活品质更高，让人类的生活更快乐。但是，网络游戏也给社会，尤其是青少年带来很多负面影响。它让很多青少年沉迷其中，不能自拔，影响了青少年的身体及心理健康，带来了一系列教育、社会问题。提到网游，人们往往会把它和未成年人的健康联系在一起，并把它视为青少年误入歧途的罪魁祸首。这种热点问题大部分集中在网络游戏造成的负面影响上。网游所带来的一系列教育、社会问题不容等闲视之，特别是对于青少年的危害我们更是要严加提防、马虎不得。因此网络游戏安全问题便被提上日程。

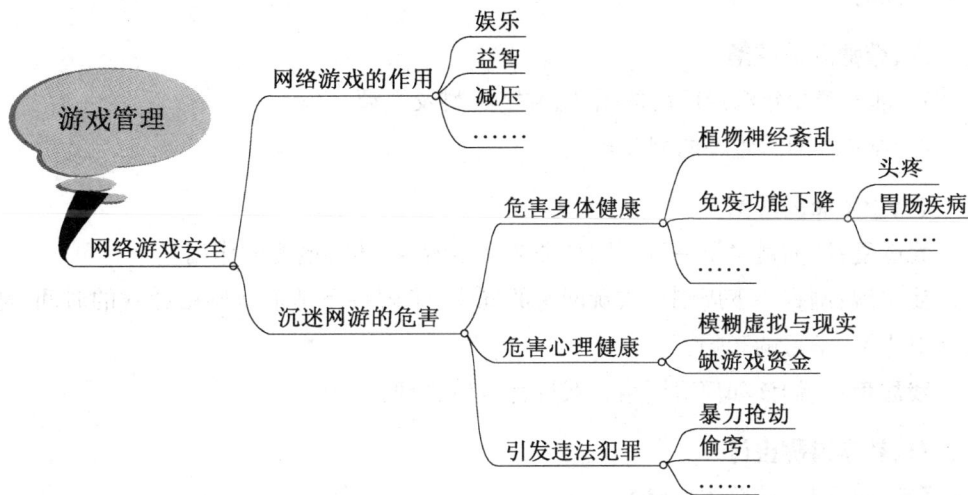

　　网络游戏：英文名称为 Online Game，又称"在线游戏"，简称"网游"，指以互联网为传输媒介，以游戏运营商服务器和用户计算机为处理终端，以游戏客户端软件为信

息交互窗口的,旨在实现娱乐、休闲、交流和取得虚拟成就的具有可持续性的个体性多人在线游戏。

二、学生学习力达成度

我想:课前我很想玩网络游戏,并希望了解如何对网络游戏进行管理。在课内我认识到沉迷网络游戏的危害。课后我希望能对学校的网络游戏活动进行管理。

我会:课前我能通过查阅资料、思考交流,了解沉迷网游的危害。在课堂中,学会正确的网络游戏管理的方法,自觉接受他人的管理,也主动地进行自我管理。

我知:我知道有些网络游戏本身是可以娱乐身心的,有些是有害的,沉迷于网络游戏是有害无益的。为了青少年的身心健康,加强网络游戏管理是很有必要的,我知道如何加强网络游戏管理。

三、教师教学重点与难点

1. 引导学生了解网络游戏在我们生活中的正面作用,知道它并不是万能的,也有很多负面影响,运用不当会产生很大的危害。

2. 引导学生正确对待网络游戏,知道在生活中我们该怎样去玩网络游戏。

3. 充分发挥学生的主动性,了解网络游戏的管理办法,自觉对网络游戏进行管理。

四、教学方法

启发引导、讨论交流、信息呈现、小组互动。

五、教学课时

一课时。

六、教师课前准备

1. 准备青少年沉迷网游的图片、文字资料及视频。

2. 查阅对网游管理的相关知识。

七、学生课前准备

我感受:课前适当玩一玩不同种类的网络游戏,体会网游的作用。

我了解:调查一下周围喜欢玩网游的同学,了解一下他们玩网络游戏的时间、地点及对生活、学习的影响。

我思考:我们该如何对网络游戏进行有效管理?

八、教学过程设计

【教学过程设计总体思路】

本课教学创设"我是小小网络管理员"的事件。首先播放视频,让学生观看了解青少年沉迷网游的种种危害,引发学生的思考讨论,从而想到要对网游进行管理。接着,通过学校电脑课学生玩游戏及因为网游而影响学习甚至走上犯罪道路这一系列问题的讨论,学生进一步明确要对网游进行管理,并讨论交流管理的办法。最后发出倡议,要求大家携手净化网络环境,拒绝不良网络文化。

【教学空间与布置】

教学地点安排在教室,课桌分小组摆放,便于大家分组讨论。墙上张贴一些因为沉迷网游而危害身心健康的文字、图片资料。

(一)选择主题事件,创设情境

我观看

播放视频:网络成瘾,青少年成重灾区。(网址:http://v.ku6.com/show/Nje-C3WM6oay84kF.htm。)

我讨论

教师:看了这段视频,你们想说些什么?

学生小组讨论,发表看法。

我填写

沉迷网络游戏的危害：

1. ＿＿＿＿＿＿＿＿＿＿。

2. ＿＿＿＿＿＿＿＿＿＿。

3. ＿＿＿＿＿＿＿＿＿＿。

教师：看来沉迷网络游戏的危害不小呀，我们一定要进行安全管理。今天我们来做一名小小网络管理员。

（二）学生探索与体验

情境一

学生利用上电脑课的时间，在学校的电脑上玩网络游戏，玩一会掉线了，玩一会又掉线了，干脆不玩了。

教师：同学们，你们发现什么问题了吗？

我分析

学生分小组针对情境一的现象进行讨论分析。

教师：原来是我们的小小网络管理员发挥作用了。他是怎么管理的呢？

网络游戏安全管理妙招一：对网络进行限速。

教师：大家看看，网络速度慢了，很多游戏就玩不起来了。妙呀！

情境二

学生在电脑房准备玩游戏，可是游戏网站总是上不去，急得团团转。

我揭秘

学生讨论揭示：这些游戏网站被屏蔽啦！

网络游戏安全管理妙招二：屏蔽游戏网站。

教师：这些小小管理员，方法真不少。

情境三

学生在家玩游戏，玩的时间超过 3 小时，自动掉线了。怎么回事？

我讨论

电脑安装了防沉迷系统,控制游戏时间,阻止他们沉迷于网游。

网络游戏安全管理妙招三:控制网络游戏时间。

小贴士

防沉迷系统,全称网络游戏防沉迷系统,是中国有关部门于 2005 年提出的一种技术手段,旨在解决未成年人沉迷于网络游戏的现状。设有该系统的游戏服务器,未成年玩家如玩得时间超过 3 个小时,游戏将会提出警示,并通过经验值减半、收益减半等方式促使玩家下线休息。

2007 年 4 月 9 日,新闻出版总署、中央文明办、教育部、团中央、信息产业部、公安部、全国妇联、中国关心下一代工作委员会等八部委已联合下发《关于保护未成年人身心健康实施网络游戏防沉迷系统的通知》,决定从 2007 年 4 月 15 日起,在全国网络游戏中推广防沉迷系统。

情境四

播放视频:沉迷网络游戏,少年连杀两人。

(http://video. baomihua. com/url47179578/25961656? ab02。)

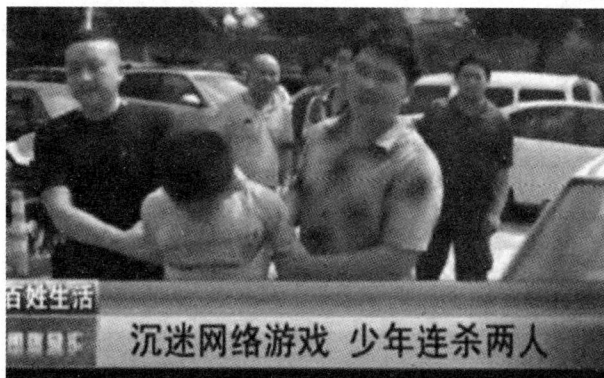

百姓生活　沉迷网络游戏 少年连杀两人

教师：看了这篇新闻报道，你们想说些什么？

我讨论

学生针对新闻进行讨论交流。

我思考

作为一个小小网络管理员，我们还应该怎么办呢？怎样引导同学们正确对待网络游戏呢？

我总结

> 网络游戏安全管理妙招四：对学生进行网络游戏安全教育。

网络游戏的危害

一、危害身体

1. 医务专家指出，长时间沉溺于网络游戏会使人产生精神依赖，导致植物神经紊乱，体内激素水平失衡，免疫功能下降，引发心血管疾病，紧张性头痛、焦虑、忧郁等，甚至可能导致死亡。

2. 影响视力。网游必须集中精力，眼睛要长时间地对着电脑屏幕，视力肯定会受损。曾有报道说，一中学生一连在网吧泡了十几天，其视力由1.2下降到0.2。

3. 辐射危害。长时间在电脑前面，肯定要受到电磁辐射的危害，皮肤油腻，脸部毛孔增大。

4. 饮食无规律，同样会造成身体素质下降。沉迷于网络游戏的人精神高度集中，有时在玩的兴头上就连吃饭、睡觉也忘了，致使过度疲劳。

5. 抵抗力差。长时间网游，身体得不到相应的休息和锻炼，身体素质会大幅度地下降。

6. 网络游戏对学生造成身体危害。重复、机械的运动和长时间的操作可引起腰酸、背疼，全身不适，对大学生身体健康极为不利。

7. 玩游戏时间长了之后会产生幻觉，注意力下降，反应能力变差，影响智力发展，影响学习。

8. 学生对网络游戏成瘾后，一旦停止网络游戏活动，便难以从事其他有意义的事情，情绪低落，思维迟缓，记忆力减退，食欲不振，出现难以摆脱的渴望玩游戏机的冲动，形成精神依赖和相应的生理反应。

二、影响学习

1. 浪费时间。如今的文化课学习,任务很重,没有充足的时间保证,是难以提高学习成绩的。

2. 精力不济。沉溺网游致使没有精神上课,老师讲课时精神游离,上课效果无法保证,学习没有劲头。

3. 注意力分散。游戏的场面刺激而惊险,会深深地印在脑子里,即使身在课堂,心也会飞到游戏中间。

三、严重影响道德、性格的形成

1. 网络游戏里面,暴力血腥的场面层出不穷,色情的场面也不时出现,受其影响,使本来免疫能力就不高的学生难免会把它们带到正常的生活中来。

2. 网络游戏需要经济基础做后盾,而网游又往往不被家长认可,所以,学生经济没有了来源,就会发生说谎、欺骗,甚至抢劫等行为。

3. 整天沉迷于网络游戏,就会更加缺乏人际交流的能力,并有可能埋下悲剧的种子。

4. 网络游戏成瘾还会使成瘾学生的人格发生明显改变,变得自私、怯懦、自卑。

资料来源:http://res.hersp.com/content/869881。

我倡议

我们小小网络管理员一起发起倡议,呼吁净化网络环境,倡议拒绝不良网络文化。

净化网络环境,拒绝不良网络文化倡议书

提供研究课题

1. 国外小朋友是怎样控制网瘾的?

2. 怎样设计一种实名制的网游,控制游戏时间?
......

引导学生课后拓展的思维导图

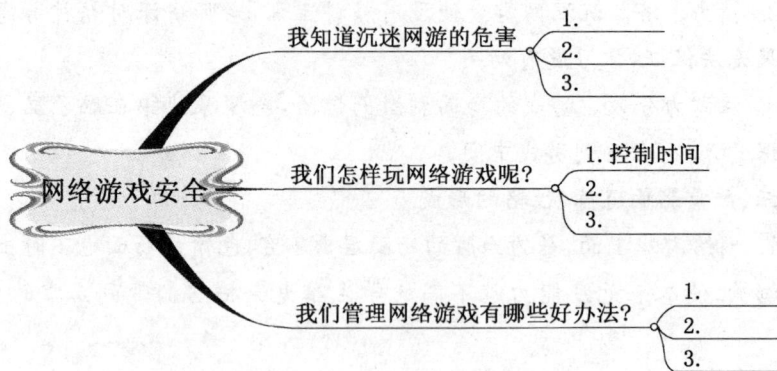

网络游戏安全

我知道沉迷网游的危害
1.
2.
3.

我们怎样玩网络游戏呢?
1. 控制时间
2.
3.

我们管理网络游戏有哪些好办法?
1.
2.
3.

我们一定要孩子们正确认识网络游戏,了解沉迷网络游戏的危害,严格控制玩网络游戏的时间,学会分辨网络游戏的类别,让学生们正确地对待网络游戏,让健康的网络游戏帮助孩子们放松心情,提高应变能力。

（设计者:邢巧荣）

第七单元　游戏生活

课程单元活动名称:游戏生活

课程单元说明

　　"游戏生活"是本课程第七个领域,学生对游戏的相关领域已经熟悉后,为了让学生更好地理解游戏与生活的关系,故设计本单元内容。

　　在平时教学过程中,游戏只是对生活的简化,不含有许多让游戏显得真实的关键层面,大都流于空洞的教学。虽然某些游戏成功地营造了与生活相一致的感觉,而且这种感觉强烈到足够让我们相信游戏角色是有生命的,但是依然无法呈现出现实生活中事物的复杂性。

　　本教学模块的课堂教学应更加关注学生的生活体验,强调让学生在活动中学习,教师应让学生在亲自活动的过程中进行知识的建构、能力的开发和道德的陶冶。同时我们要注意到,引导学生走进生活,不仅需要去争取家长的支持,还要全方位研究利用现有环境资源充实课堂,让学生获得真实的情感体验,养成良好的行为习惯。

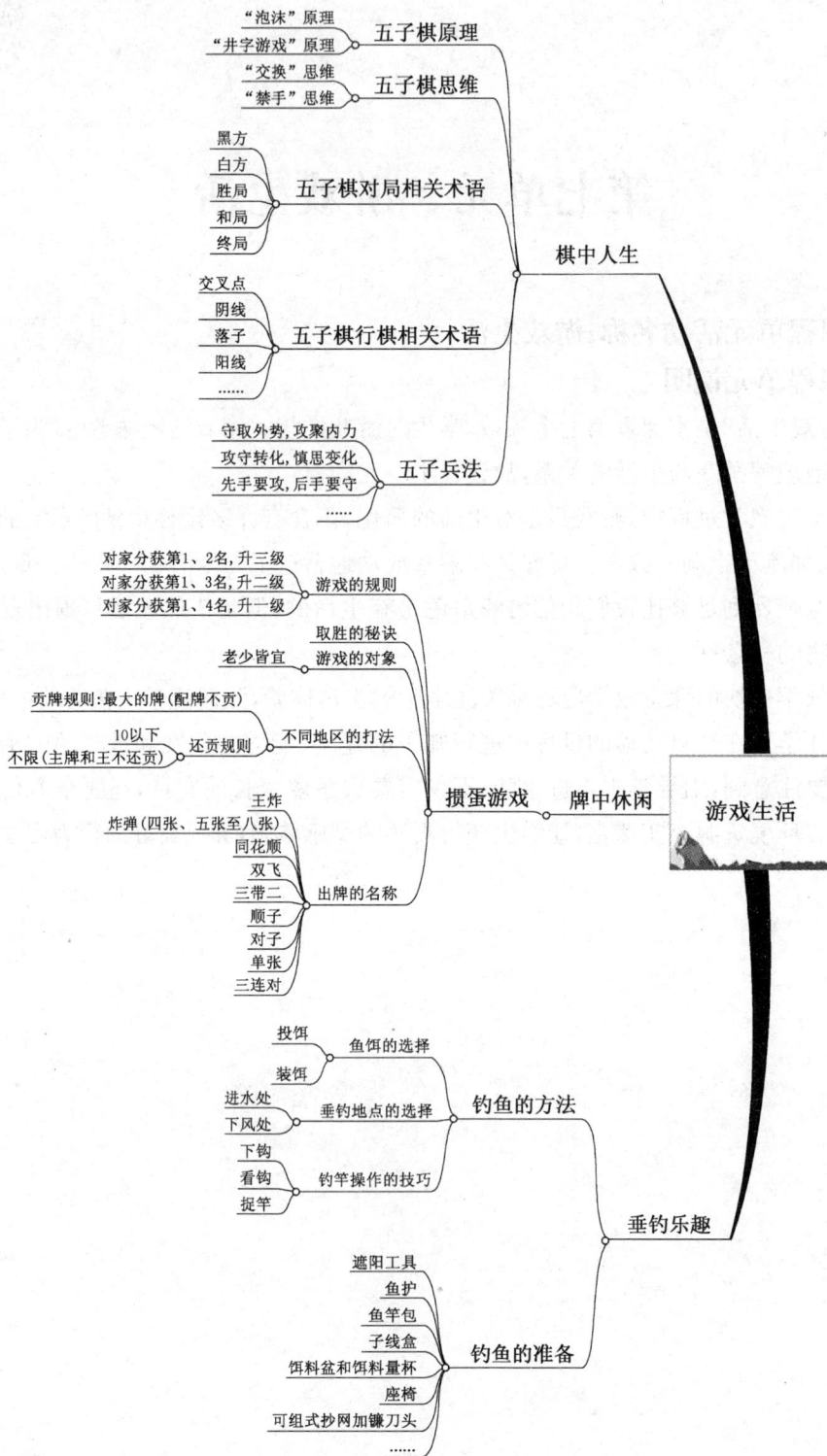

课程生长树

- 棋中人生
  - 五子棋原理
    - "泡沫"原理
    - "井字游戏"原理
  - 五子棋思维
    - "交换"思维
    - "禁手"思维
  - 五子棋对局相关术语
    - 黑方
    - 白方
    - 胜局
    - 和局
    - 终局
  - 五子棋行棋相关术语
    - 交叉点
    - 阴线
    - 落子
    - 阳线
    - ......
  - 五子兵法
    - 守取外势，攻聚内力
    - 攻守转化，慎思变化
    - 先手要攻，后手要守
    - ......

- 牌中休闲
  - 掼蛋游戏
    - 游戏的规则
      - 对家分获第1、2名，升三级
      - 对家分获第1、3名，升二级
      - 对家分获第1、4名，升一级
    - 游戏的对象
      - 取胜的秘诀
      - 老少皆宜
    - 不同地区的打法
      - 还贡规则
        - 贡牌规则：最大的牌（配牌不贡）
        - 10以下
        - 不限（主牌和王不还贡）
    - 出牌的名称
      - 王炸
      - 炸弹（四张、五张至八张）
      - 同花顺
      - 双飞
      - 三带二
      - 顺子
      - 对子
      - 单张
      - 三连对

- 垂钓乐趣
  - 钓鱼的方法
    - 鱼饵的选择
      - 投饵
      - 装饵
    - 垂钓地点的选择
      - 进水处
      - 下风处
    - 钓竿操作的技巧
      - 下钩
      - 看钩
      - 捉竿
  - 钓鱼的准备
    - 遮阳工具
    - 鱼护
    - 鱼竿包
    - 子线盒
    - 饵料盆和饵料量杯
    - 座椅
    - 可组式抄网加镰刀头
    - ......

游戏生活

218

第一课 棋中人生

领　　域:游戏生活
相关概念:棋中人生
主题事件:我参加五子棋比赛

一、教学背景

　　"棋中人生"是第七单元"游戏生活"中的内容,此前学生已经学习了"游戏与环境","游戏管理","游戏与经济"等内容,对游戏概念有了一定的了解,这节课承接了以上学习内容,"游戏人生"这样寓意深刻的内容学生就容易接受了。有许多老师发现学生的课余活动种类很少,特别是课间十分钟休息时间,无非是跳绳、打球等活动,这类活动虽然锻炼了身体,但运动量过大,会影响下一节课的学习,部分学生甚至追逐奔跑,非常危险。怎样引导学生进行感兴趣且有益的活动呢? 五子棋入门容易,趣味性强。"连五"过程中逻辑推理能力得到培养,计算能力和空间想象能力也得到提高。经常对弈有益于身心健康,增进学生们之间的情感交流。

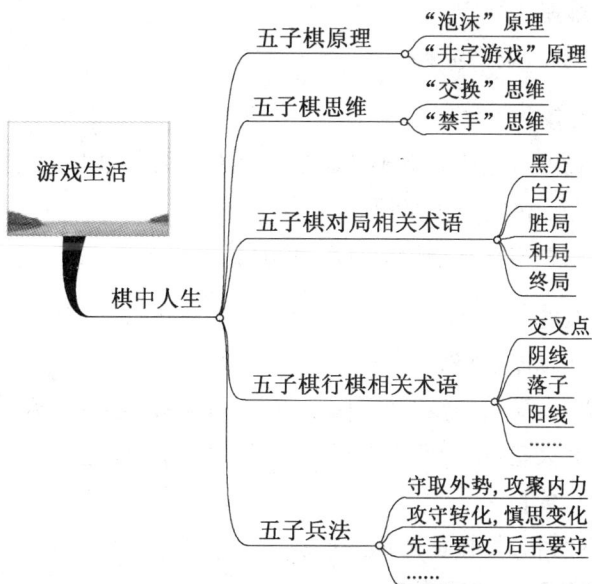

```
                              ┌ 五子棋原理 ── ┌ "泡沫"原理
                              │               └ "井字游戏"原理
                              │
                              ├ 五子棋思维 ── ┌ "交换"思维
                              │               └ "禁手"思维
┌─────────────┐              │                       ┌ 黑方
│  游戏生活    │              │                       │ 白方
│             │              ├ 五子棋对局相关术语 ──── │ 胜局
└─────────────┘              │                       │ 和局
        │                     │                       └ 终局
        │                     │
     棋中人生 ─────────────────┤                       ┌ 交叉点
                              ├ 五子棋行棋相关术语 ──── │ 阴线
                              │                       │ 落子
                              │                       │ 阳线
                              │                       └ ……
                              │
                              └ 五子兵法 ── ┌ 守取外势,攻聚内力
                                            │ 攻守转化,慎思变化
                                            │ 先手要攻,后手要守
                                            └ ……
```

　　人生:这是一个模糊而又清晰的概念。人们总是能够在特定的活动中有所收获,

这种收获能够对我们的生活起到警示的作用。如五子棋中蕴含的"五子兵法"。

二、学生学习力达成度

我想：课前我愿意了解五子棋，对下棋产生浓厚的兴趣。课后我想去了解除了五子棋外，还有哪些好玩的棋类游戏。

我会：我会流利地向他人介绍下五子棋应该遵守的规则，会下五子棋，会思考自己做其他事的时候，也要总结规律，讲究方法。

我知：我知道五子棋的入门玩法和技巧，我知道玩棋类游戏可以开发智力，有益身心健康，还可增进同学间的感情。

三、教师教学重点与难点

1. 让学生体验五子棋对弈游戏，了解五子棋的基本法则。

2. 教师引导学生通过实践和感悟，学会总结和反思，学会总结五子棋的规则，并且牢记玩游戏时一定要遵守游戏规则，在游戏时懂得相互配合。

3. 教师引导学生学会信任、关爱他人，养成良好的行为习惯和品质。

4. 教师激发学生进一步探究儿童游戏的愿望。

四、教学方法

图片展示、讨论交流、反思评价、课堂体验。

五、教学课时

一课时。

六、教师课前准备

五子棋若干，图片、表格资料。

七、学生课前准备

我感受：课间我可以先体验下棋的游戏，了解一些游戏时要注意的事项。

我了解：了解五子棋的有关术语。

我思考：我应该总结玩五子棋的技巧和方法。

八、教学过程设计

【教学过程设计总体思路】

体验具体情境：由简单到复杂，层层递进，环环相扣，学生交流讨论各种五子棋的棋局，碰撞出智慧的火花，体会到五子棋可以开发智力的乐趣。

【教学空间与布置】

教室内桌椅两两相对，按比赛形式摆放。

(一)选择主题事件，创设情境

教师：看一看街边下棋的人，谈谈他们为什么要下棋。今天举行五子棋大赛，获胜者可以得到五子棋一副,你们想参加吗?

学生:想。

教师:好,今天我们就尝试在"五子棋"中学智慧。(板书:今天我们去参加一场五子棋大赛。)可是我们班有的同学不会下五子棋,现在我们就来认识五子棋。

教师:这是什么?(教师手拿黑棋和白棋。)

学生:围棋? 五子棋?

教师:没错,他们确实有些相似,从难易程度来看,五子棋要简单一些。五子棋棋子分黑、白两色,形状为扁圆形,有一面凸起或两面凸起等形状,一副棋子总数为225枚,其中黑子113枚,白子112枚。

教师:有问题吗?

学生:为什么黑白棋数量不一样?

教师:看了下面的介绍你们就知道了。

教师出示课件:

> 棋盘为十五路(15×15),形状近于正方形,平面上画横竖各15条平行线,线路为黑色,构成225个交叉点,棋盘正中一点为"天元"。黑棋第一步要放在天元点上。棋盘两端的横线称端线,棋盘左右最外边的两条纵线称边线,从两条端线和两条边线向正中发展而纵横交叉在第四条线形成的四个点称为"星"。

教师:正是因为简单,五子棋越来越受各个年龄层次人的喜爱。它是一种两人对弈的纯策略型棋类游戏,起源于中国古代传统的黑白棋种之一。容易上手,老少皆宜,而且趣味横生,能增强思维能力,提高智力。

你们喜欢玩吗? 想玩吗? 想学吗?

(二)学生的探索与体验

情境一:同学交流五子棋怎么玩

教师:谁会玩? 简单说说怎么玩。

学生:如果谁把自己的棋子横、竖、斜(其中一项),排成了5枚棋子,谁就赢了,而且当对方不管横、竖、斜快连成一线时,你就必须防了,要不然你就输了。

教师:别忘了,要记得防守也记得进攻,两样都不能忘记。

出示图片,问学生怎么防守。

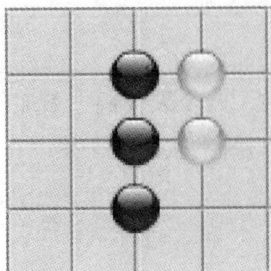
图1

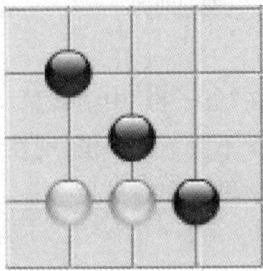
图2

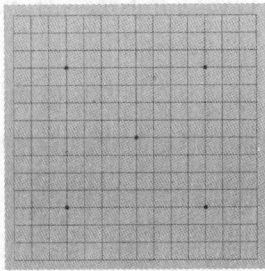
图3

观察一下图3,你发现棋盘正中有个黑点吗? 有问题吗?

学生:这叫什么?

教师:"天元。"在下棋时,黑方第一步一定要把棋放在这个点上,其他四个黑点称为"星",名称与古代的天象相关。

学生:那白方呢?

教师:白方第一步一般放在天元点的周围,表示尊敬,毕竟友谊第一,比赛第二嘛!

教师:从第二颗棋开始,就要想到怎么赢对方了,如果各自走各自的,哪一方会赢?

学生:黑方先走,黑方赢。

教师:那要是白方防守呢? 这样下去到最后会是怎样的结局呢?

学生:和局/平局。

教师:说的很对,但是一味的防守,可能白方也赢不了,所以也要创造机会进攻,这就是"攻"、"防",这是玩五子棋的关键。

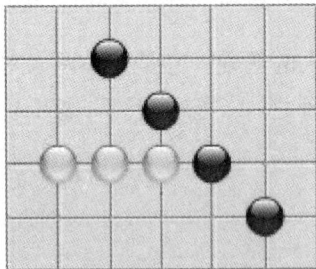
图4 无效防守

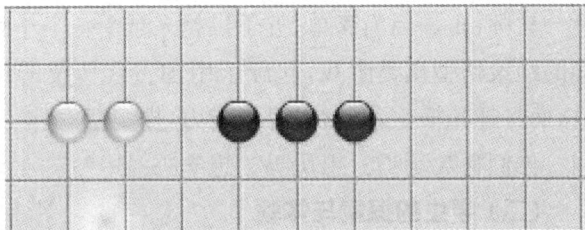
图5 有效防守

这一板块主要是让会玩五子棋的同学讲授一些基本知识,让从来没接触过五子棋的同学有个初步的印象。

教师出示图6,现在黑棋下的是中间有白点的棋子,可以吗? (同学自由讨论)

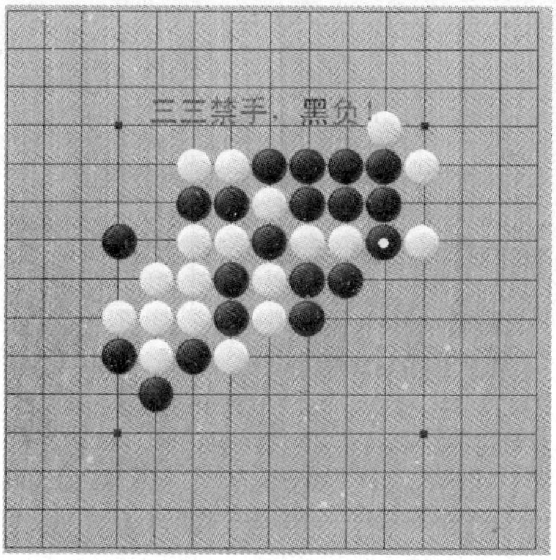

图 6

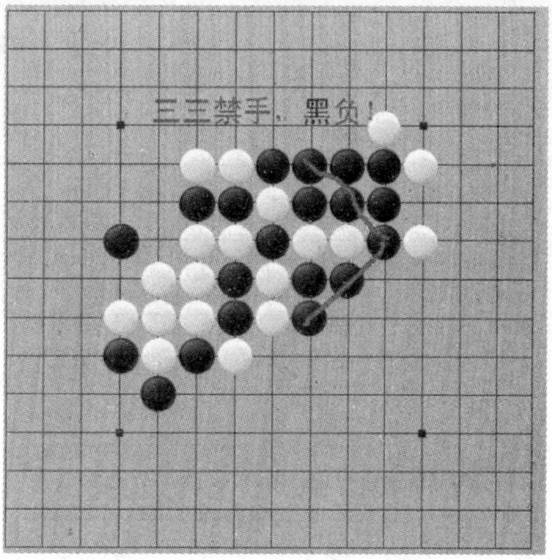

图 7

教师出示图7,黑棋形成了两个活三,所以黑棋输了。

教师课件出示禁手规则:

1. "禁手规则"主要是针对黑棋设定的,其目的是为了削弱黑棋强大的先行优势。白棋不存在任何禁手,并可通过强迫黑棋走禁手而获胜。无论黑棋是无意或被迫走出禁手,白棋应立即指出才可判黑负。如白棋未发现且走了下一步棋,则禁手立即消失。黑方在落下关键的第五子既形成"连五",同时又形成禁手时,因黑方已成"连五",故禁手失效,黑方胜。

2. 禁手包括"长连"、"三三"、"四四"和"多个先手"(即"四三三"、"四四三")。"长连禁手",是指黑棋一子落下后,形成连续五个以上的棋型,"长连禁手"是比较容易判断的。"三三禁手",是指黑棋一子落下后,形成两个或两个以上的"活三"。什么叫"活三"?下一子能成"活四"的,才叫"活三"。如果一个"活三"的下一子受到其他因素限制,不能成"活四",则此"活三"就是"假活三"。"四四禁手",是指黑棋一子落下后,形成两个或两个以上的"四"。判断此禁手的基本准则是必须形成"四"。什么叫"四"?"四"是指一条线上由四个子构成,对方必须防守,否则下一子即成"连五"的棋型。

教师:同学们要想学会五子棋,要在课下细心钻研,因为五子棋有许多的规则和技巧。希望你们通过自己的努力成为五子棋高手。

情境二:参加五子棋大赛

教师:同学们,为了全班同学这节课都能参加五子棋大赛,我们玩最简单的四格五线五子棋。

课件出示:

图 8　五子棋棋盘

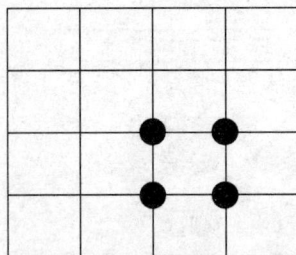

图 9　得 1 分

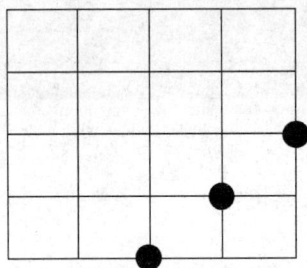

图 10　得 3 分

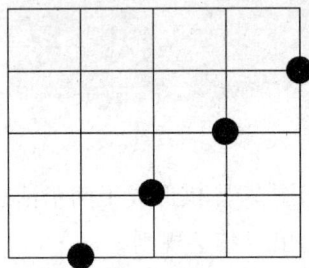

图 11　得 4 分

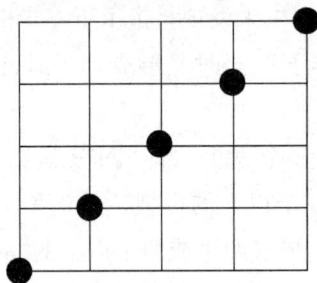

图 12　得 5 分

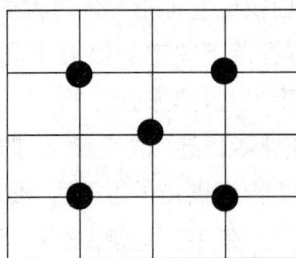

图 13　得 5 分

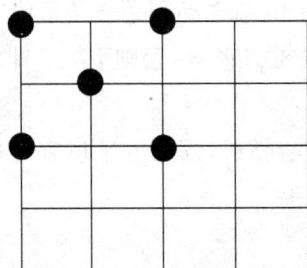

图 14　得 5 分

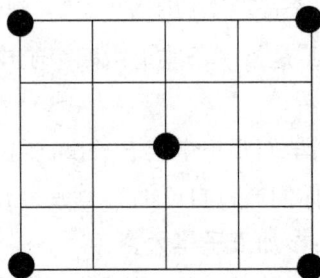

图 15　得 5 分

学生看图示,小组研究得分的六种情况。

教师:这是小孩子常玩的民间五子棋,又叫五虎。棋盘可以自己画,棋子可以画符号代替。

课件出示：

比赛提示

➤ 两人一组进行比赛。

➤ 比赛中要使自己的棋子摆成得分的 6 种形式，每完成一种得相应的
分数，分数可以累积到比赛结束。

➤ 比赛中一旦棋子落下就不可以改动了。

全体同学按照比赛要求参加五子棋比赛，比赛获胜的同学获得一副五子棋。这
一板块让学生玩最简单的五子棋，使学生对五子棋产生浓厚的兴趣，以便学生日后深
入研究棋类。

（三）学生的拓展延伸

情境三：学生五子棋比赛

教师：现在老师把一个大棋盘挂在黑板上，同学们分成男女生两组，每组各选出
一人参加五子棋比赛。

学生自主选出参加比赛的两名同学，并且到讲台前面参加五子棋比赛。

教师引导学生总结：今天的这节课我们只是学习了"五子棋"的入门玩法，看似简
单，实际并非如此，五子棋中有诸多的奥妙。

学习五子棋有如下好处：

1. 养成能静思的习惯，学棋后感觉注意力的集中时间有所提高。

2. 锻炼抗挫折能力。

3. 锻炼数学能力，因为在下棋中会思考到很多如果和假设，五子棋很注重逻辑
思维，有时候往往要预先想上好几步，而且有时候还要逆向思维。

4. 下棋是一项高级的智力游戏，能够开发智力，提高记忆力，对逻辑思维、耐心
有明显的帮助。学棋可以形成一种独特的思维方式。

5. 下棋是需要脑力和体力双重劳动的，能锻炼静心思考的好习惯和独立解决问
题的能力。

6. 下棋还是一种文明的竞技活动，是一种公平竞争。

人生亦如下棋，也要有良好的体力、充沛的精力，更要文明守纪、独立自主、公平竞争。

提供研究课题

1. 其他棋类游戏能给人予以警示的人生道理吗？

2. 外国小朋友怎样理解棋如人生的道理?

......

引导学生课后拓展的思维导图

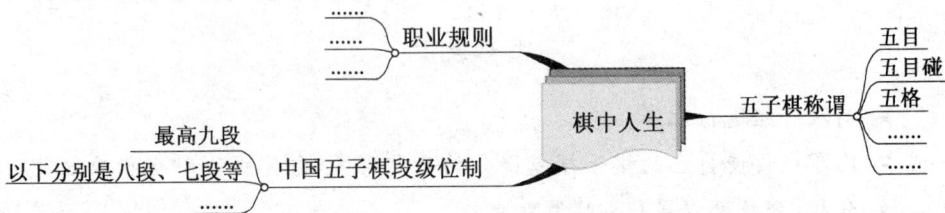

教师参考资料

那氏五子兵法

先手要攻,后手要守,以攻为守,以守待攻。攻守转换,慎思变化,先行争夺,地破天惊。守取外势,攻聚内力,八卦易守,成角易攻。阻断分隔,稳如泰山,不思争先,胜如登天。初盘争二,终局抢三,留三不冲,变化万千。多个先手,细算次先,五子要点,次序在前。斜线为阴,直线为阳,阴阳结合,防不胜防。连三连四,易见为明,跳三跳四,暗箭深藏。己落一子,敌增一兵,攻其要点,守其必争。

1. 留三不冲四,保留变化。

2. 防守活三时防在对方攻势强的方向。

3. 八卦马步是强防守,但不提倡用纯色八卦阵,尤其黑子,禁手制下八卦必败。

4. 布局时斜行、成角为强攻。

5. 开局时争活二,自己多做二,挡住对方的活二,并且往往先挡对方的活二,不必急攻。

6. 下子时考虑对方会怎么走,再决定自己下一子该怎么走。

7. 开黑优局要尽快建立棋子间的联系,即"攻聚内力";开白优局时参照第 5 点的后半句,封锁对方行为,抢外围优势。

本课教学主要让学生通过"观察—实践—体会"的过程理解五子棋的相关知识,并且从游戏体验中懂得人生哲理。我们不能总是在游戏中单纯地玩,而应在玩中有所收获,因为游戏中蕴含了很多规则,我们要熟练这些规则,由最先的受规则约束,最终在规则中随心所欲。课后,可以让孩子们在其他游戏中寻找更多的人生道理。

(设计者:葛丽霞)

第二课 牌中休闲

领　　域:游戏生活
相关概念:牌中休闲
主题事件:爸爸教我打掼蛋

一、教学背景

本单元的主题是"游戏生活",本节课是在了解了游戏相关理论之后进行的,让学生对游戏与生活有全面而深刻的认识,接触纸牌并亲身体会打牌游戏,全面深刻地了解游戏与生活之间密不可分的关系。本课的学习,让学生了解打牌可以娱乐和休闲,提升学生对游戏内涵的认识。

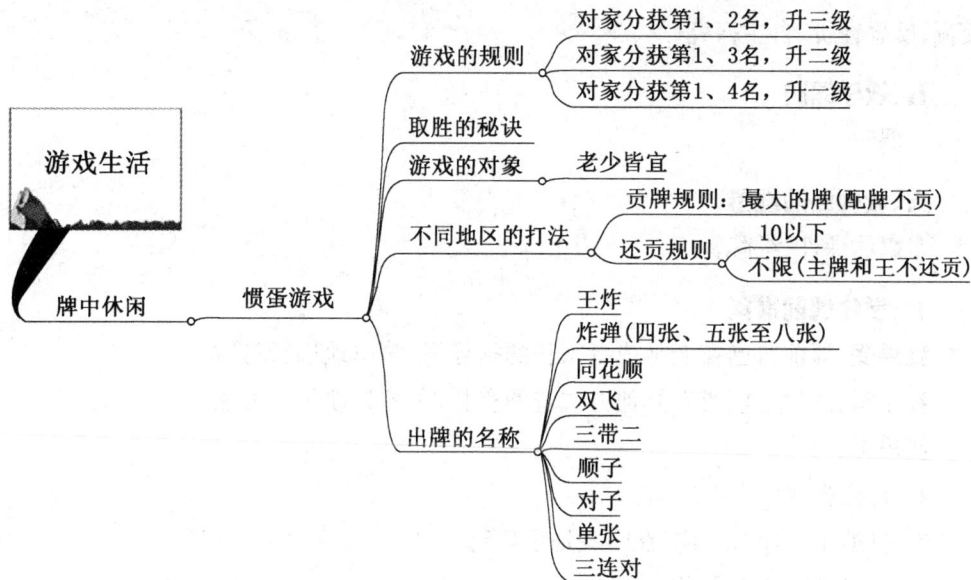

休闲:通俗地说就是一种"娱乐"。要想提升休闲的层次,我们需要了解休闲的方式,知晓游戏的规则,这样才能够有所准备,最终实现游戏的目的。如掼蛋游戏是一种非常有意思的益智游戏,牌的不同组合可以取得不同的效果。

二、学生学习力达成度

我想:课前我愿意打掼蛋,有很多学生已经在相关培训班或者兴趣小组中有过此类经验;在游戏中,我逐步掌握打牌技巧;课后,我想用打牌的方式进行娱乐休闲。

我会:我会亲身参与到打牌活动中,了解打牌的游戏规则和游戏种类,学会向他人流利地表述自己对打牌的认识;我会在不断思考中初步掌握打牌的技巧,大家共同分享自己的劳动成果;我会思考怎样能够将牌打赢,让更多的人体会到打牌是一种休闲方式。

我知:我知道纸牌是经典游戏之一,知道纸牌以其独特的形式烘托春节节日的气氛,蕴含着人们对美好生活的向往和美好祝愿,其娱乐功能可以帮助人们消除一些烦恼。

三、教师教学重点与难点

1. 教师引导学生了解并掌握打牌的方法和技巧,使学生学会变化打牌的花样,了解赢牌的基本套路。

2. 利用创意组合形式打赢牌,尽情体验打牌带来的快乐。

3. 锻炼学生的手脑协调能力,培养其思维能力。

四、教学方法

图片展示、体验感受、观察学习、自主学习、互动探索、动手实践、小组合作、讨论交流、反思评价、自主探究。

五、教学课时

一课时。

六、教师课前准备

多媒体课件、纸牌。

七、学生课前准备

我感受:课前自己在老师或者家长的指导下,简单地进行打牌。

我了解:通过上网或者其他方式查阅资料,了解打掼蛋的方法。

我思考:

1. 打掼蛋有什么小窍门?

2. 打掼蛋有什么乐趣,在哪些地区盛行?

3. 对打牌有什么要求?

八、教学过程设计

【教学过程设计总体思路】

一张桌,两副牌,四张凳,四个人,起源于淮安的一种纸牌新玩法——掼蛋——就可以上演了。此前还没有一种纸牌的玩法如此大众化,如此有影响力。掼蛋为什么流行这么长时间且这么广泛地被大家接受呢?掼蛋讲究的是对手中的牌进行组合。

这种组合有时当你摸完牌时就可能组合好,但牌场如战场,形势千变万化,如果墨守成规,你只有输牌了。

【教学空间与布置】

充满娱乐气氛的、有实物和多媒体投影的教室。

(一)选择主题事件,创设情境

情境一:看视频,学打牌

我感受

学生看视频,摸牌不打。请四个学生上台来展示。

我了解

摸完牌之后要组合好牌。掼蛋讲究的是与对家的配合。

除非你手中的牌特好(这种情况下,你也要讲究如何在确保自己头游的情况下,运用牌的组合,为对家创造条件出牌,而消耗对手的实力),不然必须和对家配合。对家如果要单张,你就不能出对子;对家如果要夯,你就不能出顺子。如果你没有上游的可能,你只有牺牲自己,吸引对手的火力,给对家创造上游的机会,真是"军功章里有你的一半也有我的一半"。如果你一味地猛打猛冲,把"火"全部"炸"了,到最后手中全是"虾兵蟹将"的小牌,你必定下游。如果你上游成定局,你还要考虑如何为对家"留风"。

(二)学生游戏体验阶段

情境二:自己动手打掼蛋

我观察,我寻找

有效地组合同花顺牌。

注意照顾与关注对家牌。

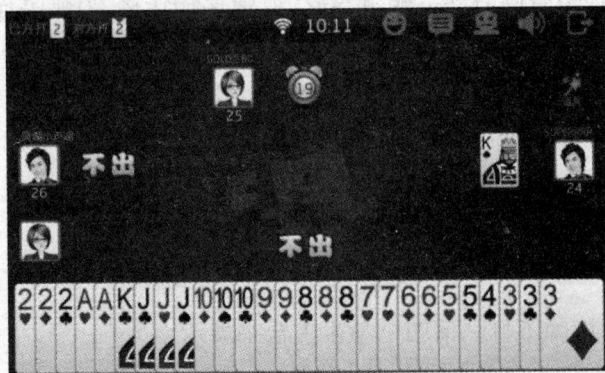

我尝试

讨论怎样组合打牌，提高打牌的相关技能。

此环节中，教师可通过多媒体投影来巧妙地组合牌。

我交流

说说这时候怎样组合自己的牌。

表面上看自己的牌中没有同花顺和炸，但是有一个配牌"红桃2"。

红桃2最好用在炸的上面，如果配同花顺，牌被拆得厉害了，反而不好组合。

初步组合模式：双飞，如 jjj＋101010

三连对，如 776655

三带二，如 33399

单张，如 4、K

一对，如 22、AA

配牌，如红桃2

酌情使用不同组合。

（三）总结阶段

我概括

掼蛋最怕最后冲锋时过高地估计自己手中牌的实力。你有从10到A的同花顺子，感觉够大的了，但对方可能有6张、7张、8张、9张、10张的"火"，甚至有4个"猴"。有时，你手握4张"猴"一样可以下游。所以你在最后一搏时，一定要观察一下形势，估计一下对手的实力，关键是对形势要有一个正确的判断，既不能盲目冒进，又不能被对方的"空城计"吓退。

我反思

有时结果并不代表水平。因为你无法改变你手中牌的分量。你再怎么组合，大小"猴"压不住一对2。有时"无知者无畏"，不按规律办事，更可怕，"起哄牌"也是常有的事。有时必须学会放弃，集中力量打击一家，放过对手中的一家，为自己争取一次翻身的机会。

除非你是魔术师,否则,你不可能知道你会摸到什么牌或给对手什么牌,牌桌上的运气应该是均等的。但有时我的牌就非常地顺,你的牌就非常地背,既然大家一起坐到这张牌桌上,就不要埋怨什么手气、运气,唯有好好打牌,与对家好好配合,抓住每一次机会,就有可能上游。

提供研究课题

1. 一副牌或者三副牌可以玩掼蛋吗?

2. 我们怎样创造一种新型的牌类游戏?

……

引导学生课后拓展的思维导图

掼蛋的游戏规则对我们有什么启示?　　　　掼蛋的游戏规则有哪些?

牌中休闲

怎样正确宣传掼蛋游戏?　　　　掼蛋有什么历史故事?

本课通过学生的实践体验,最终让孩子明白了游戏的规则,熟悉了游戏规则,并熟练运用规则。生活中有很多事,换一种思路去思考、去做,或许就成功了。本课让孩子明白在今后的人生道路中,即使面对的是困境,也不要放弃,要勇敢地去面对。

（设计者:葛丽霞）

第三课　垂钓乐趣

领　　域: 游戏生活
相关概念: 垂钓乐趣
主题事件: 我和爷爷一起去河塘钓鱼

一、教学背景

"垂钓乐趣"是第七单元"游戏生活"的第三个内容。学生对休闲游戏已经有了一定的了解,本课安排的钓鱼活动既是对前面学习的补充,又为后面的学习做好准备。

休闲健身其实是在非劳动及非工作时间内以各种"玩"的方式求得身心的调节与放松,达到生命保健、体能恢复、身心愉悦的一种业余生活。选择科学文明的健身休闲游戏,可以有效地促进能量的储蓄和释放,它包括对智能、体能的调节和生理、心理机能的锻炼。钓鱼是休闲游戏的一种,就是用钓具捕鱼,垂竿取鱼。钓鱼是体育和娱乐相结合的一种独特的运动形式。钓鱼要动,动能强身健体;钓鱼需静,静则养心、养性。一竿在手,其乐无穷。

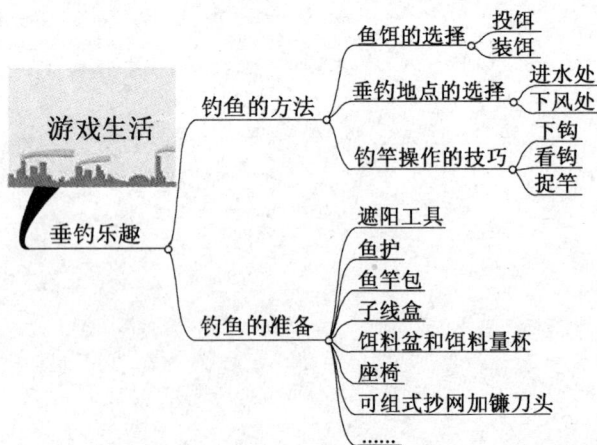

游戏生活 — 垂钓乐趣

钓鱼的方法
- 鱼饵的选择 — 投饵 / 装饵
- 垂钓地点的选择 — 进水处 / 下风处
- 钓竿操作的技巧 — 下钩 / 看钩 / 捉竿

钓鱼的准备
- 遮阳工具
- 鱼护
- 鱼竿包
- 子线盒
- 饵料盆和饵料量杯
- 座椅
- 可组式抄网加镰刀头
- ……

乐趣:俗话说"善于乐者乐寿"。本节课将借助钓鱼活动,了解一些钓鱼的知识。

二、学生学习力达成度

我想：课前我愿意参加钓鱼活动，想钓到几条鱼，想学会钓鱼技巧。课后我想和家人一起钓大鱼。

我会：我会选择鱼饵，选择钓鱼地点，并且会根据爷爷介绍的钓鱼技巧进行探究、思考，学会钓鱼。

我知：通过"我和爷爷一起去河塘钓鱼"的情境模拟，我能初步了解一些钓鱼的技巧和钓鱼前的相关准备。

三、教师教学重点与难点

1. 教师引导学生在亲身体验"我跟爷爷一起去河塘钓鱼"情境再现的活动后，能体会和谈论其中所包含的钓鱼的技巧。

2. 教师教育引导学生在探究钓鱼游戏后，能结合具体的环境进行钓鱼活动。

四、教学方法

PPT 展示，体验法、探究法、小组讨论法、反馈教学法。

五、教学课时

一课时。

六、教师课前准备

准备钓鱼的视频和照片，要求学生课前准备游戏道具，如充气塑料水池、鱼竿、米、蚯蚓、鱼。

七、学生课前准备

我感受：看看钓鱼竿等钓鱼器具，感受钓鱼的感觉。

我了解：查资料、问家长以了解钓鱼需要准备什么东西，选择什么地方。

我思考：

1. 什么季节适合钓鱼？

2. 用什么鱼饵钓鱼？

3. 钓上来的鱼还能活吗？

八、教学过程设计

【教学过程设计总体思路】

本课教学设计小朋友和爷爷一起参加钓鱼活动，先让学生玩磁力钓鱼游戏。

在学生对钓鱼产生足够的兴趣时教师引导学生了解钓鱼活动。从"我和爷爷一起去河塘钓鱼"的谈话开始，学生在观看视频的过程中，了解学习一些钓鱼的技巧，并且让教室成为一片鱼塘，学生进行模拟钓鱼的练习，让学生通过观看、询问、体验、交流，体验钓鱼的乐趣。

【教学空间与布置】

教师在教室里布置钓鱼的场所,准备足够的鱼竿和鱼。

(一)选择主题事件,创设情境

本课教学以我和爷爷的角色进入情境,一起去河塘边钓鱼。

教师:同学们,爷爷要去钓鱼了,你们也想跟着去吗?(学生答:想。)那我来考考你们,看你们会钓鱼吗?(教师出示磁力钓鱼玩具。)谁会玩这个小游戏。

钓鱼玩具

教师:同学们玩钓鱼的游戏,游戏结束之后总结一下为什么能钓到玩具鱼。(学生能够总结出是因为磁铁的缘故。)那么我们到池塘去钓鱼用这个带磁铁的鱼竿行吗?(同学自由回答)想要学习钓鱼,我们就跟随爷爷一起出发吧!

这个环节主要是通过玩磁铁游戏,让学生对钓鱼产生一定的兴趣,为接下来的教学环节做好准备。

(二)学生的探索与体验

我们一起进入角色,跟着爷爷到池塘边钓鱼。教师出示相关画面。

1. 了解钓鱼的地点。

在池塘边钓鱼

教师出示钓鱼的图片,引导学生观察钓鱼的地点,分析这是什么地方。

教师引导学生回忆自己和家人钓鱼都在什么地方。(同学自由发言,例如:池塘、水库、鱼塘等可以钓鱼的地方。)

2. 小组讨论,分析如何选择垂钓地点。

学生:鱼是生活在水中的,钓鱼时要选择好垂钓地点。

学生:钓点是以钓鱼者为中心,钓竿为半径的半圆形的水域。在钓点中经常有鱼游过或留在这水域中,鱼儿密集容易上钩。

3. 教师:判断水下鱼多少的方法有哪几种呢,我们来听爷爷的介绍。

教师出示钓鱼视频,组织学生看视频。

学生进行归纳:

(1) 从鱼星的数量来选钓位。

(2) 从河塘水的情况来选钓位。

(3) 从气候变化来选钓位。

4. 教师引导学生小结:综上所说,适宜的钓点为河塘有水草处、岸边有树处、岸边有打谷场处、淘米洗菜处、放水牛处、小溪小河交叉处、桥洞口、河中小岛处、乱石底处;长方形的大河塘选在中间深水处;深水河塘选浅水处,浅水河塘选深水处;夏季选阴凉处,冬季选向阳处;河塘的下风口。

5. 教师:选择钓鱼地点时还要注意什么?

学生:钓点的选择还需要注意风向。

学生:还有周围的环境要安静,太吵闹了,鱼儿也会跑的。

学生:有时还需要注意温度,鲫鱼喜欢阳光和一定的日照,但怕强光。

6. 要想钓到鱼必须有鱼竿、鱼饵才行,你们知道什么是鱼竿吗? 什么可以做鱼饵吗?(同学讨论后回答)

钓鱼竿

教师出示鱼竿,请同学演示鱼竿怎么用,如何打开,怎样把鱼饵放在鱼钩上。

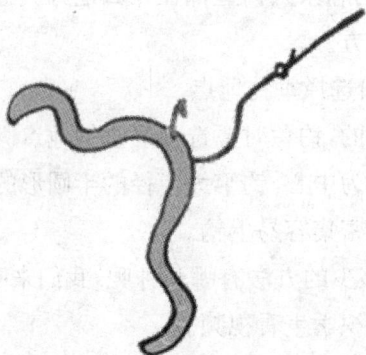

鱼钩上的蚯蚓

这个环节主要是通过实物演示,让学生亲自安装鱼竿、安放鱼饵,从而对钓鱼产生一定的兴趣,为接下来的教学环节做好准备。

(三)学生的实践与反思

1. 创设一个去河边钓鱼的情境,模拟钓鱼,让学生向爷爷学习钓鱼的方法和技巧。

星期天,我见天气好,决定和爷爷一起去河塘钓鱼。

教师课件出示:

> 爷爷准备好用酒浸过的小米、豆饼和蚯蚓。

爷爷为什么准备这么多的东西?(学生讨论并回答:这些都是钓鱼必备的物品。)

2. 教师播放视频。

> **爷爷介绍鱼饵**
>
> 鱼饵分为钓饵和诱饵。诱饵是把鱼引诱到钓点周围所用的鱼喜欢吃,想吃又吃不了、吃不饱的食物。鲫鱼的诱饵宜用浸过酒的小米、碎玉米、豆饼,也可用米饭粒、馒头屑等,钓饵要用红蚯蚓。

3. 钓竿操作技巧。

现在,老师这里有一根钓竿,还有蚯蚓和浸泡过的米。谁来演示一下如何钓鱼。

（请同学安装鱼竿、安放鱼饵,在充气塑料水池中洒米。）

4. 教师播放课件:爷爷讲述钓竿的操作方法。

（看视频:http://v.ku6.com/show/okP9I2q-XhLiH282PalxKA...html。）

（1）钓竿的握法要注意食指伸直,指向竿尖,拇指与中指、无名指、小指相对,握紧钓竿。

（2）注意钓竿和鱼线比例,鱼线要比竿线长 30 厘米。

（3）钓竿的操作方法,出示 PPT 图讲述弹竿法、头顶挥竿法、挥竿法。

（4）鱼上钩后的钓竿操作方法。

（5）遛鱼的方法也要注意,钓竿保持弓形,将钓竿向上、向左、向右牵引。

正确的握杆法

（四）学生的总结与延伸

我们和爷爷一同去池塘边钓了鱼,也明白了一些钓鱼的知识。那我们来尝试一下吧。

现在教室中间的塑料充气水池就是一个小池塘,里面还有 10 条活蹦乱跳的小金鱼,请你们来钓鱼吧。

充气水池

学生实验。

教师：同学们，你们在空气清新、环境优美的大自然中垂钓，请你们谈谈自己的感受吧！（学生自由发表意见）

教师引导学生小结：钓鱼是体育和娱乐相结合的一种独特的运动形式，是包括气功、太极拳、田径等在内的一项综合性的体育运动。钓鱼要动，动能强身健体；钓鱼需静，静则养心、养性。一竿在手，其乐无穷。钓鱼能培养自己的观察能力、思考能力，以及耐心。

今天我们初步了解了一些钓鲫鱼的方法，光讲不练没有用，有机会同学们可以在家长的带领下去钓一钓鱼。你们还可以发现钓其他鱼的方法，有机会我们再交流。

这个环节主要是让学生把学到的钓鱼知识应用于实践。

提供研究课题

1. 海钓的时候还适合用河钓的方法吗？

2. 在冬天或其他季节又该怎样钓鱼？

……

引导学生课后拓展的思维导图

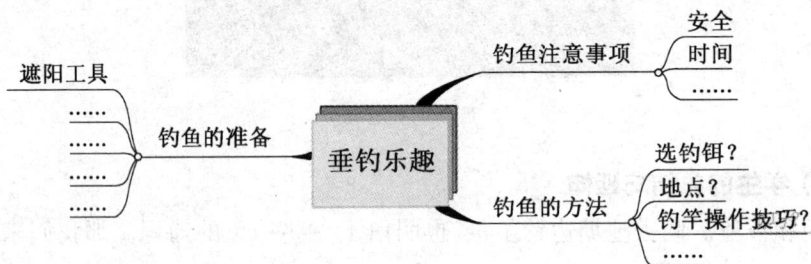

本课通过情境体验、观察交流、总结体会的方式，让学生体会到钓鱼的乐趣。钓鱼钓的不仅仅是乐趣，它还综合了耐力、力量、智慧等多种因素。游戏让学生明白取得成功需要多方面的努力。课后学生还可以思考自己立志做某一件事情，需要哪些方面的准备。

（设计者：葛丽霞）

第八单元　游戏与人

课程单元活动名称:游戏与人

课程单元说明

　　"游戏与人"是一个知识类教学模块。这个模块将引导儿童在阅读、分析相关资料的基础上,从普通人游戏,再到名人游戏,引导儿童理解游戏与人的关系,让孩子明白,孩子眼中的游戏,在大人眼中其实就是他的爱好。

　　在教学过程中,教师将充分调动儿童的参与意识,积极探索游戏与人的关系,体会不同角色与游戏的关系。与游戏产生关联的人非常多,我们不可能一一介绍,所以本单元选择了普通人和名人这两个概念作为教学法的植入点。"普通人游戏"是在拜访四合院邻居的过程中,遇到四户邻居因家人所玩游戏不同给家庭带来的影响也不同,通过感知、引导学生思考普通人游戏的利弊,认识并体验游戏给普通人带来的快乐。名人游戏是以学生贴报、办名人爱好展的形式,通过科学家、政治家、地理学家等名人,让孩子通过阅读,了解这些名人,揭开名人神秘的面纱,他们也和普通人一样需要游戏,并从事件中思考,总结出名人的这些爱好可以使他们修身养性,更好地工作。

　　此教学模块的课堂教学应更加关注学生的生活体验,强调让学生在活动中学习,教师应让学生在亲自活动的过程中进行知识的建构、能力的开发和道德的陶冶。

　　本单元从游戏与人的关系这一角度,根据普通人与名人的划分来阐释游戏与人的概念内涵。游戏在不同人群中都存在,游戏就是一种陶冶性情、放松身心的活动。

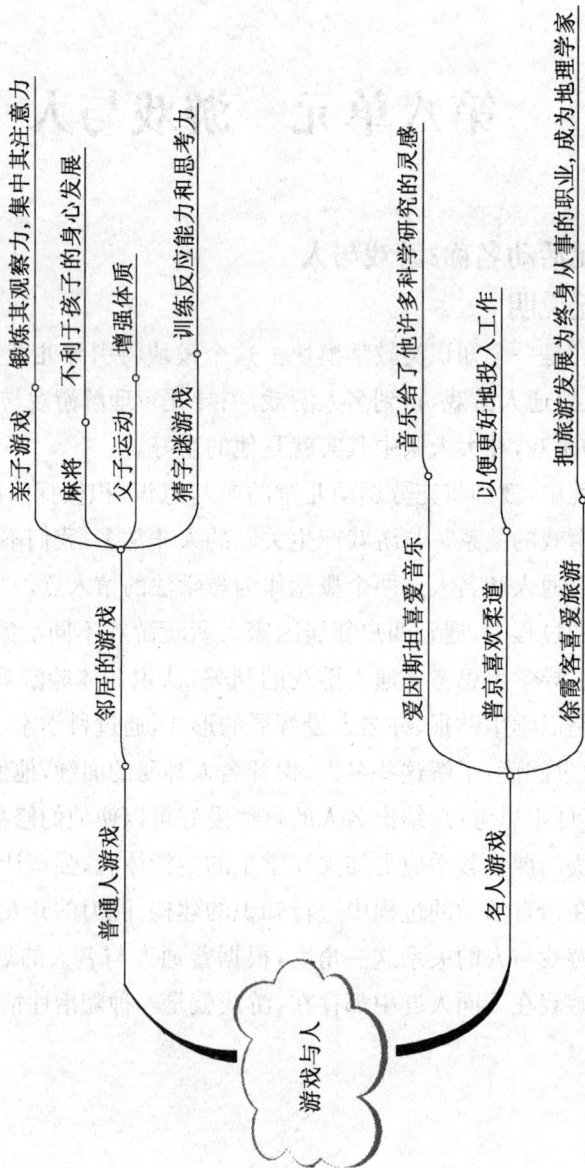

课程生长树

游戏与人

普通人游戏

邻居的游戏

亲子游戏

麻将 —— 不利于孩子的身心发展

父子运动 —— 增强体质

猜字谜游戏 —— 训练反应能力和思考力

锻炼其观察力，集中其注意力

名人游戏

爱因斯坦喜爱音乐 —— 音乐给了他许多科学研究的灵感

普京喜欢柔道 —— 以便更好地投入工作

徐霞客喜爱旅游 —— 把旅游发展为终身从事的职业，成为地理学家

第一课　普通人游戏

领　　域：游戏与人
相关概念：普通人游戏
主题事件：乔迁新居，我去邻居家玩

一、教学背景

"普通人游戏"是"游戏与人"的第一课。每个人都有自己喜爱的游戏，爱玩是孩子的天性，玩能满足孩子们好奇的欲望，而支撑这个欲望的载体就是游戏。然而游戏活动并不是孩子、名人专有的，普通人也不例外。好的游戏活动可以强身健体、修身养性、陶冶情操、释放压力、愉悦身心……

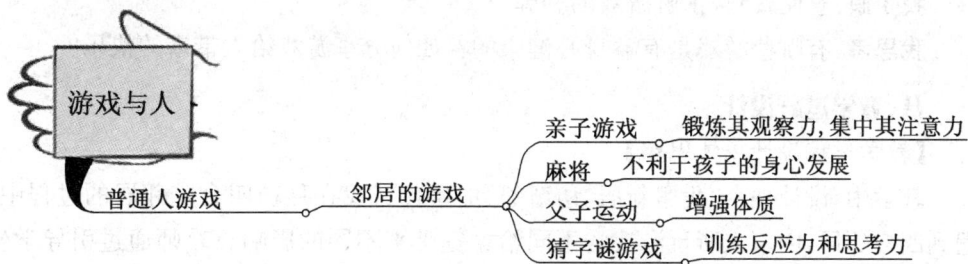

普通人：通俗地说就是"老百姓"。普通人的游戏有很多，一般来说，麻将、下棋、扑克等都是游戏的内容，但是有些游戏是健康向上的，而有些游戏是不利于孩子身心健康的，如赌博。

二、学生学习力达成度

我想：课前我通过观察交流，初步了解普通人游戏的利弊，并对健康的游戏产生兴趣；课后我愿意根据自己的兴趣，了解并参与到更多的普通人的游戏中去。

我会：我通过读普通人的游戏活动材料，从中感知快乐；我通过讨论交流、合作学习，总结归纳整理出游戏的利弊。

我知：我知道不同人选择不同的游戏活动，不同的游戏对生活有不同的影响。

三、教师教学重点与难点

1. 教师要努力创设学生喜闻乐见的学习场景，用现场模拟等形式使学生了解普通人游戏的利弊，享受游戏给普通人带来的快乐。

2. 教师要充分发挥学生的自主能力,使学生在相互交流中体验游戏给普通人带来的快乐,并关注学生讨论与归纳的过程,帮助其从中学会总结游戏的规则、注意事项。

四、教学方法

观察体验、自主学习、互动探究、尝试操练、反思。

五、教学课时

一课时。

六、教师课前准备

1.《孟母三迁》的视频材料。
2. 相关游戏阅读材料、游戏用品等。
3. 多媒体课件。
4. 选择部分学生准备扮演四个家庭中的成员,并玩不同的游戏。

七、学生课前准备

我感受:看一看,我们身边的人在玩哪些游戏?

我了解:查阅资料,了解游戏的利弊。

我思考:有哪些游戏是有益身心健康的? 如何分享游戏给人带来的快乐?

八、教学过程设计

【教学过程设计总体思路】

教学中,设计一个"我搬新居,访新邻"的事件。我在拜访四合院邻居的过程中,遇到四户邻居,因家人所玩游戏的不同给家庭带来不同的影响。教师通过引导学生思考普通人游戏的利弊,使学生认识并体验游戏给普通人带来的快乐,进而引导学生创造快乐,并在总结后将收获的快乐与他人分享。

【教学空间与布置】

教学地点安排在教室里。在四周墙上张贴四合院中四户人家的房型图和资料卡,并在四家摆放不同的游戏道具,供学生在模拟游戏时使用。

(一)选择主题事件,创设情境

我搬家了,这是我的新家,周围环境怎么样啊?(学生自由交流并发言。)

这个版块主要是通过情境的创设,让学生能够了解环境对人的身心影响,初步感知游戏的利弊。

邀请同学到我家做客,并一起拜访新邻居。

(二)游戏体验阶段

情境一:邻居家1

场景叙述:

爸爸和孩子一起趴在桌边玩夹玻璃弹子游戏,笑声不断……(播放欢乐的音乐,PPT展示一张玩玻璃弹子游戏的图片。)

场景人物:爸爸和孩子

场景对话:

孩子说:"我作业都完成了,我爸爸在和我一起比赛夹弹子呢。你们参加吗?"

爸爸说:"我孩子写完作业后,我总是和他一起玩一玩游戏。"

我表演

一组同学都参与这个夹玻璃弹子的游戏,其他三组同学观察。

我思考

这一家人在一起玩这一类游戏,对他们一家有什么影响呢?

游戏名字	参与的人	对孩子成长的影响	对整个家庭的影响

我交流

教师让学生从这种游戏对孩子的影响、对爸爸妈妈的影响、对整个家庭的影响这三个方面来发言交流自己的感受。

我总结

亲子游戏可以促进孩子的大脑发育,减轻精神压力,还能增进家长和孩子之间的亲情,整个家庭让我们感到快乐和谐。

情境二:邻居家2

场景叙述:

孩子手捧作业本,愁容满面,屋内父母和朋友正在打麻将,麻将声、嬉笑声不断……(播放打麻将的嘈杂声音,PPT展示一张屋内打麻将的图片。)

场景人物:孩子

场景对话:

孩子说:"唉,我作业还没完成呢,有不少题目还没做,爸爸妈妈一直在麻将桌上,没空教我,你们能帮帮我吗?"

我表演

学生表演此情景,几个学生辅导孩子作业。

我思考

这一家人玩的这一类游戏,对他们一家有什么影响呢?

游戏名字	参与的人	对孩子成长的影响	对整个家庭的影响

我交流

教师让学生从这种游戏对孩子的影响、对爸爸妈妈的影响、对整个家庭的影响这三个方面来发言交流自己的感受。

我总结

教师引导学生认识到:这样的游戏不利于孩子的身心发展,让孩子非常苦恼,让孩子和父母疏远,还会增加家庭的矛盾。

情境三:邻居家3

场景叙述:

妈妈在家洗碗,父子俩在院子里打羽毛球……(根据场景介绍布置环境。)

场景人物:一家三口

场景对话:

妈妈说:"他们父子俩在院子里打羽毛球呢,我洗完碗也去和他们一起锻炼,你们也去吗?"

我表演

学生们表演此情景。

我思考

这一家人玩的这一类游戏,对他们一家有什么影响呢?

游戏名字	参与的人	对孩子成长的影响	对整个家庭的影响

我交流

教师让学生从这种游戏对孩子的影响、对爸爸妈妈的影响、对整个家庭的影响这三个方面来发言交流自己的感受。

我总结

教师引导学生认识到:增加室外的体育锻炼,可以提高孩子的体质,还能增进家长和孩子之间的亲情,整个家庭让我们感到轻松有活力。

情境四:邻居家4

场景叙述:爸爸妈妈与孩子一起,玩词语比比猜的游戏。

场景人物:爸爸、妈妈与孩子。

场景对话:

孩子说:"我们家马上要进行词语比比猜的游戏,你们也来参加,好吗?"

我表演

学生表演此情景,选择一些学生参与词语比比猜的游戏。(事先准备好一些相关主题的词语,也可以是成语。一人上台,看见出示的词语后通过表演的形式让其他人猜。)

我思考

这一家人玩的这一类游戏,对他们一家有什么影响呢?

游戏名字	参与的人	对孩子成长的影响	对整个家庭的影响

我交流

教师引导学生认识到:游戏可以锻炼我们的眼睛、大脑和双手,训练我们的反应力和思考力,有效开发智力,还能增进家长和孩子之间的亲情,整个家庭让我们感到快乐,充满智慧。

(三)学生总结与延伸

我思考

拜访过这四家邻居,他们给你们留下什么印象?

我交流

让学生认识到作为普通人,有些游戏可以增进亲情,有益全家人的身心健康;有些则不利于家人的身心健康。

我反思

播放《孟母三迁》故事视频,引入我搬入四合院中的图片。

观看了《孟母三迁》的故事,想一想如果你们家周围也有这样的家庭,你们怎么办呢?(学生自由发言)

让学生认识到:要靠我们自己的努力,让有益的游戏促进我们的成长。

提供研究课题

1. 我们家可以玩哪些游戏?

2. 怎样让人们远离不良的游戏?

……

引导学生课后拓展的思维导图

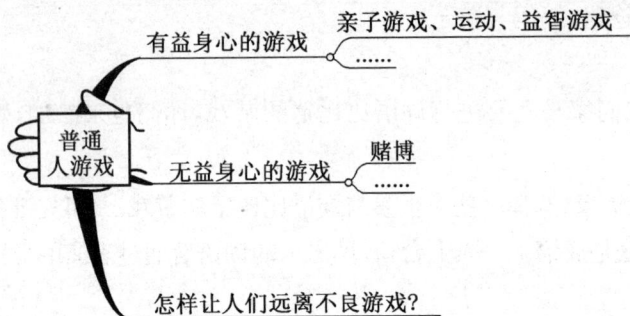

课堂上,学生能够甄别哪些是适合自己身心健康成长的游戏。当然游戏本身没有特别的好坏之分,只不过是人们人为地给它设定了一些附加规则后,使很多游戏变了味。如牌类游戏,一旦沾上金钱,就无益于身心健康了。让孩子从小懂得正确游戏的重要性,能够抵制不良的游戏,让幸福的生活陪伴孩子的一生。

(设计者:郭静)

第二课　名人游戏

领　　域:游戏与人
相关概念:名人游戏
主题事件:我去布置名人爱好展

一、教学背景

"名人游戏"是对"普通人游戏"的延伸。有人说孩子天性爱游戏!可游戏活动不是孩子专有的,大人也需要游戏。随着现代生活节奏的加快,名人工作压力增大,更需要游戏。名人的游戏可以修身养性、休闲娱乐、陶冶情操、调节压力,从而更好地工作。同时要让学生认识到有些名人虽然对某些游戏过度痴迷,但他们没有沉溺其中,而是把原本的游戏发展为自己终身从事的职业,并且取得了不俗的成就。

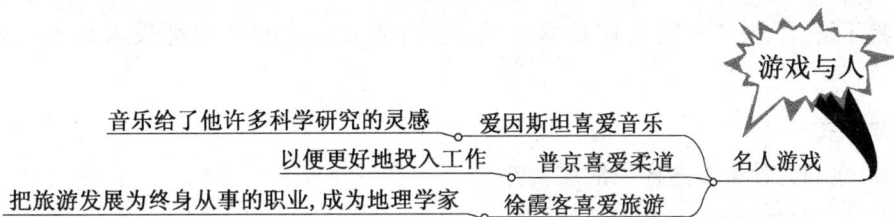

音乐给了他许多科学研究的灵感　爱因斯坦喜爱音乐
以便更好地投入工作　普京喜爱柔道　名人游戏　游戏与人
把旅游发展为终身从事的职业,成为地理学家　徐霞客喜爱旅游

名人:通俗地说就是"非同一般的人",与普通人相对。名人存在于很多领域,如科学家、歌星、画家等等。每个名人都有自己的兴趣爱好,也正是因为这些爱好帮助他们取得了很多的成功。

二、学生学习力达成度

我想:课前我想知道我们了解的名人是谁;课上通过阅读、观看视频,我想知道他们除工作外还做些什么;课后我想通过生活实际、看书以及上网查阅资料,了解自己喜欢的名人在工作之外都喜欢做些什么。

我会:我会通过搜集的材料来布置名人展;我会亲自采访,进行总结思考;我学会如何放松自己身心,调节自己的压力。

我知:我知道名人也是人,工作生活需要劳逸结合,可以通过游戏来调节压力,以再次迎接新的挑战。

三、教师教学重点与难点

1. 教师要充分激发学生的探究欲望,使学生理解游戏不是儿童的专利,名人也需要游戏;要让学生课前充分走近身边的名人;学会通过认识和研究人物来布置名人展。

2. 游戏可以修身养性、休闲娱乐、陶冶情操,以便更好地投入到工作生活中。

3. 向名人学习,学会工作与游戏,真正做到劳逸结合。

四、教学方法

案例启示、讨论学习、探究学习、合作学习。

五、教学课时

一课时。

六、老师课前准备

1. 关于爱因斯坦、普京、徐霞客的文字材料,多媒体展示。

2. 和本课有关的相关表格。

七、学生课前准备

我感受:阅读有关名人的故事,感受名人的伟大。

我了解:了解名人的工作是繁忙的,他们把大部分的精力都投入到自己的工作中。

我思考:

1. 他们为什么有这样大的成就?

2. 他们少年时是怎么学习的?

3. 他们有哪些兴趣爱好?

八、教学过程设计

【教学过程设计总体思路】

名人,对孩子来说,既熟悉也陌生。在教学中教师设计一个布置名人爱好展的形式,让孩子通过阅读科学家、政治家、地理学家等名人的资料,了解这些名人,揭开名人神秘的面纱,他们也和普通人一样需要游戏。教师引导学生从事件中思考,总结出名人这些爱好可以使他们修身养性,更好地工作。

【教学空间与布置】

教学地点在教室里。

(一)选择主题事件,创设情境

教师问:今天我们班接到一个任务,要布置一次名人的爱好展。你们想我们可以选择哪些方面的名人?

学生答：科学家、政治家、地理学家等方面的名人。

（二）布展前分工，明确要求

1. 全班分成三大组，每组大约 12 人，定组长一名。

2. 小组分工，每组的组长根据项目角色安排任务。

（1）定名组：报纸应有一个响亮醒目、新颖动人的名字。报头设计除书写报名外，还得写上期数和出版日期。

（2）组稿组：稿子是报纸质量的保证。根据主题要求，筛选有价值的材料。

（3）排版组：排版先要有总体设计（框架），要注意均衡、穿插、避让。为了使内容更集中醒目，除标题外，可设置些小栏目。

（4）美化组：文章与文章之间适当加些简洁的花边，空白处点缀些图案角花，但报纸仍应以文字为主，不要喧宾夺主。

3. 分发事前准备好的材料。

人物的图片、人物的简介、人物的爱好、人物的故事。名人材料有科学家爱因斯坦、政治家普京、地理学家和文学家徐霞客。材料中除符合本次主题的外，还可以放一些与主题无关的材料。上面的这些材料可以做成各种形状，已便学生贴报美观。

（三）小组开展"名人的爱好展"

开展"名人的爱好展"布置，时间大约 10 分钟。每小组发放 A3 大小的纸张，学生筛选有价值的材料，贴在纸上，并做好美化的工作。然后学生按粘贴的内容向大家介绍有关的名人。

情境一：介绍科学家爱因斯坦

我了解

有谁认识这位老人吗？

介绍爱因斯坦：

阿尔伯特·爱因斯坦（Albert Einstein，1879—1955）是 20 世纪最伟大的科学家、思想家。

作为科学家，他是 19 世纪和 20 世纪之交物理学革命的发动者和代表性人物，是现代科学的奠基者和缔造者。他的诸多科学贡献都是开创性的和划时代的，如相对论、布朗运动理论、光量子理论、质能关系式，以及固体比热的量子理论、受激辐射理论、玻色-爱因斯坦统计、宇宙常数等。按照现今的诺贝尔科学奖评选的标准，他至少应该荣获五六次物理学奖。

爱因斯坦在物理学家心目中的威望和地位极高。据说，1999 年 12 月，

《物理学世界》（*Physics World*）杂志在世界第一流物理学家中间做了一次民意测验,询问在物理学中做出最重要贡献的五位物理学家的名字。收到的表格上,共有61位物理学家被提及。爱因斯坦以119票高居榜首,牛顿紧随其后,得96票,麦克斯韦(67)、玻尔(47)、海森伯(30)、伽利略(27)、费曼(23)、狄拉克(22)和薛定谔(22)出现在前10名中。130位调查对象只有一人提名斯蒂芬·霍金——要知道,他可是当今全球知名度最高的科学家啊。

我感受

学生阅读,读后老师引导学生谈谈读后的感受。

引导学生感受爱因斯坦的伟大成就。

我发现

这样一个伟大的科学家,他也有一个特别的爱好,你们想知道是什么吗?

我们来看看这样一段视频:发现广义论的动画片。

(http://video.sina.com.cn/v/b/20752971-1095947464.html。)

学生谈一谈,看完后你发现了什么?（学生填写表格）

人物	领域	爱好	我发现
爱因斯坦	科学家	音乐	音乐给了他许多科学研究的灵感

我交流,我总结

学生总结:爱因斯坦非常喜爱音乐,音乐给了他许多科学研究的灵感。

为什么爱因斯坦这样喜爱音乐呢？这要归功于他的母亲波林。波林让爱因斯坦很早就开始了音乐启蒙教育,6岁时,爱因斯坦学拉小提琴,他的妹妹玛雅学钢琴。稍后,爱因斯坦也学习弹钢琴。随着时光的流逝,爱因斯坦对音乐渐渐入迷。13岁之后,当他懂得和声和曲式的数学结构,当他体验到演奏莫扎特的奏鸣曲所带来的那种无法言喻的快乐,音乐就成为他一生的至爱。

爱因斯坦喜爱音乐,有时也即兴弹弹钢琴,作为工作之后的消遣,或者工作之前的娱乐和激励,但他最钟情的还是小提琴。在辗转流离的岁月中,爱因斯坦与小提琴总是形影不离,他几乎没有一天不拉小提琴,演奏音乐简直成了他的"第二职业"。

情境二:介绍政治家普京

我了解

有谁认识这个人物吗?

学生介绍普京。

　　普京，俄罗斯总统，2000 年至 2008 年任总统期间，使俄罗斯在军事与政治实力上均有相当的提升，在民主方面遭到很多争议，是一位"铁腕总统"。普京在俄罗斯国内获得了极高的支持率。2007 年普京被美国《时代》周刊选为当年的年度风云人物。2008 年普京卸任总统后，二度出任总理。2011 年 11 月，普京作为统一俄罗斯党候选人参加 2012 年俄联邦总统大选的提名，获得全票通过，正式宣布 2012 年参选总统。2012 年 3 月，普京含泪宣布赢得总统选举，得票率 64.9％。2012 年 5 月 7 日举行总统就职典礼，普京宣誓就职俄罗斯总统。

我感受

学生阅读，读后老师引导学生谈读后的感受。

我发现

这样一个伟大的政治家，他也有一个特别的爱好，你们还想知道是什么吗？
我们来看看这样一张图片：

　　普京非常喜爱柔道运动，他甚至还与人合著了两本柔道教学书：《柔道：历史、理论和实践》与《跟普京学柔道》。10 岁开始，普京就到圣彼得堡（当时叫列宁格勒）的一所格斗学校学习桑博式摔跤，后来又改练柔道。他的教练拉赫林说，普京与众不同之处在于他具有罕见的抗疲劳能力，而且在比赛中经常因为某个突然的招式获胜。此外，普京可以"左右开弓"，而大多数柔道运动员只擅长一侧。总之，"他不属于力量型，而是那种充满激情的柔道手"。

尽管普京没有选择成为一名职业柔道运动员,但这一爱好对他的人生产生了重要影响。2004 年,在《巴黎竞赛画报》对他进行的独家采访中,他对记者说:"我生性好动,但练了柔道之后,我发现自己的个性竟然也发生了改变。以前我与同伴发生争执时总是喜欢动拳头,可是现在却越来越习惯于讲道理,是体育改变了我的人生观和价值观,教会我尊重伙伴。另一方面,体育也培养了我永不服输的执着精神,从这个意义上说,我并不完全赞同'重在参与'的口号,对于我而言,结果才是最最重要的。"

学生谈一谈,看完后你发现了什么?(学生填写表格)

人物	领域	爱好	我发现
普京	政治家	柔道	柔道这项运动让普京修身养性,以便更好地投入到工作生活中。

我交流,我总结

让学生认识到:柔道这项爱好让普京修身养性,陶冶情操,使其更好地投入到工作生活中。

情境三:走进地理学家和文学家徐霞客

刚才我们认识的是外国两位非常有名的人物,下面我们来认识一位我国古代的名人。他喜爱旅游,一生大部分时间都是在旅游中度过的,他徒步跋涉游遍了大半个中国。他就是徐霞客。

我了解

学生介绍徐霞客:

徐霞客,伟大的地理学家、旅行家和探险家,中国地理名著《徐霞客游记》的作者,被称为"千古奇人"。

我感受

学生阅读,读后老师引导学生谈谈读后的感受。

我阅读,我思考

这样一个从小就立志要游遍名山大川的人,请问:普通的游玩能使其成为一位"千古奇人"吗?

徐霞客,他把科学和文学融合在一起,探索自然奥秘,调查火山,寻觅长江源头,更是世界上第一位石灰岩地貌的考察者,其见解与现代地质学基本一致。他一生志在四方,不避风雨虎狼,与长风云雾为伴,以野果充饥,以清泉解渴,出生入死,徒步跋涉,游遍中国,足迹遍布今江苏、浙江、江西、两广,及云贵高原等 17 省。他每到一地,即按日记事,将所见所闻写成日记体裁的游记;对各地的山形地貌、川河源流及地质、气候、物产、民俗等进行深入探索,详尽记述。他详细考察了我国西南地区岩溶的分布、类型、成因和农业利用,是世界上研究岩溶地貌的第一人。

学生谈一谈,看完后你发现了什么?(学生填写表格)

人物	领域	爱好	我发现
徐霞客	地理学家	旅游	徐霞客从小就对旅游痴迷,进而把旅游发展为自己终身从事的职业,并且取得了伟大的成就。

我交流,我总结

让学生认识到:徐霞客从小就对旅游痴迷,进而把旅游发展为自己终身从事的职业,并且取得了伟大的成就。

(四)学生的总结与延伸

我比较

学生对比所填的三个人物,发现他们的共同点。

我总结

让学生认识到:名人的兴趣爱好其实就是他们的游戏爱好,他们从游戏爱好中可以修身养性,休闲娱乐,陶冶其情操,调节压力,从而更好地工作。有些名人喜爱的游戏最后发展为自己终身从事的职业,并且取得了不俗的成就。

我延伸

学生课后找一找自己喜爱的名人,他们有什么爱好,你从中又发现了什么?

人物	领域	爱好	我发现

提供研究课题

1. 我和很多名人的爱好一样,为什么我不是名人?

2. 怎样合理利用自己的爱好,促进自己的成长?

……

引导学生课后拓展的思维导图

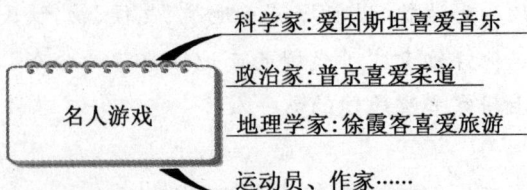

科学家:爱因斯坦喜爱音乐

政治家:普京喜爱柔道

名人游戏

地理学家:徐霞客喜爱旅游

运动员、作家……

　　课堂上,学生知道名人的爱好可以帮助名人取得成功。那么怎样才算是合理安排自己的爱好,这是学生思考的关键。当然为什么有同样的爱好,不同的人却有不同的结果呢? 引导学生进一步的思考,光有爱好是不会成功的,这需要和自己的生活和学习有效地结合起来,爱好加努力才能取得成功。

（设计者:郭静）

第九单元　育人游戏

课程单元活动名称：育人游戏

课程单元说明

"育人游戏"是一个设计与活动类的教学模块。这个模块将引导儿童在观察与欣赏的基础上思考和创作，选择合适的材料与工具，自己动手设计，或者在活动中体会游戏的育人作用。

在教学过程中，教师要充分调动儿童的参与意识，尝试亲自设计，激发创作潜能，使儿童在体验设计的过程中全方位地发展自我、展示自我，明确表达自我意识。教师要充分利用学生已有的生活经验、感性材料，通过亲自参与游戏，拓展学生思路，对游戏给予我们的育人功能加以思考。

本教学模块并非局限于对儿童知识和技能的训练，同时还要关注儿童的心理素质提高和各种社会能力的培养。如通过引导儿童自己解决困难，遇到困难不气馁、不放弃，培养儿童的自信心和学习毅力；通过鼓励儿童积极展示和介绍成果，提高儿童的语言能力；通过完成协作游戏，培养儿童的团队意识、合作精神；通过评价自己与他人的作品，培养其正视自己与他人的成功与失败，尊重他人等。

本单元从创意游戏、协作游戏的角度阐释了游戏在育人领域的概念内涵。游戏，并非为娱乐而生，而是一个严肃的人类自发活动，含有生存技能培训和智力开发的目标。

课程生长树

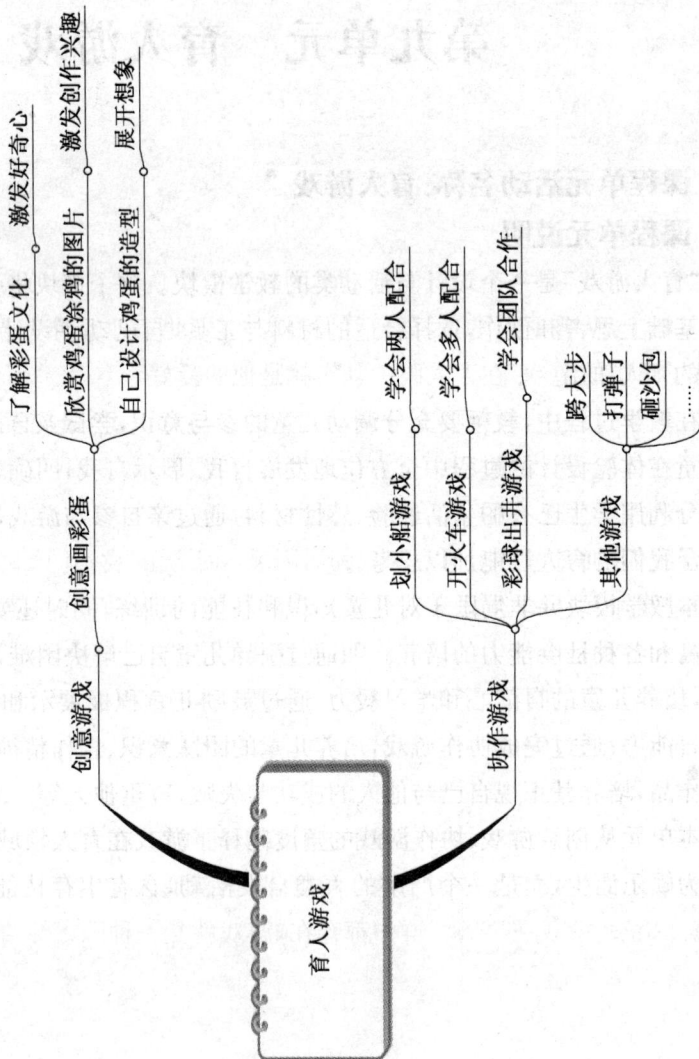

育人游戏

创意游戏
　创意画彩蛋
　　了解彩蛋文化　——　激发好奇心
　　欣赏鸡蛋涂鸦的图片　——　激发创作兴趣
　　自己设计鸡蛋的造型　——　展开想象

协作游戏
　划小船游戏　——　学会两人配合
　开火车游戏　——　学会多人配合
　彩球出并游戏　——　学会团队合作
　其他游戏
　　跨大步
　　打弹子
　　砸沙包
　　……

第一课　创意游戏

领　　域:育人游戏
相关概念:创意游戏
主题事件:我们一起来比赛创意画彩蛋

一、教学背景

在进行游戏相关领域的体验后,本单元安排了"创意游戏"。我们知道,游戏是儿童身心发展和社会化过程中不可或缺的一部分。玩游戏不仅可以锻炼身体,开发智力,愉悦身心,还可以培养儿童的团队精神和合作意识。但是,随着时代的进步和社会的变迁,孩子们的游戏也发生了一些变化:游戏的科技含量越来越高,户外的活动越来越少,自制游戏中需要的玩具越来越少,大家一块儿玩的机会越来越少,可以玩儿的场地也越来越少……。这些也造成孩子的变化:孩子们体质不断下降,孩子们不懂得相互谦让、不会合作,孩子们热衷于电脑游戏、追星……当孩子们的娱乐形式苍白贫乏得只剩下电脑游戏的时候,我们下一代的创造力和想象力将面临多么大的危机! 这一切似乎与游戏缺乏创意有关。

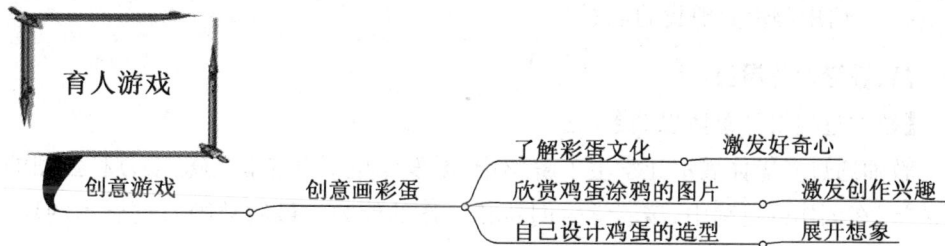

创意:通俗地说就是一种新的、与众不同的"另类发明"。在游戏中,这种另类的玩法有很多,如创意画彩蛋,把蛋按照自己的想象进行创意绘画。

二、学生学习力达成度

我想:课前,我想如何用鸡蛋实现我的创意;课上我想如何让自己的鸡蛋做出最有特色的造型来;课后我想家中还有哪些东西可以激发我的创作欲望,让创意点亮我们的生活。

我会:我会观察如何制作彩蛋;会模仿或自己展开丰富的想象在鸡蛋上进行创

作;会与人交流;会在同伴的鼓励和帮助下,克服某些困难,获得成功的体验。

我知:我知道彩蛋制作的过程,知道在遇到某些困难时可以通过与人交流,并在同学的帮助下解决问题。

三、教师教学重点与难点

1. 教师利用多媒体展示激发学生展开丰富的想象力和非常强烈的创作欲望。

2. 学生通过探索和尝试完成画彩蛋,培养学生的创新能力和与他人合作的能力。

四、教学方法

体验学习、讨论学习、尝试操作、演示学习。

五、教学课时

一课时。

六、教师课前准备

多媒体展示,相机,安排学生每人带两个熟鸡蛋、彩纸、彩色水笔。

七、学生课前准备

我感受:去超市看一看和鸡蛋造型有关的商品。

我了解:查阅资料,了解一下复活节彩蛋。

我思考:

1. 怎样在鸡蛋上着色?

2. 我如果有这样的彩蛋,我想把它摆放在哪里?

3. 怎么才能有一个这样的彩蛋?

4. 如何用鸡蛋实现我的创意?

八、教学过程设计

【教学过程设计总体思路】

教师通过多媒体展示让学生了解彩蛋,激发学生展开丰富的想象力和强烈的创作欲望,在创作的过程中,培养学生创新和合作的能力。最后教师通过展示的环节,激发孩子们在家创作的欲望,培养学生的审美情趣。

【教学空间与布置】

教学地点安排在教室里。正常的教学座位,也可以 4 人一组安排座位。桌上放好学生准备的熟鸡蛋、彩纸、水彩笔、剪刀等道具。

(一)选择主题事件,创设情境

同学们,今天我们来进行一次画鸡蛋的创意比赛。在比赛前,我们先去了解一下西方复活节的彩蛋展,看看他们都在鸡蛋上画些什么。

情境一：给鸡蛋着色

我观察

老师播放复活节彩蛋的图片，学生观察鸡蛋上的图案。

我阅读

小贴士

　　12 世纪时，人们在复活节节庆中加入了鸡蛋，此蛋多涂以红色，也有绘成彩色，故一般称之为"复活节彩蛋"（easter egg，一般也称为复活蛋）。蛋的原始象征意义是"春天——新生命的开始"。基督徒则用来象征"耶稣复活，走出石墓"。复活节彩蛋是复活节里最重要的食物象征，意味着生命的开始与延续。如今的彩蛋花样繁多，形式各异，如镂空的蛋雕一般亦可归入广义的彩蛋之列。

我思考

1. 这些彩蛋的颜色怎么样？

2. 彩蛋上都可以画些什么图案和线条?

3. 我如果要画彩蛋,需要准备些什么颜色、图案?

我交流

我们一会儿在创意比赛中,可以在鸡蛋上画些什么呢?

我总结

大自然中的事物都是我们创作的源泉,如不同的花朵、树叶、蝴蝶、蜻蜓等,还有数学课上我们学到的各种图形,如三角形、圆形、方形……把它们组合起来,也会变成奇妙的图案。

这一环节主要是谈话导入,欣赏图片,让学生了解彩蛋这种文化,思考比赛中创作的构思。

情境二:给鸡蛋绘表情

我观察

教师出示图片,问:这一组鸡蛋涂鸦的图片,与前面一组图片有什么不同的地方?

我思考

1. 观察上面的图,你想象一下,它们可能是在讲一个什么故事?

2. 如果这些鸡蛋会说话,你想它们会说什么?

我交流

说一说,你根据这些鸡蛋涂鸦的图片联想到的故事。

小结:给鸡蛋画上可爱的表情,摆放不同的造型,加上适当的道具,让这些鸡蛋富有感情,好像鸡蛋在给大家讲故事。这也可以成为我们创作的一种思路。

这一环节主要是欣赏图片,谈话交流,唤起学生对彩蛋创作的兴趣。

（二）学生创作与体验

情境三：创意画蛋

我想象

下面我们就一起来比赛创意画彩蛋。我们可以从图案和表情两个方面来思考可以画些什么，并考虑一下准备怎么做，加上哪些道具让我们画的鸡蛋更精彩。

我尝试

1. 拿出自己事先准备的工具。（熟鸡蛋、彩笔、油画棒、勾线笔等绘画工具。）

2. 先用勾线笔在自己带来的鸡蛋上画出大概的轮廓，然后再上色。

上色时注意颜料的均匀，可能会有颜色上不去的现象，可以开展小组合作的形式完成。

3. 完成时间为 15 分钟。完成绘画彩蛋后，把自己的想法写在表格内。

彩蛋的名字	在画蛋中遇到的困难	我想出的解决方法

4. 完成创作后，举手示意。老师拍摄作品以便后面评比之用。

配上音乐，学生们自己创作设计自己的彩蛋。其间老师可以抓拍完成好的作品，并在电脑上编好序号，以便学生在观看后投票。

我交流

教师把拍好的图片用幻灯片形式播放,并请学生说说他们的想法。

要求学生从创意、美学等方面进行介绍。

我评比

展示图片,请同学评比最美图案奖和最佳造型奖。

这个板块,主要是引导学生思考自己打算设计怎样的彩蛋,然后让学生交流创作的思路,最后让学生学会审美。

(三)学生的总结与延伸

同学们,相信这节课你们有很多的收获,我们通过展开丰富的想象创作出了不同造型的彩蛋,从中还克服了创作过程中遇到的困难。同学们,我们可以在家中寻找各类事物(比如纽扣、瓶盖、空的玻璃瓶),发挥我们的想象力,美化我们的生活。创意游戏可以美化我们的生活,使我们的生活更快乐。

提供研究课题

1. 我们还可以在什么实物上进行创意游戏?

2. 我们可以创意自己的家庭作业吗?

……

引导学生课后拓展的思维导图

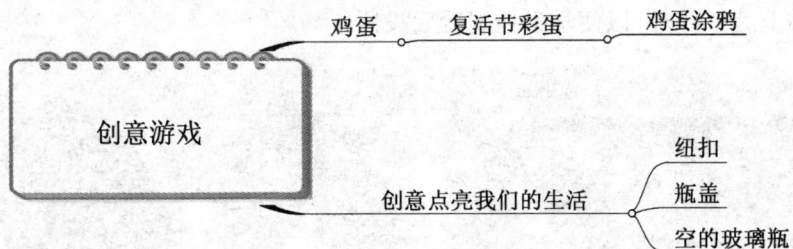

彩蛋本是西方复活节最典型的象征。画彩蛋的游戏让学生展开丰富的想象力和非常强烈的创作欲望,在解决问题的活动中能较好地与同学合作,在参与活动的过程中运用自己学到的知识。

(设计者:郭静)

第二课 协作游戏

领　　域:育人游戏
相关概念:协作游戏
主题事件:我们在游乐园一起玩游戏

一、教学背景

　　"协作游戏"是继"创意游戏"后,专门培养孩子团结协作的一个环节。儿童是我国未来的建设者,让儿童拥有健康完善的人格具有十分重要的社会意义。儿童游戏,让儿童更多地参与户外集体游戏,对培养孩子们主动性、创造性、群体合作性,形成快速反应判断能力、丰富的想象思维能力,增强体质和身体协调能力,锻炼意志,养成开朗的心态大有裨益。物质营养水平影响人的体格状况,儿童的游戏文化造就儿童的精神品质。儿童游戏是儿童成长过程中不可忽视的精神营养。然而,城市孩子的状况的确令人忧虑,封闭的单元楼房、冰冷的防盗门隔绝了孩子们以前开放式的居住环境;升学的压力让他们的闲暇时间少得可怜;电脑虚拟游戏代替了以前鲜活生动的游戏。

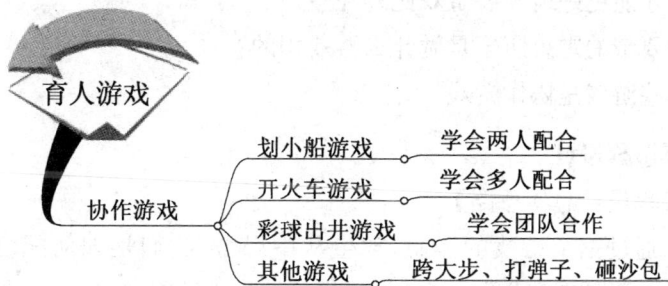

育人游戏

协作游戏 ── 划小船游戏 ── 学会两人配合
　　　　　── 开火车游戏 ── 学会多人配合
　　　　　── 彩球出井游戏 ── 学会团队合作
　　　　　── 其他游戏 ── 跨大步、打弹子、砸沙包

　　协作:通俗地说就是"互助"。生活和学习上有很多事情都是通过协作而展开的,游戏也是如此,如开火车游戏,一个人是不好开的,只有两个及以上的人才可以进行。

二、学生学习力达成度

　　我想:课前我想尝试玩划小船、开火车的游戏;在游戏中,我希望与同学配合,更好地完成游戏;课后我想与他人协作完成集体活动。

我会：玩一玩划小船、开火车、彩球出井的游戏，我会与别人合作，更好地完成游戏，我能体会游戏的育人价值。

我知：我知道划小船、开火车、彩球出井的游戏规则，知道秩序对人的重要性，知道合群、自律才能完成任务，知道游戏能有效促进良好意志品质的形成。

三、教师教学重点与难点

1. 学生了解游戏的规则并能遵守游戏规则开展游戏。

2. 教育引导学生很好地配合游戏活动，并让孩子在玩的基础上体会合作对游戏完成的重要性。

四、教学方法

小组讨论、体验法、反思学习、引导总结。

五、教学课时

一课时。

六、教师课前准备

用报纸做的开火车的道具、自制的彩球、计时器、PPT课件，把全班学生分成三队。

七、学生课前准备

我感受：和同学一起想如何进行划小船、开火车的游戏，并尝试练习。

我了解：通过尝试练习，了解游戏的规则和方法。

我思考：

1. 怎样才能更好地开展游戏比赛呢？

2. 我们要带的雪碧瓶子是做什么游戏用的？

3. 有哪些游戏是协作游戏？

八、教学过程设计

【教学过程设计总体思路】

教学中，通过三个游戏的体验，学生从中思考"我们是如何配合完成这些游戏的"，"这个游戏要培养我们什么"。彩球出井的逃生游戏，让学生学会配合，让学生知道合作的重要性。出示现实中交通拥堵的图片让学生思考不合作的危害。

【教学空间与布置】

教学地点安排在教室里。三个队靠紧坐，留下一组的空间便于开展活动。

（一）选择主题事件，创设情境

教师：同学们，今天我们一起去游乐场参加游戏比赛。你们喜欢游戏吗？

学生用"因为什么游戏怎样，所以我喜欢它"来介绍一下自己常玩的游戏。

情境一：划小船游戏

我尝试，我观察

两个小朋友一组进行划小船比赛，先到者为胜，如下图。

提示：两个小朋友要互坐在对方的脚面上，依靠双手互拉和双腿的伸缩来前进。每队派一组选手参加比赛，三组选手一起比赛，其他学生注意观察比赛的选手并填写表格。

	队伍1（　　　）	队伍2（　　　）	队伍3（　　　）
获胜			
我观察到他们在比赛中的表现			

我思考

他们是如何开心顺利地完成游戏的，为什么有的小组会失败？

我交流

比赛获胜的学生交流他们是如何开心顺利完成游戏的。

观看的学生从参赛的学生所表现出来的不协作方面进行交流。如相互埋怨、动作不协调……

我认识

这个游戏主要培养的是两个小朋友之间的配合，同时还培养了小朋友其他方面的能力。

这个板块，主要是通过划小船游戏，让学生感受到在两人配合中应具有的良好品质。

情境二：开火车游戏

老师：同学们，下面我们就去进行第二场比赛。

我尝试，我观察

全班分成3个小组进行开火车比赛，每组8名小朋友，先到者为胜，如图。

提示：老师像图上一样，把事先做好的开火车的道具（报纸粘成的一个大圆）摆放好，每一组8名小朋友，依次站成一排，脚踩在报纸上，手抓着上面的报纸，通过把报纸往前送来慢慢前行。三组选手一起比赛，其他学生注意观察比赛的选手并填写表格。

分小组进行比赛。

	组1（　　　）	组2（　　　）	组3（　　　）
获胜			
我观察到他们在比赛中的表现			

我思考

他们是如何开心顺利地完成游戏的，为什么有的小组会失败？

我交流

比赛获胜的同学交流他们是如何开心顺利地完成游戏的。

观看的同学从在比赛的学生所表现出来的不协作方面进行交流。如没有统一行动、相互埋怨、动作不协调……

我认识

这个游戏主要培养的是多个小朋友之间的配合，同时还培养了他们其他方面的能力。

这个板块主要是通过开火车游戏,让学生感受到在群体配合中应具有的良好品质。

（二）学生的拓展与延伸

老师:同学们,下面我们就去玩一个模拟现实社会中某些特殊场景的游戏,看看那个游戏又带给我们什么样的启示。

情境三:彩球出井游戏

同学们,还记得汶川的地震吗?知道矿山井塌方吗?我们一起来做个模拟性游戏吧!

我尝试,我观察

每组桌子上有一口井,井只有几秒就会倒塌,井里的彩球代表你,有一根绳子帮助你逃生,当警报声响起,就开始逃生,倒塌声响起就停止游戏。

提示:井可以用雪碧的瓶子代替,彩球可以用纸团制作。

分小组进行比赛。10个学生一组,剩余的学生做裁判(这些学生可以在前面获胜的队伍中选取),每组一名裁判扶好瓶子,观察大家玩游戏的情况。

我思考

为什么我们这个游戏成功率不高呢?

问题出在哪儿?

问题怎么解决呢?

我交流

请同学们讲一讲解决的方法,把好的方法写在纸上并贴在黑板上。

(要有指挥,要有秩序,依次出来,不能拥挤……)

我再体验

再做一次彩球出井的游戏。

我再思考

结束后讨论问题:游戏给我们什么帮助?为什么第二次做游戏的结果和第一次不同?这个游戏对你们有什么启发?培养了我们什么能力?

学生写在纸上,并贴黑板上。

（三）学生归纳总结

我总结

同学们看看黑板,让我们来整理一下同学们写的笔记吧。

让学生联系三个游戏讲一讲,这三个游戏要培养我们什么品质呢。

我思考

出示交通拥堵的图片,让学生看看,然后讲一讲感受,评价一下我们今天玩的游戏让你懂得了什么。

我交流

从学会遵守秩序,要学会合作方面谈谈这些对我们的生活多么重要。

提供研究课题

1. 生活中有哪些协作成功的故事?

2. 国外是怎样进行协作游戏的?

……

引导学生课后拓展的思维导图

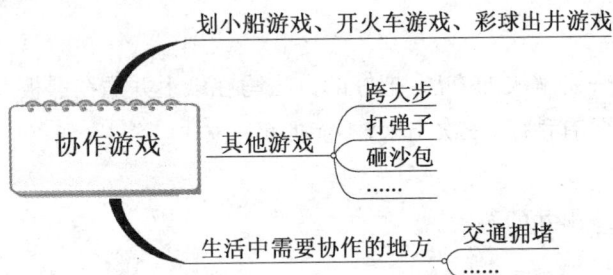

    我国学者资华筠在一次人类国际会议上,提出了各国的民族民间传统文化犹如人类的"精神植被"这一理念。我们也可以说,儿童游戏文化就是未成年人健康成长的"精神植被"。现代社会,人才的竞争最终体现的就是人格的竞争。西方心理学大师弗洛伊德也特别强调,一个人的人格是由幼年的经验所决定的。游戏活动可以给孩子们丰富的生活经验。正处于人格塑造期的孩子,需要在游戏活动中发展运动能力,锻炼意志,养成合群和开朗的心态。传统的儿童游戏文化,可以带给孩子们健康活力。

(设计者:周娟　高环珊)

第十单元 游戏概念的整理与总结

课程单元活动名称：游戏概念的整理与总结

课程单元说明

"游戏概念的整理与总结"，作为整个游戏主题概念学习结束篇，本单元将用一课时的时间引导学生回顾游戏课程的 9 个领域、36 个子概念的学习内容与过程，并尝试用简洁表格和图表等形式，帮助学生建立清晰的游戏概念框架，进一步理清游戏概念，对游戏与学生生活的关系、游戏与环境、游戏与经济、游戏管理、游戏中的任务、游戏与人格乃至相关的各种知识产生新的认识，努力体会游戏对学生校园生活、对人们的业余生活的重要作用，对人们的人格、对科技发展的促进作用，形成整理与概括的习惯和能力，最终使学生学会生活，学会学习。

在教学过程中，教师要充分利用学生已经掌握的游戏子概念结构框架及感性材料，以小组为单位，采用学习成果展示形式，为学生营造一个自主、开放的学习成果展示舞台。教师要让学生以小组为单位进行活动，每个小组独立完成概念学习成果的整理报告，在合作的基础上实现学生之间交流的层次性和有效性。这样对概念本身的概括与整理才更加有效，更能实现本单元的学习功能。教师在课堂上要注意设疑、引疑，组织学生能够在课堂上清晰、完整地汇报学习成果。在汇报过程中教师引导学生注意倾听其他同学的汇报，并且借鉴、完善自己的汇报内容、方式，实现对游戏概念的整体认识及概念学习方法的总结和提升。本课设计一个我对游戏再认识的事件，从针对游戏课程学习的自我回顾开始，帮助学生回忆，再通过回忆游戏感受，引发思考，将游戏后的感受、心得和我们的学习生活结合起来，使学生辩证地看待学习和生活，产生对未来生活的美好憧憬。教师要和学生一起倾听别人的意见，然后修正自我对游戏概念的再认识过程，为其他领域概念的学习做好方法准备。最后，教师引导学生回忆整节课的学习过程，表达出自己对游戏的理解。

本教学板块的课堂教学，应更加关注学生的表达，强调让学生在小组合作中整理与学习。教师应让学生亲历概念建构的过程，引导学生采用一切有效手段表达自己及小组成员的认知思想，同时还要争取家长的支持与帮助，给学生提供充分的时间和资源保障，以实现游戏概念学习效率的最大化。

课程生长树

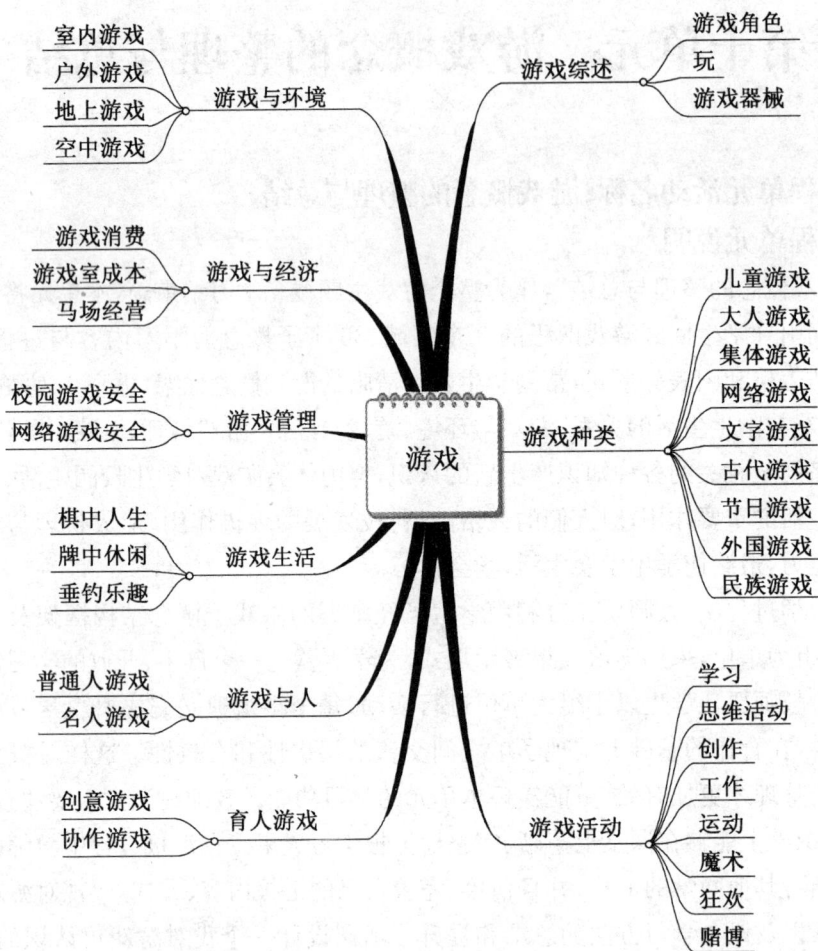

第一课　游戏概念的综合

领　　域：游戏概念的整理与总结
相关概念：游戏概念的综合
主题事件：我对游戏的再认识

一、教学背景

　　游戏是娱乐活动，如猜灯谜、捉迷藏等；是非正式的比赛项目，如康乐球等体育活动。游戏与人们的生活息息相关。游戏，从条件上看，学生知道了游戏需要准备游戏器械，游戏中要分角色；从种类上可以分成集体游戏、儿童游戏、外国游戏、网络游戏、大人游戏等八个种类；从与其他活动的关系上看，学生知道了游戏与工作、赌博、魔术等的关系；从环境方面看，不同环境下适合玩不同的游戏；从经济方面看，游戏活动可以推动经济的发展；从游戏与生活上看，游戏给人们确实带来了乐趣，但是游戏也给成长中的孩子和家长带来了困惑和无奈……明天，游戏还将成为我们生活中的重要娱乐项目，也将为我们的校园生活增添无限的乐趣。

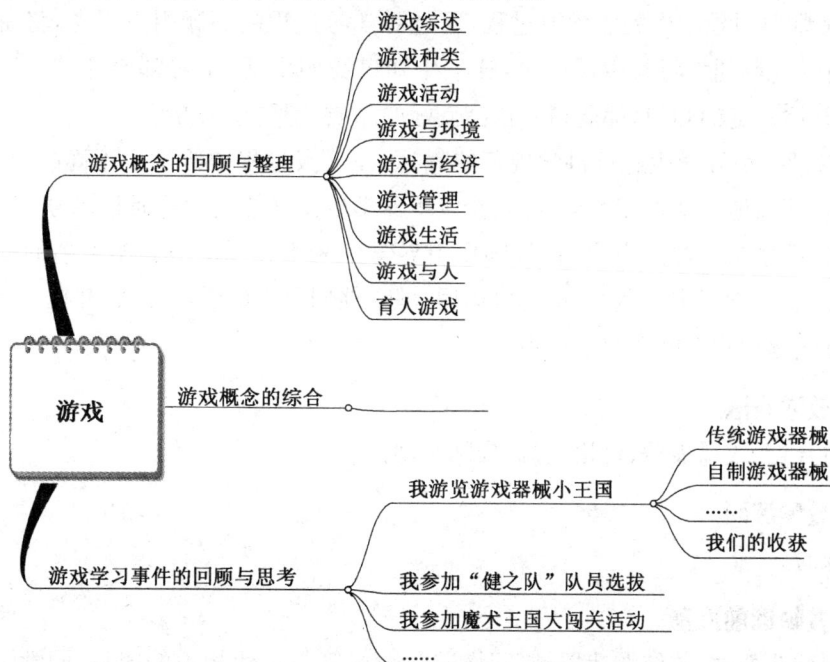

游戏概念的回顾与整理
- 游戏综述
- 游戏种类
- 游戏活动
- 游戏与环境
- 游戏与经济
- 游戏管理
- 游戏生活
- 游戏与人
- 育人游戏

游戏

游戏概念的综合

我游览游戏器械小王国
- 传统游戏器械
- 自制游戏器械
- ……
- 我们的收获

游戏学习事件的回顾与思考
- 我参加"健之队"队员选拔
- 我参加魔术王国大闯关活动
- ……

二、学生学习力达成度

我想：课前，我会通过和家人一起玩游戏来回顾游戏学习过程，通过网络查找资料，以及与同学合作等形式，完成对游戏概念的回顾与整理工作，并且能够表达我对游戏概念的认知。课后，我能够对各种游戏的方法进行归纳和提升，并将研究轨迹延伸到其他感兴趣的领域。

我会：我会通过表格、图示等形式表达对游戏概念的整理过程，并清晰表达概念；我会和伙伴一起合作，并且愿意在伙伴的协助下整理、分析游戏子概念的学习收获，对游戏概念产生新的认识，发现学习的规律。我会在与同伴的游戏、谈论、总结、反思中提升自己的认识，思考为人处事的学问，产生对未来学习、生活的美好憧憬。

我知：我能够知道整理归纳游戏概念的方法，知道游戏概念整体结构体系发展过程及领域展开规律，能够随着游戏概念的整理而加深对游戏的再认知，能通过对学习的回顾，知道学习、生活都要遵循一定的规律，都要掌握一定的知识，都要总结方法。

三、教师教学重点与难点

1. 教师要在课前为学生提供充分的合作整理时间，让学生在自主回忆与小组合作中完成初步的概念梳理的过程，为课堂学习做准备。

2. 教师在课堂上要为学生创设思考的、表达的机会，并组织学生学会倾听其他同学的汇报。学生在倾听中要抓住汇报的重点，对照自己的汇报内容和方式以进行反思和调整，为科学、正确表述概念做好准备工作。

3. 教师要引导学生关注学习过程，通过对学习过程的回顾引发思考，将游戏过程中的所学迁移到学习与生活中来，让学生知道我们生活、学习都要遵循一定的规律，都要掌握一定的知识，都要培养自己良好的品质，都要总结方法。

4. 教师要引导学生进行科学规范的表达，在汇报过程中给学生正确的引导，让他们全面、清晰地表达他们的汇报内容，以培养学生良好的表达习惯和能力。

5. 游戏概念学习结束之后，教师要引导学生采用相同的方式学习新的概念主题，并在以后的学习中，给学生机会以运用、展示他们所学的学习方法，并把学习概念主题的方法运用到新的学习活动中。

四、教学方法

小组合作、成果展示、讨论交流、提问互动。

五、教学课时

一课时。

六、教师课前准备

自制游戏器械、传统游戏器械、网络游戏图标等与游戏相关的图片，同学游戏时的照片。

七、学生课前准备

我感受:感受自己做的游戏器械,回顾自己的学习过程,想一想我有什么收获。

我了解:和小伙伴合作,学习网络资源,深入了解游戏概念,并尝试向亲友表达。

我思考:

1. 我是怎样学习游戏概念的?

2. 为什么要分9个领域来了解游戏概念?

3. 在学习过程中,我们使用最多的是哪种概念整理方式?它有什么好处?

4. 我怎样表达我对游戏的理解?

八、教学过程设计

【教学过程设计总体思路】

概念主题式综合实践活动课程需要学生养成自觉回顾与整理的习惯,为了更好地让学生拥有这方面的能力,和其他主题的安排一样,在课程最后,我们也安排了一节概念回顾与整理的内容。本节课教师要引导学生通过小组合作的形式完成对游戏主题的回顾与概括,并且独立做好成果汇报,让学生能够在课堂上清晰、完整地汇报学习成果。本课设计一个"我对游戏的再认识"事件,从针对游戏课程学习的自我回顾开始,帮助学生回忆,再通过回忆游戏感受,引发思考,将游戏后的感受、心得和我们的学习生活结合起来,使学生辩证地看待学习和生活,产生对未来生活的美好憧憬。最后,教师引导学生回忆整节课的学习过程,表达出自己对游戏的理解。

【教学空间与布置】

教学地点安排在多功能教室,教室内有多媒体设备。在教室四周摆放学生自制的游戏器械,贴上学生36课时玩游戏的照片。

(一)学生回顾与整理

我回顾

通过前面的学习,我们知道了一些与游戏相关的概念,下面请大家看图片,和老师一起回忆一下,游戏概念分几个领域,每个领域有哪些内容?

教师出示课件:游戏的9个领域的详细内容。

请学生以小组为单位,完成对游戏概念的回顾与整理,并在小组内互相说一说自己的收获,再独立完成概念图。

273

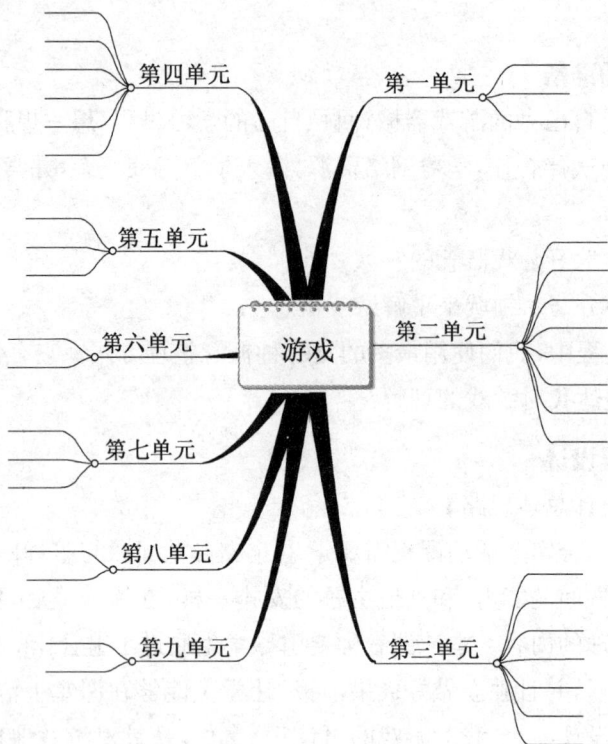

我整理

游戏概念从环境角度、经济角度、育人角度、文化角度等9个方面展开研究，每个方面都有几个相关的子概念，共36个子概念。我们学习了游戏课程，就能够比较全面地了解游戏概念了，但是要想进一步了解游戏概念，还可以从其他方面进行尝试。

在这一板块中，学生对游戏概念的学习过程进行回顾与思考，并在交流时能清晰地表达自己对游戏概念体系的认知，形成初步的概念架构思考方法。

（二）学生的思考与表达

我回顾

在我们学习游戏概念时，我们用了一个很受同学们喜欢的学习方式，就是事件学习。回顾一下，在不同的子概念学习中，我们经历了哪些事件？在学习中你们总结了不同的经验吧？

学生根据对事件学习的回忆和思考，将学习收获填入下表。

序号	概念	事件	我的收获	认识修正
1	游戏角色			
2	玩			

（续表）

序号	概念	事件	我的收获	认识修正
3	游戏器械	我参观游戏器械王国	游戏器械在游戏中起着重要作用	
4	儿童游戏	我和喜羊羊智斗灰太狼	学习和生活都要遵守规则	
5	大人游戏			
6	集体游戏			
7	网络游戏			
8	文字游戏			
9	古代游戏			
10	节日游戏			
11	外国游戏			
12	民族游戏			
13	学习			
14	思维活动			
15	创作			
16	工作			
17	运动			
18	魔术			
19	狂欢			
20	赌博			
21	室内游戏			
22	户外游戏			
23	地上游戏			
24	空中游戏			
25	游戏消费			
26	游戏室成本			
27	马场经营			
28	校园游戏安全			
29	网络游戏安全			
30	棋中人生			
31	牌中休闲			

（续表）

序号	概念	事件	我的收获	认识修正
32	垂钓乐趣			
33	普通人游戏			
34	名人游戏			
35	创意游戏			
36	协作游戏			

（三）学生的概括与总结

通过 36 课时的学习，我们感受到了游戏带给我们的快乐，同时我们也知道了，学习和生活一样，也要遵循规则，总结方法，需要丰富的知识，需要合作等。学习游戏概念对我们的学习和生活都有启发和帮助。

在这一板块中，学生对于游戏概念学习中的感受和收获进行了总结和整理，为后续的独立活动做好了准备。

引导学生课后拓展的思维导图

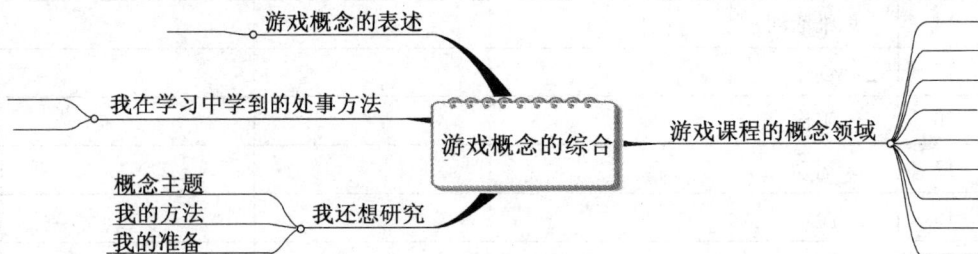

游戏概念的表述

我在学习中学到的处事方法

游戏概念的综合

游戏课程的概念领域

概念主题
我的方法
我的准备　　我还想研究

附表

"游戏概念的整理与总结"单元学习情况评价表

姓名：　　　　小组：　　　　测评时间：

教学内容	评价项目	学习力达成度	评价
游戏概念的整理与总结	学习态度	★★★对学习内容很感兴趣，积极主动和伙伴交流，分享学习游戏的快乐，遇到困难能主动想办法或寻求帮助解决，愿意表扬自己和别人的成绩。 ★★能主动接受学习任务，愿意但不积极与同伴交流和分享设计过程，遇到困难后能在老师和同学的帮助下解决问题，愿意表扬自己的成绩，但不贬低别人的成绩。 ★对学习任务不反感，不愿意与同伴交流和分享设计的过程，遇到困难很容易放弃，只愿意表扬自己的成绩。	

（续表）

教学内容	评价项目	学习力达成度	评价
游戏概念的整理与总结	经验能力	★★★能形成任务意识，明白数字、概念的含义，迅速准确地把握关键，发现被研究对象的规律和特征，善于总结和归类、迁移，并能学以致用。 ★★有初步的任务意识，能通过数据对比和概念描述基本把握事物发展变化关键所在，并将自己的想法形象地表达出来。 ★没有任务意识，需要在他人的提示和帮助下发现规律，完成概念理解，初步表达自己的想法。	
	方法和策略	★★★善于运用多感官、多渠道获取信息，善于观察、描述、比较，善于总结经验、学以致用。 ★★能多听、多问、多看、多动手，以优秀的同学做榜样，喜欢观察和对比，在老师和家长的帮助下有意识地总结经验，改善方法。 ★愿意听和看，不太愿意向优秀的同学学习，不太容易清晰地表述设计过程，不善于总结和反思。	
教师综合评价：			

（设计者：葛丽霞）

后　记

　　2010年9月,南京市小学教师培训中心举办了南京市小学综合实践活动骨干教师培训班。全班51名学员,我担任班主任工作。在谷力博士的亲自指导下,培训班全体学员参与了《小学游戏课程》的研发和教学实践,《小学游戏课程》从初期的探索,到今日的框架体系成熟、观点清晰,并顺利出版,前后历时三年时间。

　　《小学游戏课程》内含九个领域外加一个综合总结领域,共形成十个单元,分别从游戏综述、游戏种类、游戏活动、游戏与环境、游戏与经济、游戏管理、游戏生活、游戏与人、育人游戏、游戏概念的整理与总结,进行分类且系统的描述。该课程的每个概念都能够把教学背景的表达、学习方法的应用和目标的达成、教学过程与空间布置的详细安排,还有延伸性研究主题的预设、思维导图等进行合理有效的安排,让学生能够在有序有效的游戏体验中明白游戏的规则,并且知晓规则的运用,最终熟悉规则,熟练游戏,完成概念的认知,形成一个庞大而精炼的游戏认识。

　　本书内容充实,实践性强,符合儿童的学习与生活,贴近孩子的认知能力,对孩子的成长有着重要的促进作用,相信也会给一线教师的专业发展提供有效的指导与帮助。

　　参加本书编写的主要人员有:溧水区洪蓝中心小学教师严善龙(撰写第二单元的第2、4、6、7、9课,第三单元的第2、4、5、7课,第四单元的第1、2、3课,整理第二、三、四单元),溧水区白马中心小学葛丽霞老师(撰写第一单元的第3课,第二单元的第1、3、5、8课,第三单元第6课,第六单元第1课,第七单元第1、2、3课,第十单元的第1课,整理第五、十单元),南京大光路小学的郭静老师(撰写第一单元的第1、2课,第五单元第2课,第八单元第1、2课,第九单元第1课,整理第一、八、九单元),溧水区第二实验小学邢巧荣老师(撰写第三单元第1、3、8课,第四单元第4课,第五单元第1课,第六单元第2课,整理第六、七单元),雨花外国语小学刘暄老师(撰写第五单元第3课),南京慧园街的周娟老师和朝天宫民族小学的高环珊老师(合作编写第九单元第2课),此外还有高淳阳江中心小学的丁钱香老师,南京丁家桥小学的王溢老师,南京夫子庙小学殷静老师,南京成贤街小学的周静老师等等,感谢这些教师的辛苦付出。这些教师都来自基层,南京夫子庙小学殷静老师能够克服路途遥远、工作繁忙等种种困难,利用休息时间进行课程的研发,在此向他们表示感谢,同时也向他们的家属的全力支持深表感谢!

该课程的成功编写,离不开南京市教育局领导的大力支持,离不开南京市小学教师培训中心的全程指导,离不开学校领导、全体学员的大力支持,在此向各位领导表示衷心地感谢!

"小学游戏课程"是概念主题式综合实践活动课程的第三部成熟课程,在未来的日子里,我们坚信在社会各界的支持下,小学概念主题式综合实践活动会走得更远、更广!

本册主编:孙莹

2013 年 8 月